U0632495

今注本二十四史

漢書

漢 班固 撰 唐 顏師古 注

孫曉 主持校注

二三 傳〔一一〕

中國社會科學出版社

漢書　卷八五

谷永杜鄴傳第五十五[1]

[1]【今注】案，楊樹達《漢書窺管》："二人皆有文學，同附王氏，故合傳。"

谷永字子雲，長安人也。父吉，爲衛司馬，[1]使送郅支單于侍子，[2]爲郅支所殺，語在《陳湯傳》。[3]永少爲長安小史，後博學經書。建昭中，[4]御史大夫繁延壽[5]聞其有茂材，除補屬，舉爲太常丞，[6]數上疏言得失。建始三年冬，[7]日食地震同日俱發，詔舉方正直言極諫之士，[8]大常陽城侯劉慶忌[9]舉永待詔公車。[10]對曰：

[1]【今注】衛司馬：漢置，衛尉屬官。本書卷七〇《鄭吉傳》載"吉以侍郎田渠黎，積穀，因發諸國兵攻破車師，遷衛司馬，使護鄯善以西南道"。

[2]【顏注】師古曰：爲使而送之還本國也。郅，音質。【今注】郅（zhì）支單于：事迹見本書卷九四下《匈奴傳下》。

[3]【今注】案，本書卷七〇《陳湯傳》載其始末："宣帝時匈奴乖亂，五單于争立，呼韓邪單于與郅支單于俱遣子入侍，漢兩受之。後呼韓邪單于身入稱臣朝見，郅支以爲呼韓邪破弱降漢，不

能自還，即西收右地。會漢發兵送呼韓邪單于，郅支由是遂西破呼偈、堅昆、丁令，兼三國而都之。怨漢擁護呼韓邪而不助己，困辱漢使者江乃始等。初元四年，遣使奉獻，因求侍子，願爲内附。漢議遣衛司馬谷吉送之……吉上書言：'中國與夷狄有羈縻不絶之義，今既養全其子十年，德澤甚厚，空絶而不送，近從塞還，示棄捐不畜，使無鄉從之心。棄前恩，立後怨，不便。議者見前江乃始無應敵之數，知勇俱困，以致恥辱，即豫爲臣憂。臣幸得建彊漢之節，承明聖之詔，宣諭厚恩，不宜敢桀。若懷禽獸，加無道於臣，則單于長嬰大罪，必遁逃遠舍，不敢近邊。没一使以安百姓，國之計，臣之願也。願送至庭。'上以示朝者……右將軍馮奉世以爲可遣，上許焉。既至，郅支單于怒，竟殺吉等。自知負漢，又聞呼韓邪益彊，遂西奔康居。"

［4］【今注】建昭：漢元帝年號（前38—前34）。

［5］【顔注】師古曰：即李延壽也。一姓繁。音蒲河反。【今注】繁延壽：王先謙《漢書補注》據本書《百官公卿表》指出元帝建昭三年（前36），衛尉李延壽爲御史大夫，三年卒，一姓繁。

［6］【今注】太常丞：掌管宗廟祭祀禮儀的具體事務，總管本府諸曹，參議禮制。多用博士、議郎充任。太常屬官，員一人，秩千石。王先謙《漢書補注》引《續漢書·百官志》補證，太常丞比千石，"掌凡行禮及祭祀小事，總署曹事"。

［7］【今注】建始：漢成帝年號（前32—前28）。

［8］【今注】方正：沈欽韓《漢書疏證》以爲，本書卷六〇《杜欽傳》云"舉賢良方正"，卷一〇《成紀》亦有"賢良"字。賢良方正，漢代舉薦人才科目。亦稱賢良文學，簡稱賢良。此科重在經學知識。

［9］【今注】大常：即太常，又名"奉常"。主管祭祀社稷、宗廟和朝會、喪葬禮儀，管理皇帝陵墓、寢廟所在縣邑，每月巡視諸陵，兼管文教。秩中二千石，位列諸卿之首，多由列侯充任。王先謙《漢書補注》引殿本《漢書考證》云："慶忌，陽城侯劉德之

孫安民之子，自宗正徙爲太常。"以爲慶忌爲太常在成帝建始二年（前31），任五年，免。

[10]【今注】公車：官署。爲衛尉的下屬機構，設公車令，掌管宮殿司馬門的警衛。天下上事及徵召等事宜，經由此處受理。

  陛下秉至聖之純德，懼天地之戒異，飭身修政，納問公卿，[1]又下明詔，帥舉直言，[2]燕見紬繹，以求咎愆，[3]使臣等得造明朝，承聖問。[4]臣材朽學淺，不通政事。竊聞明王即位，正五事，建大中，以承天心，[5]則庶徵序於下，日月理於上；[6]如人君淫溺後宮，般樂游田，[7]五事失於躬，大中之道不立，則咎徵降而六極至。[8]

  [1]【顏注】師古曰："飭"與"敕"同。敕，整也（殿本此注在"修政"下）。

  [2]【顏注】師古曰：帥舉，謂公卿守相皆令舉也。"帥"字或作"師"。師，眾也。【今注】帥舉：何焯《義門讀書記》卷一九以爲作"師舉"爲是。王先謙《漢書補注》引蘇輿以爲，"帥"與"率"同。《儀禮》"帥"，古文作"率"。本書多言"率意"，又言"悉意"。是"帥""率""悉"三字聲義得相通。悉，盡也。帥舉猶言悉舉。本書卷八七《揚雄傳下》"帥與之同苦樂"，與此義同。作"帥"是。

  [3]【顏注】師古曰："紬"讀曰"抽"。紬繹者，引其端緒也（蔡琪本、殿本此下有"韋昭曰繹陳也"六字）。【今注】燕見：帝王退朝閒居時召見或接見臣子。 咎愆：罪過，過失。

  [4]【顏注】師古曰：造，至也，音千到反。

  [5]【顏注】師古曰：五事，貌、言、視、聽、思也。大中

即皇極也。解在《五行志》。

[6]【顏注】師古曰：庶，衆也。徵，證也。

[7]【顏注】師古曰：如，若也。“般”讀與“盤”同。【今注】般樂：大肆作樂。

[8]【顏注】師古曰：六極，謂一曰凶短折，二曰疾，三曰憂，四曰貧，五曰惡，六曰弱。

　　凡災異之發，各象過失，以類告人。乃十二月朔戊申，日食婺女之分，[1]地震蕭牆之內，[2]二者同日俱發，以丁寧陛下，[3]厥咎不遠，宜厚求諸身。[4]意豈陛下志在閨門，未卹政事，不慎舉錯，[5]婁失中與？[6]内寵大盛，女不遵道，嫉妬專上，妨繼嗣與？古之王者廢五事之中，失夫婦之紀，妻妾得意，謁行於內，執行於外，至覆傾國家，或亂陰陽。[7]昔褒姒用國，宗周以喪；[8]閻妻驕扇，日以不臧。[9]此其效也。經曰：“皇極，皇建其有極。”[10]傳曰：“皇之不極，是謂不建，時則有日月亂行。”

[1]【今注】婺女：女宿。二十八星宿之一，玄武七宿第三，有星四顆。又名須女、務女。　分：與星次相對應的地域。古以十二星次的位置劃分地面上州、國的位置與之相對應。就天文説，稱作“分星”；就地面説，稱作“分野”。本書《五行志下之下》略節此奏議作：“日食婺女九度，占在皇后。地震蕭牆之內，咎在貴妾。二者俱發，明同事異人，共掩制陽，將害繼嗣也。亶日食，則妾不見；亶地震，則后不見。異日而發，則似殊事；亡故動變，則恐不知。是月后妾當有失節之郵，故天因此兩見其變。若曰，違失

婦道，隔遠衆妾，妨絶繼嗣者，此二人也。"

[2]【顏注】師古曰：蕭牆，屏牆也，解在《五行志》。

[3]【顏注】師古曰：丁寧，謂再三告示也。

[4]【顏注】師古曰：厚猶深也。

[5]【顏注】師古曰：志在閨門，謂留心於女色（蔡琪本、大德本、殿本"色"後有"也"字）。錯，置也，音千故反。【今注】意：錢大昭《漢書辨疑》以爲，與下文"意豈將軍忘湛漸之義"，皆當讀爲"抑"。 卹：同"恤"。

[6]【顏注】師古曰：婁，古"屢"字也。"與"讀曰"歟"。下皆類此。

[7]【顏注】師古曰：謁，請也。内則所請必行，外則擅其權力，言女寵盛也。【今注】埶：同"勢"。 或：通"惑"。

[8]【顏注】師古曰：襃姒，襃人所獻之女也。幽王惑之，卒有犬戎之禍。

[9]【顏注】師古曰：閻，嬖寵之族也。扇，熾也。臧，善也。《魯詩·小雅·十月之交篇》曰"此日而食，于何不臧"，又曰"閻妻扇方處"，言屬王無道，内寵熾盛，政化失理，故致灾異，日爲之食，爲不善也。【今注】閻：《漢書考證》引蕭該《音義》曰："劉氏曰：'閻，音淫。'該案，《毛詩》作'豔'。"齊召南云："案，《毛詩》説豔妻即指襃姒。此另指一人，蓋齊、魯、韓三家詩字句本有不同，不可執《毛詩》以難三家也。班婕妤亦曰'哀襃閻之爲郵'。"錢大昭《漢書辨疑》："永用《魯詩》，故爲'閻'。《魯詩》以閻妻爲屬王后，鄭箋從之。《詩》正義引《中候摘雒貳》云'昌受符，屬倡壁，期十之世權在相'，又曰'劉者配姬以放賢，山崩水潰納小人，家伯罔主異載震'。既言昌受符，爲王命之始，即云'期十之世'，自文數之至屬王，除文王爲十世也。'劉''豔'古今字耳。以'劉'對'姬'，爲其姓，以此知非襃姒也。本傳下文永又言'幽王惑於襃姒，周德降亡'，又云'抑襃、

閻之亂’，‘襃’‘閻’對舉。魯説爲長。”

[10]【顔注】師古曰：《周書·洪範》之辭也。皇，大也。極，中也。大立其有中，所以行九疇之義也。

　　陛下踐至尊之祚爲天下主，奉帝王之職以統群生，方内之治亂，在陛下所執。[1]誠留意於正身，勉强於力行，[2]損燕私之間以勞天下，[3]放去淫溺之樂，罷歸倡優之关，[4]絶郤不享之義，慎節游田之虞，[5]起居有常，循禮而動，躬親政事，致行無倦，安服若性。[6]經曰：“繼自今嗣王，其毋淫于酒，毋逸于游田，惟正之共。”[7]未有身治正而臣下邪者也。夫妻之際，王事綱紀，安危之機，聖王所致慎也。[8]

[1]【顔注】師古曰：方内，四方之内也。

[2]【今注】勉强：盡力。

[3]【顔注】師古曰：損，減也。“間”讀曰“閑”。勞，憂也。【今注】燕私：閑居休息。

[4]【顔注】師古曰：关，古“笑”字。【今注】倡優：以音樂歌舞、雜技戲謔娛人的藝人。

[5]【顔注】師古曰：郤，退也。享，當也。言所爲不善，不當天心也。一曰，天不祐之，不歆享其祀也。“虞”與“娛”同（蔡琪本注末有“應劭曰享音呼庚反”八字，殿本注末有“應劭曰享呼庚反”七字）。【今注】案，錢大昕《三史拾遺》卷三以爲，“義”爲古“儀”字。《尚書·洛誥》“享多儀，儀不及物”。曰“不享”，謂當却貢獻而不受也，與下文“不享上帝”義不同。師古兩解皆誤。

[6]【顏注】師古曰：致，至也。安心而服行之，如天性自然也。

[7]【顏注】師古曰：《周書·無逸》之辭也。言從今以往，繼業嗣立之王毋過欲於酒，毋放于田獵，惟宜正身恭己也。"共"讀曰"恭"（曰恭，殿本作"與恭同"）。

[8]【今注】案，《漢書考正》宋祁曰：南本無"致"字。別本作"之所慎也"。

　　昔舜飭正二女，以崇至德；[1]楚莊忍絶丹姬，以成伯功；[2]幽王惑於襃姒，周德降亡；魯桓脅於齊女，社稷以傾。[3]誠修後宮之政，明尊卑之序，貴者不得嫉妬專寵，以絶驕嫚之端，抑襃、閻之亂，賤者咸得秩進，各得厥職，[4]以廣繼嗣之統，息白華之怨，[5]後宮親屬，饒之以財，勿與政事，[6]以遠皇父之類，損妻黨之權，[7]未有閨門治而天下亂者也。

[1]【顏注】師古曰：《虞書·堯典》云"釐降二女于嬀汭，嬪于虞"。謂堯以二女妻舜，觀其治家，欲使治國，而舜謹敕正躬以待二女，其德益崇，遂受堯禪也。"飭"與"敕"同。

[2]【顏注】應劭曰：楚莊王得丹姬，三月不聽朝。保申諫，忍絶不復見，乃勤政事，遂爲盟主也。師古曰：丹姬是楚文王姬也。莊王用申公巫臣之諫，不納夏姬。《谷永集》"丹"字作"夏"，是也。今此傳作"丹"，轉寫誤耳。應氏就而謬釋，非本實也。"伯"讀曰"霸"。【今注】楚莊：楚莊王。名侶，一作"旅"。楚穆王子。春秋時霸主。事迹見《史記》卷四〇《楚世家》及《左傳》。　丹姬：沈欽韓《漢書疏證》指出《吕覽·直諫》

《説苑·正諫》並云丹之姬是荆文王事。《説苑·正諫》又云"莊王立鼓鐘之間，左伏陽姬，右擁越姬"。是未知谷永所用何等。作"夏姬"文義亦順。

[3]【顏注】師古曰：解並在《五行志》。【今注】齊女：文姜。魯桓公夫人，齊僖公之女。桓公十八年（前694），隨公至齊，與襄公私通，桓公知而怒，文姜以告襄公，襄公遂殺桓公。

[4]【顏注】師古曰：秩，次也，以次而進御也。

[5]【顏注】師古曰：《詩·小雅·白華》之篇也。幽王惑於襃姒而黜申后，故國人作此詩以刺之。永言此者，譏成帝專寵趙昭儀也。【今注】案，《漢書考正》劉奉世以爲，谷永後疏稱"建始、河平、許、班之事，傾動前朝，今之後起，天所不享"，則成帝建始四年（前29）未有趙昭儀。

[6]【顏注】師古曰："與"讀曰"豫"。

[7]【顏注】師古曰：皇父，周卿士也。《小雅·十月之交》詩曰"皇父卿士，番惟司徒"，刺屬王淫於色，故皇父之屬因嬖寵而爲官也。遠，于萬反（蔡琪本、大德本、殿本"于"前有"音"字）。"父"讀曰"甫"。

　　治遠自近始，習善在左右。昔龍筦納言，而帝命惟允；[1]四輔既備，成王靡有過事。[2]誠敕正左右齊栗之臣，[3]戴金貂之飾執常伯之職者[4]皆使學先王之道，知君臣之義，濟濟謹孚，無敖戲驕恣之過，[5]則左右肅艾，[6]群僚仰法，化流四方。經曰："亦惟先正克左右。"[7]未有左右正而百官枉者也。[8]

[1]【顏注】師古曰：龍，舜臣名也。"筦"字與"管"同。

管，主也。《虞書·舜典》曰，帝曰："龍，命汝作納言，夙夜出納朕命惟允（蔡琪本、大德本、殿本無"當"字）。"允，信也。

[2]【顔注】師古曰：四輔，謂左輔、右弼、前疑、後丞也。《周書·洛誥》稱成王曰："誕保文武受命，亂爲四輔。"【今注】成王：周成王姬誦。事迹見《史記》卷四《周本紀》。

[3]【顔注】孟康曰：左右，謂尚書官（蔡琪本、大德本、殿本"官"下有"也"字）。齊栗，言其整齊萬事，常戰栗謹敬（蔡琪本、大德本、殿本"敬"下有"也"字）。

[4]【顔注】師古曰：常伯，侍中也。伯，長也，常使長事者也。一曰，常任使之人，此爲長也。【今注】金貂之飾：帝王侍臣的冠飾。侍中、中常侍之冠，於武冠上加黃金璫，附蟬爲文，貂尾爲飾。

[5]【顔注】師古曰：孚，信也。【今注】濟濟：整齊美好貌。

[6]【顔注】師古曰：肅，敬也。"艾"讀曰"乂"。乂，治也。

[7]【顔注】師古曰：《周書·君牙》之辭也。言王者欲正百官，要在能先正其左右近臣也。【今注】案，《漢書考證》齊召南以爲今本《尚書·君牙》作"亦惟先王之臣克左右，亂四方"，誤。孔安國傳作"先正"，是。其下文又曰"乃惟由先正舊典時式"，即指此"先正"，證以此傳尤明。西漢經師多傳伏生今文，今文缺《尚書·君牙》，惟孔安國古文有，或谷永亦嘗見《古文尚書》。王念孫《讀書雜志·漢書第十三》以爲顔、齊二説皆非。此所引是《尚書·文侯之命》，非晚出古文之《尚書·君牙》。師古誤記。

[8]【顔注】師古曰：枉，曲也。

　　治天下者尊賢考功則治，簡賢違功則亂。[1]誠審思治人之術，歡樂得賢之福，論材選士，[2]必試於職，明度量以程能，考功實以定德，[3]無用比周之虛譽，毋聽寖潤之譖愬，[4]則抱功脩職之吏無蔽傷之憂，[5]比周邪偽之徒不得即工，[6]小人日銷，俊艾日隆。[7]經曰："三載考績，三考黜陟幽明。"[8]又曰："九德咸事，俊艾在官。"[9]未有功賞得於前衆賢布於官而不治者也。

[1]【顏注】師古曰：簡，略也，謂輕慢也。

[2]【今注】論材：選擇人材。論，通"掄"。

[3]【顏注】師古曰：程，效也（殿本注在"程能"後）。

[4]【顏注】師古曰：比周，言阿黨親密也。寖潤，積漸之深也。比，頻寐反（蔡琪本、大德本、殿本"頻"前有"音"字）。【今注】案，寖，蔡琪本、殿本作"寑"，同。

[5]【今注】抱功：胸懷立功志願。

[6]【顏注】李奇曰：即，就也。工，官也。

[7]【顏注】師古曰："艾"讀曰"乂"。其下亦同。

[8]【顏注】師古曰：《虞書·舜典》之辭也。言居官者三年一考其功，三考則退其幽闇無功者，升其昭明有功者。

[9]【顏注】師古曰：《虞書·咎繇謩》之辭也。言使九德之人皆用事，俊桀治能之士並在官也（官，殿本作"位"）。九德，謂寬而栗，柔而立，愿而恭，亂而敬，擾而毅，直而溫，簡而廉，剛而塞，强而義。

堯遭洪水之災，天下分絕爲十二州，制遠之道微，[1]而無乖畔之難者，德厚恩深，無怨於下也。秦居平土，[2]一夫大呼而海内崩析者，[3]刑罰深酷，吏行殘賊也。夫違天害德，爲上取怨於下，莫甚乎殘賊之吏。誠放退殘賊酷暴之吏錮廢勿用，益選溫良上德之士以親萬姓，[4]平刑釋冤以理民命，[5]務省繇役，毋奪民時，薄收賦稅，毋殫民財，[6]使天下黎元咸安家樂業，[7]不苦踰時之役，[8]不患苛暴之政，不疾酷烈之吏，[9]雖有唐堯之大災，民無離上之心。[10]經曰："懷保小人，惠于鰥寡。"[11]未有德厚吏良而民畔者也。

[1]【顏注】孟康曰：本九州，洪水隔分，更爲十二州，處所離遠，相制之道微也。師古曰：十二州，謂冀、兗、豫、青、徐、荆、楊（楊，大德本、殿本作"揚"）、雍、梁、幽、并、營也。

[2]【今注】平土：平原之地。這裏喻指安穩之所。

[3]【顏注】師古曰：呼，火故反（蔡琪本、大德本、殿本"火"前有"音"字）。【今注】一夫：或指陳涉。傳見本書卷三一。　案，析，大德本誤作"祈"。

[4]【顏注】師古曰：親，謂愛養之。

[5]【顏注】師古曰：釋，解也。

[6]【顏注】師古曰：殫，盡也，音單。

[7]【今注】黎元：黎民百姓。

[8]【顏注】師古曰：古者行役不踰時。時謂三月，是爲一時。

[9]【顏注】師古曰：言免此疾患。

[10]【顏注】師古曰：堯遭洪水，故云大災。

[11]【顏注】師古曰：《周書·無逸》之辭也。懷，和也。保，安也。【今注】小人：指百姓。案，王先謙《漢書補注》引蘇輿以爲此《今文尚書》與《石經》同。

臣聞灾異，皇天所以譴告人君過失，猶嚴父之明誡。畏懼敬改，則禍銷福降；忽然簡易，[1]則咎罰不除。經曰："饗用五福，畏用六極。"[2]傳曰："六沴作見，若不共御，六罰既侵，六極其下。"[3]今三年之間，灾異鋒起，小大畢具，所行不享上帝，[4]上帝不豫，[5]炳然甚著。不求之身，無所改正，疏舉廣謀，又不用其言，[6]是循不享之迹，無謝過之實也，天責愈深。此五者，王事之綱紀，南面之急務，唯陛下留神。

[1]【今注】忽然：不經心，忽略。 簡易：同"簡易"，疏略。

[2]【顏注】師古曰：《周書·洪範》之辭。饗，當也。言所行當於天心，則降以五福；若所爲不善，則以六極畏罰之。五福，一曰壽，二曰富，三曰康寧，四曰攸好德，五曰考終命。六極之解已具於前。

[3]【顏注】師古曰：此《洪範》之傳也。沴，灾氣也。"共"讀曰"恭"。"御"讀曰"禦"。言敬而修德以禦灾。【今注】六罰：沈欽韓《漢書疏證》以爲本書《五行志》作"六伐"。"伐""罰"義同。

[4]【顏注】師古曰：享，當也。不當天心。

[5]【顏注】師古曰：豫，悅也。

[6]【顏注】晉灼曰：疏，遠也。

對奏，天子異焉，特召見永。其夏，皆令諸方正對策，[1]語在《杜欽傳》。永對畢，因曰："臣前幸得條對灾異之效，禍亂所極，言關於聖聰。書陳於前，陛下委棄不納，而更使方正對策，背可懼之大異，問不急之常論，廢承天之至言，角無用之虛文，[2]欲末殺災異，滿讕誣天，[3]是故皇天勃然發怒，甲己之間暴風三澇，拔樹折木，[4]此天至明不可欺之效也。"上特復問永，永對曰："日食地震，皇后貴妾專寵所致。"語在《五行志》。是時，上初即位，謙讓委政元舅大將軍王鳳，[5]議者多歸咎焉。永知鳳方見柄用，[6]陰欲自託，乃復曰：

[1]【今注】對策：就政事、經義等設問，由應試者對答。

[2]【顏注】師古曰：角，競也（競，大德本同，蔡琪本、殿本作"竟"，是）。

[3]【顏注】師古曰（蔡琪本"師古曰"前有"晉灼曰殺減也"六字）：末殺，掃滅也。滿讕，謂欺罔也。殺，先葛反（蔡琪本、大德本、殿本"先"前有"音"字）。讕，來亶反（蔡琪本、大德本、殿本"來"前有"音"字）。【今注】末殺：抹殺。沈欽韓《漢書疏證》引《淮南子·俶真訓》"獨浮游無方之外，不與物相弊撥"，高誘注："弊撥猶雜糅。弊，音跋涉之跋。撥，讀楚人言殺。"《釋名》"摩娑猶末殺也，手上下之言也"，以爲"末殺"與"弊撥"音義同。楊樹達《漢書窺管》據《説文·水部》云："潎，拭滅貌。"徐音莫達切。又云："沬，潎沬也。"讀若"茉樧"之"樧"。以爲此爲"末殺"本字。　滿讕：沈欽韓《漢書疏證》以爲"滿"義同"謾"。許慎《説文解字》："讕，詆讕也。"《漢書考證》引蕭該曰："滿讕，或音漫。"吳恂《漢書注商》以爲"滿"是"謾"字之訛。

[4]【顏注】師古曰：自甲至己（自，蔡琪本作"從"），凡六日也。"澇"與"臻"同。臻，至也。

[5]【今注】王鳳：字孝卿，西漢東平陵（今山東濟南市東）人。爲元帝皇后王政君兄。初爲衛尉，襲父爵陽平侯。成帝即位，以外戚爲大司馬大將軍，領尚書事。專斷朝政十一年。

[6]【顏注】師古曰：言任用之授以權也。

　　方今四夷賓服，皆爲臣妾，北無薰粥冒頓之患，[1]南無趙佗、呂嘉之難，[2]三垂晏然，靡有兵革之警。[3]諸侯大者乃食數縣，[4]漢吏制其權柄，不得有爲，亡吳、楚、燕、梁之埶。[5]百官盤互，親疏相錯，[6]骨肉大臣有申伯之忠，[7]洞洞屬屬，小心畏忌，[8]無重合、安陽、博陸之亂。[9]三者無毛髮之辜，不可歸咎諸舅。此欲以政事過差丞相父子、中尚書宦官，[10]檻塞大異，皆賫説欺天者也。[11]竊恐陛下舍昭昭之白過，忽天地之明戒，聽晻昧之賫説，[12]歸咎乎無辜，倚異乎政事，[13]重失天心，[14]不可之大者也。[15]

[1]【顏注】師古曰：粥，弋六反（蔡琪本、大德本、殿本“弋”前有“音”字）。【今注】薰粥：又作“薰鬻”“薰育”，古匈奴名。這裏指匈奴。　冒頓：匈奴單于。事迹見本書卷九四上《匈奴傳上》。

[2]【今注】趙佗呂嘉：二人事迹見本書卷九五《西南夷兩粤朝鮮傳》。

[3]【顏注】師古曰：晏，安也。【今注】三垂：南北西三面。

[4]【今注】乃：楊樹達《漢書窺管》以爲釋爲“僅”。

[5]【今注】吳楚：指漢景帝時吳楚之亂中二諸侯王國。燕：燕王劉旦。傳見本書卷六三。　梁：梁孝王劉武。傳見本書卷

四七。　執：通"勢"。

[6]【顏注】師古曰：盤互，盤結而交互也。錯，間雜也。
"互"字或作"牙"，言如豕牙之盤曲，犬牙之相入也。【今注】
盤互：何焯《義門讀書記》卷一九以爲"互"，古字作"牙"，與
"牙"不同。顏解誤。沈欽韓《漢書疏證》引《廣韻》"'互'，俗
作'牙'"，以爲"牙"非古字。

[7]【顏注】師古曰：申伯，周申后之父。【今注】申伯：周
宣王母舅，申國國君。爲周卿士，佐宣王中興有功，賜謝邑，築城
定居，以衛南土。王先謙《漢書補注》引《資治通鑑》胡三省注：
"申伯，宣王之舅，谷永以之況王鳳也。"

[8]【顏注】師古曰：洞洞，驚肅也。屬屬，專謹也。洞，
音動。屬，之欲反（蔡琪本、大德本、殿本"之"前有"音"
字）。

[9]【顏注】師古曰：重合，莽通；安陽，上官桀；博陸，
霍禹也。【今注】重合：重合侯莽通。本姓馬，後人改爲莽。漢武
帝晚年任侍郎。因參加平定戾太子有功，封重合侯。次年，率騎與
李廣利、商丘成征匈奴，降車師而返。後武帝感戾太子冤，殺江
充，莽通懼被株連，遂與其兄侍中僕射莽何羅合謀持刀入武帝卧室
行刺，爲金日磾發覺搏拘逼死。　安陽：安陽侯上官桀。隴西郡上
邽縣（今甘肅天水市麥積區）人。漢武帝時，初爲羽林期門郎，後
任未央厩令，侍中、騎都尉，遷太僕。武帝病篤，任爲左將軍，與
霍光同受遺詔輔少主，封安陽侯。昭帝即位，其孫女被立爲皇后。
後與大將軍霍光爭權，遂與御史大夫桑弘羊、帝姊鄂邑長公主及燕
王劉旦合謀除光，並另立帝。事發覺，被族誅。　博陸：這裏指霍
光之子霍禹。事迹見本書卷六八《霍光金日磾傳》。

[10]【今注】此：朱一新《漢書管見》以爲當作"比"。楊樹
達《漢書窺管》引李慈銘以爲，"此"字疑當爲"及"字之誤，玩
下文皆字可見。　尚書：始於戰國，秦時爲少府屬官，掌殿內文

書，漢承秦制。漢武帝時漸成爲重要宮廷政治機構，參與國家機密，常以中朝大臣兼領、平、視，以左右曹諸吏平尚書奏事，參與議政決策，宣示詔命。百官奏事先呈尚書，皆爲正、副二封，由領尚書者拆閲副封，加以裁決，可屏抑不奏。百官選舉任用考察詰責彈劾之責亦歸之。漢成帝時設尚書五人，開始分曹辦事，群臣章奏都經尚書。

［11］【顔注】師古曰：檻，義取檻柙之檻。檻猶閉也（閉，蔡琪本、殿本作「閜」），其字從木。瞽説，言不中道，若無目之人也。【今注】檻塞：《漢書考正》宋祁引蘇林曰：「濫，氾也。」又如淳音作「檻」，閉也。晉灼曰：「於義，蘇音是。」引蕭該：「蘇‘濫，氾’者，《字林》曰：‘濫，氾濫也。濫，音力暫反。’如湻曰‘檻閉’者，《字林》曰：‘檻，櫳也。一曰，圈也。丁斬反，又力甘反。’」王先謙《漢書補注》引蘇輿據《文選‧西京賦》薛注：「檻，闌也。」又《廣雅》：「闌，遮也。」以爲「檻塞」猶遮塞，與本書卷七五《京房傳》「惟陛下毋使臣塞涌水之異」義同。漢時天地有變，輒譴大臣以塞責，如成帝殺翟方進。永此言意在媚王氏。　瞽説：胡説。

［12］【顔注】師古曰：舍，謂留也。「晻」字與「暗」同，又音一感反。【今注】白過：沈欽韓《漢書疏證》據《韓詩外傳》：「士欲行義白名」，《説苑‧立節》作「著名」。以爲「白過」即著明之過。王先謙《漢書補注》以爲下文「白罪」亦同。

［13］【顔注】師古曰：倚，依也，音於綺反。次下亦同。

［14］【顔注】師古曰：重，直用反（蔡琪本、大德本、殿本「直」前有「音」字）。

［15］【顔注】師古曰：此則爲大不可也。

陛下即位，委任遵舊，[1]未有過政。元年正月，白氣較然起乎東方，[2]至其四月，黃濁四塞，覆冒京師，申以大水，著以震蝕。[3]各有占應，相爲表裏，百官庶事無所歸倚，[4]陛下獨不怪與？[5]白氣起東方，賤人將興之表也；黄濁冒京師，王道微絶之應也。夫賤人當起而京師道微，二者已醜。[6]陛下誠深察愚臣之言，致懼天地之異，長思宗廟之計，改往反過，抗湛溺之意，解偏駮之愛，[7]奮乾剛之威，平天覆之施，使列妾得人人更進，猶尚未足也，[8]急復益納宜子婦人，毋擇好醜，毋避嘗字，[9]毋論年齒。推法言之，陛下得繼嗣於微賤之間，乃反爲福。得繼嗣而已，母非有賤也。[10]後宮女史使令有直意者，廣求於微賤之間，[11]以遇天所開右，[12]慰釋皇太后之憂慍，[13]解謝上帝之譴怒，則繼嗣蕃滋，災異訖息。[14]陛下則不深察愚臣之言，[15]忽於天地之戒，咎根不除，水雨之災，山石之異，[16]將發不久；[17]發則災異已極，天變成形，臣雖欲捐身關策，不及事已。[18]

[1]【今注】案，委，蔡琪本、殿本作"逶"。

[2]【顏注】師古曰：較，明貌也。

[3]【顏注】師古曰：申，重也。著，明也。【今注】案，蝕，蔡琪本、大德本、殿本作"蝕"，是。

[4]【今注】案，事，蔡琪本、殿本作"士"。王先謙《漢書補注》以爲作"士"是。

[5]【顏注】師古曰：倚，於綺反（大德本、殿本"於"前有"音"字）。"與"讀曰"歟"（蔡琪本無此注）。

　　[6]【顏注】師古曰：已，甚也。【今注】已醜：王先謙《漢書補注》引王文彬，以爲《禮記·學記》"比物醜類"，鄭玄注："醜猶比也。"言二者之徵兆已相連比而見。顏訓"已"爲"甚"，似非。

　　[7]【顏注】師古曰：抗，舉也。"湛"讀曰"沈"。駁，不周普也。【今注】抗：楊樹達《漢書窺管》以爲當訓拒，訓舉不合。

　　[8]【顏注】師古曰：更，互也，音公衡反（公，殿本作"工"）。

　　[9]【顏注】如淳曰：王鳳上小妻弟以納後宮，以嘗字乳。王章言之，坐死。今永及此，爲鳳洗前過也。【今注】案，《漢書考正》劉奉世曰："王章言事坐誅在陽朔初，而永此對乃是建始四年，則非爲鳳而言也。然觀永前後之文，實若爲鳳。但班固於此對後乃云'永爲上第擢爲光禄大夫'，則同是建始四年中事也。"王先謙《漢書補注》引《資治通鑑》胡三省注："此時鳳蓋已納張美人於後宮，故永爲之言；若王章指言鳳過，則在陽朔初也。"周壽昌《漢書注校補》云："章對言'聞張美人未嘗任身就館也'，是嘗字之説亦誤。考漢初，高帝納薄后生文帝；景帝王后先在民間嫁金姓生一女，景帝納之，生武帝；漢世祖宗家法如此，故永敢爲此言。"

　　[10]【顏注】師古曰：苟得子耳，勿論其母之貴賤。

　　[11]【顏注】師古曰：直，當也。令，力成反（蔡琪本、大德本、殿本"力"前有"音"字）。【今注】女史：《資治通鑑》卷三〇《漢紀》孝成皇帝建始四年胡三省注引鄭玄云："女史，女奴曉書者。使令，給役後宮，無爵秩者也。"

　　[12]【顏注】師古曰："右"讀曰"佑"。佑，助也。【今注】開右：王先謙《漢書補注》引蘇輿以爲即"啓佑"，此避漢景帝諱。

　　[13]【顏注】師古曰：釋，散也。【今注】慰：王先謙《漢書補注》引蘇輿以爲，當作“尉”。本書從“心”旁者皆後人加之。

　　[14]【顏注】師古曰：蕃，多也。訖，止也。蕃，扶元反（蔡琪本、大德本、殿本“扶”前有“音”字）。

　　[15]【今注】則：王念孫《讀書雜志·漢書第十三》以爲，古“則”與“若”同義。

　　[16]【今注】山石之異：沈欽韓《漢書疏證》據《隋書·五行志》補證：“《洪範傳》曰：‘石自高隕者，君將有危殆也。’”案，本書《五行志》多載石鳴、石立事，可參。

　　[17]【今注】將發不久：不久將發。王先謙《漢書補注》引蘇輿以爲與本書卷八四《翟方進傳》“必在相位，不久”同一語例。

　　[18]【顏注】師古曰：言禍敗既成，不可如何也。已，語終辭也。【今注】關策：陳説計策。王先謙《漢書補注》曰：“關策，白通其計策於上前。”

　　疏賤之臣，至敢直陳天意，斥譏帷幄之私，[1]欲閒離貴后盛妾，[2]自知忤心逆耳，必不免於湯鑊之誅。[3]此天保右漢家，使臣敢直言也。[4]三上封事，然後得召；待詔一旬，然後得見。夫由疏賤納至忠，甚苦；[5]由至尊聞天意，甚難。語不可露，願具書所言，因侍中奏陛下，[6]以示腹心大臣。[7]腹心大臣以爲非天意，臣當伏妄言之誅；即以爲誠天意也，[8]奈何忘國家大本，背天意而從欲！[9]唯陛下省察熟念，厚爲宗廟計。

[1]【今注】帷幄：指帝王。天子居處必設帷幄，故稱。

[2]【顏注】師古曰：閒，居莧反（蔡琪本、大德本、殿本"居"前有"音"字）。

[3]【今注】湯鑊：煮有滾水的大鍋。常作刑具，用來烹煮罪人。

[4]【顏注】師古曰："右"讀曰"佑"。

[5]【顏注】師古曰：由，從也。苦，勞苦也。

[6]【今注】侍中：秦置，爲丞相史。西漢時爲加官，與聞朝政，贊導衆事，顧問應對，與公卿大臣論辯，平議尚書奏事，爲中朝要職。

[7]【顏注】如淳曰：永爲鳳言，而言示腹心大臣，無不可矣。

[8]【今注】案，即，蔡琪本、殿本作"則"。王先謙《漢書補注》引蘇輿云："'則''即'字通，竝訓若。"

[9]【顏注】師古曰："從"讀曰"縱"。

　　時對者數十人，[1]永與杜欽爲上第焉。[2]上皆以其書示後宮。後上嘗賜許皇后書，采永言以責之，語在《外戚傳》。永既陰爲大將軍鳳說矣，能實窳高，由是擢爲光禄大夫。[3]永奏書謝鳳曰：[4]"永斗筲之材，[5]質薄學朽，無一日之雅，左右之介，[6]將軍說其狂言，[7]擢之皁衣之吏，[8]厠之爭臣之末，不聽浸潤之譖，不食膚受之愬，[9]雖齊桓、晉文用士篤密，察父恶兄覆育子弟，誠無以加！[10]昔豫子吞炭壞形以奉見異，[11]齊客隕首公門以報恩施，[12]知氏、孟嘗猶有死士，何況將軍之門！"鳳遂厚之。

［1］【今注】案，十，蔡琪本、殿本作"千"。

［2］【今注】杜欽：傳見本書卷六〇。

［3］【今注】光禄大夫：西漢武帝時改中大夫置，掌論議。屬光禄勳，秩比二千石。楊樹達《漢書窺管》："時永諫止受匈奴使伊邪莫演之降，見《匈奴傳》。又按永嘗再爲光禄大夫，其第二次在永始三年，由太中大夫遷。據《匈奴傳》叙其事於河平元年，則其奏當在此時也。"

［4］【今注】案，沈欽韓《漢書疏證》以爲班固著此書，賤谷永拜爵公朝，謝恩私室。

［5］【顏注】師古曰：筲，竹器也。斗筲，喻小而不大也。解在《公孫劉田傳》。筲，所交反（蔡琪本、大德本、殿本"所"前有"音"字）。

［6］【顏注】師古曰：雅，素也。介，紹也。言非宿素之交，又無紹介而進也。

［7］【顏注】師古曰："説"讀曰"悦"。

［8］【今注】皁衣：官服。這裹是婉辭。沈欽韓《漢書疏證》以爲谷永爲太常丞，掌祭祀小事。《續漢書·百官志》："祀宗廟諸祀則冠之，皆服袀玄。"又本書卷七八《蕭望之傳》載張敞云："備皁衣二十餘年"，沈欽韓據《戰國策·趙策》："願令得補黑衣之數"，《論衡·程材》："吏衣黑衣，官關赤單"，以爲朝服爲朱衣，此謂侍祠服之。案，皁，大德本誤作"早"。

［9］【顏注】師古曰：食猶受納也。膚受，謂初入皮膚至骨髓（殿本無"初"字），言其深也。【今注】食：楊樹達《漢書窺管》以爲《鹽鐵論·相刺》云："賢聖不能正不食諫諍之君"，以爲與此"食"字義同。　膚受之愬：指讒言。膚受，謂浮泛不實，或謂利害切身。《論語·顏淵》："浸潤之譖，膚受之愬，不行焉，可謂明也已矣。"邢昺疏："皮膚受塵，垢穢其外，不能入内也。以喻譖毁之語，但在外娑斐，構成其過惡，非其人内實有罪也。"

[10]【顏注】師古曰：察，明也。悊，智也。

[11]【顏注】師古曰：豫讓也。爲智伯報讎，欲殺趙襄子，恐人識之，故吞炭以變其聲，釁面以壞其形，以“智伯國士遇我”故也（以，蔡琪本、大德本、殿本作“云”）。【今注】豫子：豫讓。傳見《史記》卷八六。

[12]【顏注】師古曰：舍人魏子三收邑入，不與孟嘗。孟嘗怒之，魏子曰：“假與賢者。”齊湣王受讒，孟嘗出奔，魏子所與粟賢者到宮門自剄，以明孟嘗之心。【今注】案，沈欽韓《漢書疏證》以此當爲北郭騷自刎以白晏子事，見《晏子·雜篇》《呂氏春秋·士節》《説苑·復恩篇》。師古所引，見《史記》卷七五《孟嘗君列傳》。但下文言“知氏、孟嘗”，則顏師古説近是。

　　數年，出爲安定大守。[1]時上諸舅皆修經書，任政事。平阿侯譚年次當繼大將軍鳳輔政，[2]尤與永善。陽朔中，[3]鳳薨。鳳病困，薦從弟御史大夫音以自代。[4]上從之，以音爲大司馬車騎將軍，領尚書事，[5]而平阿侯譚位特進，[6]領城門兵。永聞之，與譚書曰：“君侯躬周召之德，執管晏之操，[7]敬賢下士，樂善不倦，[8]宜在上將久矣，以大將軍在，故抑鬱於家，不得舒憤。今大將軍不幸蚤薨，[9]系親疏，序材能，宜在君侯。[10]拜吏之日，京師士大夫悵然失望。此皆永等愚劣，不能褒揚萬分。[11]屬聞以特進領城門兵，[12]是則車騎將軍秉政雍容於内，而至戚賢舅執管籥於外也。[13]愚竊不爲君侯喜。宜深辭職，自陳淺薄不足以固城門之守，收大伯之讓，保謙謙之路，[14]闔門高枕，爲知者首。願君侯與博覽者參之，[15]小子爲君侯安此。”譚得其書大感，遂辭讓不受領城門職。由是譚、音相與不平。

［1］【今注】安定：郡名。治高平縣（今寧夏固原市原州區）。

［2］【今注】譚：王譚。字子元，西漢東平陵（今山東濟南市東）人。以成帝舅封平阿侯。爲人奢侈驕倨，不爲其兄王鳳所喜，故鳳死不得執政。

［3］【今注】陽朔：漢成帝年號（前24—前21）。楊樹達《漢書窺管》："《段會宗傳》，陽朔中，會宗復爲都護，谷永閔其老復遠出，予書戒之，是此時事。"

［4］【今注】音：王音。西漢東平陵（今山東濟南市東）人。元帝皇后王政君從弟。親附兄王鳳。鳳死代爲大司馬車騎將軍輔政，封安陽侯。輔政八年死。

［5］【今注】領尚書事：以他官兼領尚書政事，參與政務，皆由重臣兼任。

［6］【今注】特進：西漢置，凡諸侯功德優盛、朝廷敬異者賜特進，位在三公下，得自辟僚屬。

［7］【顏注】師古曰："召"讀曰"邵"。其下亦同。【今注】周召：周公旦與召公奭。召公，周文王之子，姬姓。佐武王滅商紂，受封於北燕，爲燕之始祖。 管晏：管仲與晏嬰。二人傳見《史記》卷六二。

［8］【顏注】師古曰：下，胡亞反（蔡琪本、大德本、殿本"胡"前有"音"字）。

［9］【顏注】師古曰：蚤，古"早"字。

［10］【顏注】師古曰：彙，古"累"字。累親疏，謂積累其次而計之。

［11］【顏注】師古曰：言萬分之一。

［12］【顏注】師古曰：屬，近也，音之欲反。【今注】屬：王先謙《漢書補注》引蘇輿，以爲"屬"猶"頃"。

[13]【今注】管籥：鎖匙。籥，通“鑰”。

[14]【顏注】師古曰：大伯，王季之兄也，讓不爲嗣而適吳越。

[15]【顏注】師古曰：參詳其事。

　　永遠爲郡吏，恐爲音所危，病滿三月免。音奏請永補營軍司馬，[1]永數謝罪自陳，得轉爲長史。[2]音用從舅越親輔政，威權損於鳳時。永復説音曰：“將軍履上將之位，食膏腴之都，任周召之職，擁天下之樞，[3]可謂富貴之極，[4]人臣無二，天下之責四面至矣，將何以居之？宜夙夜孳孳，[5]執伊尹之彊德，[6]以守職匡上，誅惡不避親愛，舉善不避仇讎，以章至公，立信四方。[7]篤行三者，乃可以長堪重任，久享盛寵。[8]太白出西方六十日，法當參天，今已過期，[9]尚在桑榆之間，[10]質弱而行遲，形小而光微。[11]熒惑角怒明大，[12]逆行守尾。其逆，常也；[13]守尾，變也。意豈將軍忘湛漸之義，委曲從順，[14]所執不彊，不廣用士，尚有好惡之忌，蕩蕩之德未純，[15]方與將相大臣乖離之萌也？何故始襲司馬之號，俄而金火並有此變？上天至明，不虛見異，唯將軍畏之慎之，深思其故，改求其路，以享天意。”音猶不平，薦永爲護菀使者。[16]音薨，成都侯商代爲大司馬衛將軍，[17]永乃遷爲涼州刺史。[18]奏事京師訖，當之部，[19]時有黑龍見東萊，[20]上使尚書問永，受所欲言。[21]永對曰：

　　[1]【今注】營軍司馬：漢置，爲將軍所屬司馬之一，掌領營

兵。陳直《漢書新證》據《續漢書·百官志》將軍條下，屬官有軍司馬，無營軍司馬，且此官漢印未見有出土者。本書卷六〇《杜延年傳》如淳注引漢律，亦僅云有營軍司空，軍中司空各二人。又《史通》卷一二崔寔官大軍營司馬，與本文營軍司馬相似。是東漢之官或因襲西漢之遺制。

[2]【今注】案，楊樹達《漢書窺管》："永嘗奏言薛宣應補御史大夫缺，見《宣傳》及《王駿傳》，其事在陽朔四年，當是永爲長史時事。"

[3]【顏注】師古曰：擁，持也。

[4]【今注】案，《漢書考正》宋祁疑"之"作"至"。

[5]【顏注】師古曰：孳孳，不怠也。"孳"與"孜"同。

[6]【今注】伊尹：名阿衡，一說名摯。相傳爲奴隸，有莘氏女嫁商湯，他作爲陪嫁媵臣事湯。後被任以國政，助湯攻滅夏桀，建立商朝。湯卒，立子外丙、中壬，後又佐湯孫太甲即位。太甲淫暴，他放逐太甲，後太甲悔改，接回復位。沃丁時病卒。一說太甲潛歸，殺伊尹。

[7]【顏注】師古曰：章，明也。

[8]【顏注】師古曰：篤，厚也。享，當也。

[9]【顏注】服虔曰：大白出，當居天三分之一。已過期，言其行遲，在戌亥之間。【今注】太白：即金星。又名啓明星、長庚星。

[10]【今注】案，沈欽韓《漢書疏證》引《史記·天官書》補證云："太白出而留桑榆間，疾其下國。上而疾，未盡其日，過參天，疾其對國。"

[11]【顏注】如淳曰：言其行遲象王音也。永見音爲司馬，以疏間親，自以位過，故以大白喻司馬，司馬主兵故也。是永之佞曲從苟合也。

[12]【今注】熒惑：火星。

[13]【今注】案，《漢書考正》宋祁疑"常"字下有"道"字。王先謙《漢書補注》以爲"常""變"對文，不當有"道"字。

[14]【顏注】師古曰："湛"讀曰"沈"。"漸"讀曰"潛"。《周書·洪範》曰："沈潛剛克"，言人性沈密謂潛深者（謂，殿本作"而"），行之以剛則能堪也，故激勸之云爾。【今注】湛漸：周壽昌《漢書注校補》據《左傳》文公五年引《商書》曰"沈漸剛克"，杜預注："沈漸猶滯溺也。"陸德明《經典釋文》："漸，以廉反。"《史記》卷三八《宋微子世家》亦引作"沈漸"。

[15]【顏注】師古曰：此永自知有忤於音，故以斯言自救解。

[16]【今注】護菀使者：西漢置，掌典護西北邊郡牧苑。陳直《漢書新證》以爲護菀使者爲臨時之官，故不見於本書《百官公卿表》。1942年青海湟源縣出土《漢三老掾趙寬碑》有云："充國弟子聲爲侍中，子君游爲雲中太守，子字游都朔農都尉，弟次卿高平令，次子游護菀使者。"趙游官護菀使者，與本傳文正合。護菀謂典護太僕屬官邊郡六牧師苑令丞，非指上林苑而言，因谷永繼遷涼州刺史，趙充國後裔皆在邊郡仕宦。

[17]【今注】商：王商。字子夏，西漢東平陵（今山東濟南市東）人。元帝皇后王政君弟。以外戚於成帝時封成都侯。位特進，領城門兵。後代王音爲大司馬衛將軍輔政。驕奢淫逸，爭爲奢侈。病死，子況嗣。

[18]【今注】涼州：西漢武帝所置十三刺史部之一。轄境相當今甘肅、寧夏、青海三省區湟水流域，陝西省和内蒙古自治區部分地區。　刺史：漢武帝時始置，分全國爲十三部州，州置刺史一人。奉詔巡行諸郡，以六條問事，省察治政，黜陟能否，斷理冤獄。無治所，秩六百石。

[19]【今注】案，王先謙《漢書補注》引《資治通鑑》胡三省注補證云："漢制，諸州刺史常以八月循行所部，録囚徒，考殿

最，歲盡詣京師奏事。"

[20]【今注】東萊：郡名。治掖縣（今山東萊州市）。

[21]【顏注】師古曰：永有所言，令尚書即受之。

臣聞王天下有國家者，患在上有危亡之事，而危亡之言不得上聞。如使危亡之言輒上聞，[1]則商周不易姓而迭興，三正不變改而更用。[2]夏商之將亡也，行道之人皆知之，[3]晏然自以若天有日莫能危，[4]是故惡日廣而不自知，大命傾而不寤。《易》曰："危者有其安者也，亡者保其存者也。"[5]陛下誠垂寬明之聽，無忌諱之誅，使芻蕘之臣得盡所聞於前，[6]不懼於後患，直言之路開，則四方衆賢不遠千里，輻湊陳忠，[7]群臣之上願，社稷之長福也。

[1]【顏注】師古曰：如，若也。有即上聞。

[2]【顏注】師古曰：迭，徒結反（蔡琪本、殿本"徒"前有"音"字）。更，工衡反（蔡琪本、大德本、殿本"工"前有"音"字）。【今注】三正：夏正建寅，殷正建丑，周正建子，合稱三正。這裏指夏、殷、周三代。案，王念孫《讀書雜志·漢書第十三》以爲"變""改""更"三字語意重疊，"改"當爲"政"。謂變其政而更用之。"變政"與"易姓"對文，此處因字形相似而誤。楊樹達《漢書窺管》以爲，"三正變政"文義不通，改字不誤。"更用"與"迭興"爲對文，是更互之義，與變改義不同。王疑其重疊而改字，誤。

[3]【顏注】師古曰：凡在道路行者也。

[4]【顏注】師古曰：自謂如日在天而無有能傷危也。【今

注】案，王先謙《漢書補注》引《資治通鑑》胡三省注補證："《尚書大傳》曰：'桀云：天之有日，猶吾之有民。日有亡哉？日亡，吾亦亡矣。'"

[5]【顏注】師古曰：《下繫》辭也（蔡琪本、大德本、殿本"辭"前有"之"字）。言安必思危，存不亡忘（亡忘，蔡琪本、大德本、殿本作"忘亡"），乃得保其安存。【今注】案，王先謙《漢書補注》指出，今本《易·繫辭》作"危者安其位者也"。

[6]【今注】芻蕘：淺陋見解，或指草野之人。王先謙《漢書補注》引《資治通鑑》胡三省注："刈草曰芻。采薪曰蕘。文王詢于芻蕘。"

[7]【今注】輻湊：集中，聚集。

漢家行夏正，夏正色黑，黑龍，同姓之象也。[1]龍陽德，由小之大，[2]故爲王者瑞應。未知同姓有見本朝無繼嗣之慶，多危殆之隙，欲因擾亂舉兵而起者邪？將動心冀爲後者，殘賊不仁，若廣陵、昌邑之類？[3]臣愚不能處也。[4]元年九月黑龍見，[5]其晦，日有食之。今年二月己未夜星隕，[6]乙酉，日有食之。六月之閒，大異四發，二而同月，[7]三代之末，春秋之亂，未嘗有也。臣聞三代所以隕社稷喪宗廟者，皆由婦人與群惡沈湎於酒。《書》曰："乃用婦人之言，自絶于天"；[8]"四方之逋逃多罪。是宗是長，是信是使"。[9]《詩》云："燎之方陽，寧或滅之？赫赫宗周，褒姒威之！"[10]《易》曰："濡其首，有孚失是。"[11]秦所以二世十六年而亡者，[12]養生泰奢，奉終泰厚也。二者陛下兼而有之，臣請略陳其效。

［1］【顏注】張晏曰：夏以建寅爲正，萬物在地中，色黑，今黑龍見，同姓象也。【今注】案，王先謙《漢書補注》引李光地云：“永爲異姓游説。漢以火德王，如何更以黑龍爲同姓？案，漢以火王，水滅火，異姓爲陰類，此則王氏傾國之兆。”

［2］【顏注】師古曰：言因小以至大。

［3］【今注】廣陵：劉胥。傳見本書卷六三。　昌邑：劉賀。傳見本書卷六三。

［4］【顏注】師古曰：處，謂斷決也。

［5］【今注】元年：《漢書考正》宋祁以爲“元年”當作“去年”。沈欽韓《漢書疏證》據本書卷一〇《成紀》成帝永始二年（前15）詔曰“迺者龍見於東萊”，與此同在元年。

［6］【今注】己未：錢大昕《三史拾遺》卷三以爲本書《五行志》《成帝紀》“己未”皆作“癸未”。沈欽韓《漢書疏證》以爲癸未與乙酉相距二日，此傳誤。

［7］【今注】案，二，大德本同，蔡琪本、殿本作“二二”。

［8］【顏注】師古曰：今文《周書·泰誓》之辭。婦人，妲己。言紂用妲己之言，自取殄滅，非天絶之。

［9］【顏注】師古曰：亦《泰誓》之辭也。宗，尊也。言紂容納逃亡多罪之人，親信使用，尊而長之。

［10］【顏注】師古曰：《小雅·正月》之詩。“烕”亦“滅”也。言火燎方盛（盛，大德本、殿本作“熾”），寧有能滅之者乎？而宗周之盛，乃爲褒姒所滅，怨其甚也。烕，呼悦反（蔡琪本、大德本、殿本“呼”前有“音”字）。【今注】寧或滅之：王念孫《讀書雜志·漢書第十三》以爲，顏師古注沿鄭玄《詩》箋之誤。此引《詩》作“能或滅之”，非謂“寧有能滅之者”。案，能者釋乃。言燎火方熾，而乃有滅之者，以喻赫赫之宗周而竟爲褒姒所滅。“能”字古讀如“耐”聲與“乃”相近，故義亦相同。《左傳》昭公十二年：“中美能黄，上美爲元，下美則裳”，“能”

“爲”“則”三字相對爲文，能即乃。言中美乃黄，上美爲元，下美則裳。《孫子·謀攻》“故用兵之法，十則圍之，五則攻之，倍則分之，敵則能戰，少則能守，不若則能避之”，言敵則乃戰，少則乃守，不若則乃避之也。《戰國策·魏策》載奉陽君約魏，魏王將封其子，謂魏王曰：“王嘗身濟漳，朝邯鄲，抱葛、薛、陰、成以爲趙養邑，而趙無爲王有也。王能又封其子河陽姑宓乎？臣爲王不取也。”言王乃又封其子？臣爲王不取。《史記》卷九二《淮陰侯列傳》：“今韓信兵號數萬，其實不過數千，能千里而襲我，亦已罷極”，言韓信兵不過數千，乃千里而襲我，亦已疲極。《史記》卷一三〇《太史公自序》：“非獨色愛，能亦各有所長”，言非獨以色見愛，乃亦各有所長。劉向《列女傳·賢明傳》：“先王以不斜之故能至於此”，言以不斜之故乃至於此。“能”與“乃”義同，故二字可以互用。《後漢書》卷六二《荀爽傳》載其陳便宜策曰：“鳥則雄者鳴鴝，雌能順服；獸則牡爲唱導，牝乃相從”可證。“能”與“乃”又可以通用。《淮南子·人閒》：“此何遽不能爲福乎”，《藝文類聚·禮部》引此“能”作“乃”。本書卷九四下《匈奴傳下》：“東援海代，南取江淮，然後乃備”，《漢紀》引此“能”作“乃”。“能”與“寧”一聲之轉，故此作“能或滅之”，《毛詩》作“寧或滅之”，“寧”亦“乃”。《鄭箋》誤解“寧”字。説見王引之《經義述聞》“寧或滅之”條。案，蔡琪本、殿本“寧”作“能”。　威：《漢書考正》宋祁曰：“《説文》曰：‘威，滅也。從火戌聲。火死乃戌，陽氣至戌而盡。’音許滅反。姚本‘能’作‘寧’；注文‘盛’作‘熾’。”

[11]【顔注】師古曰：《未濟》上九爻辭（大德本、殿本句末有“也”字）。言耽樂無節，飲酒濡首，有信之道於是遂失也。濡，濕也。

[12]【今注】十六年：王先謙《漢書補注》引《資治通鑑》胡三省注：“秦始皇二十六年初并天下，三十七年崩，二世三年而

亡，其有天下財十六年。"楊樹達《漢書窺管》引梁玉繩以爲秦立
國凡十五年，十六年誤。

　　《易》曰"在中饋，無攸遂",[1]言婦人不得
與事也。[2]《詩》曰："懿厥悊婦，爲梟爲鴟"；
"匪降自天，生自婦人"。[3]建始、河平之際，[4]
許、班之貴，頃動前朝,[5]熏灼四方,[6]賞賜無量，
空虛内臧，女寵至極，不可上矣;[7]今之後起，天
所不饗，什倍于前。[8]

　　[1]【顔注】師古曰:《家人》六二爻辭（大德本、殿本句末
有"也"字）。"饋"與"饋"同。饋，食也。言婦人之道居中主
食，遜順而已，無所必遂。【今注】遂：王先謙《漢書補注》引王
文彬以爲，當釋爲成。言婦道無成。案，中，大德本誤作"申"。

　　[2]【顔注】師古曰:"與"讀曰"豫"。

　　[3]【顔注】師古曰:《大雅・瞻卬》之詩。懿，美也。悊，
智也。言幽王以悊婦爲美，實乃爲梟鴟也。婦，謂襃姒也。梟鴟，
惡聲之鳥，故以諭焉（諭，殿本作"喻"）。又言此禍亂非從天
而下，以寵襃姒之故，生此灾耳。【今注】案，王先謙《漢書補
注》指出今本《毛詩》"匪"上有"亂"字。據顔注，當有。但顔
師古以《毛詩》爲釋，谷永所引未必有。

　　[4]【今注】河平：漢成帝年號（前28—前25）。

　　[5]【顔注】師古曰:許皇后及班婕妤之家。【今注】頃：楊
樹達《漢書補注》指出本書卷一〇〇《叙傳下》作"傾"，是。

　　[6]【今注】熏灼：威勢逼人。

　　[7]【顔注】師古曰:上猶加也。

　　[8]【顔注】如淳曰:謂趙、李本從卑賤起也。

廢先帝法度，聽用其言，官秩不當，縱釋王誅，[1]驕其親屬，假之威權，從橫亂政，[2]刺舉之吏，[3]莫敢奉憲。又以掖庭獄大爲亂阱，[4]榜箠瘠於炮格，[5]絶滅人命，主爲趙、李報德復怨，[6]反除白罪，建治正吏，[7]多繫無辜，掠立迫恐，[8]至爲人起責，分利受謝。[9]生入死出者，不可勝數。是以日食再既，[10]以昭其辜。[11]

[1]【顔注】師古曰：縱，放也。釋，解也。王誅，謂王法當誅者。

[2]【顔注】師古曰：從，子用反（蔡琪本、大德本、殿本“子”前有“音”字）。橫，胡孟反（蔡琪本、大德本、殿本“胡”前有“音”字）。

[3]【今注】刺舉：檢舉。

[4]【顔注】師古曰：穿地爲坑阱以拘繫人也。亂者，言其非正而又多也。阱，材性反（蔡琪本、大德本、殿本“材”前有“音”字）。【今注】掖庭獄：掖庭，官署名。秦和漢初稱永巷，漢武帝更名掖廷，屬少府，其長官稱令，另有副長官丞八人，掌後宮宮女及供御雜務，管理宮中詔獄等，由宦者擔任。　亂阱：殿本《漢書考證》引劉奉世曰：“言設獄陷人如阱耳。”

[5]【顔注】師古曰：瘠，痛也。炮格（格，蔡琪本、大德本、殿本作“烙”），紂所作刑也。膏塗銅柱，加之火上（火上，大德本作“以火上”，殿本作“以火”），令罪人行其上，輒墮炭中（墮，大德本、蔡琪本、殿本作“墯”），笑而以爲樂。瘠，千感反（蔡琪本、大德本、殿本“千”前有“音”字）。【今注】榜箠：鞭笞拷打。亦作“榜棰”。　瘠：音 cǎn。　炮格：炮烙。王念孫《讀書雜志·漢書第十三》以爲，“炮烙”本當作“炮格”。

格，音古伯反，不音洛。故顏師古曰"膏塗銅柱（此句釋'格'字），加之火上，令罪人行其上，輒墮炭中（此三句釋'炮'字）"。宋代江鄰幾《雜志》引《漢書》正作"炮格"。今諸書皆作"炮烙"，是後人不知古義而改。沈欽韓《漢書疏證》引《吕氏春秋·過理》："糟丘酒池，肉圃爲格"，高誘注："格，以銅爲之，布火其下，以人置上。人爛，墜火而死，笑之以爲樂。"《太平御覽》載桓子《新論》曰："紂無道，爛金爲格。"以爲諸書皆訛爲"炮烙"。

[6]【顏注】師古曰：復亦報也，音扶福反。

[7]【顏注】師古曰："反"讀曰"幡"。罪之明白者反而除之，吏之公正者建議劾治也。【今注】建治：王念孫《讀書雜志·漢書第十三》以爲"建""治"二字義不相屬。顏師古以爲建議劾治，是曲爲之説。"建"當爲"逮"。逮，捕也。言罪之明白者，則反而除之；吏之公正者，則逮而治之。隸書"建"或作"逮"，見《漢北海相景君銘》《郎中鄭固碑》。與"逮"相似，故"逮"訛作"建"。

[8]【顏注】師古曰：掠笞服之，立其罪名。【今注】掠（lüè）立：屈打成招，以立罪名。

[9]【顏注】師古曰：言富賈有錢，假託其名，代之爲主，放與它人，以取利息而共分之，或受報謝，别取財物。

[10]【顏注】孟康曰：既，盡也（殿本此注在下注"師古曰昭明也"前）。

[11]【顏注】師古曰：昭，明也。

　　王者必先自絶，然后天絶之。陛下棄萬乘之至貴，樂家人之賤事，[1]厭高美之尊號，好匹夫之卑字，[2]崇聚僄輕無義小人以爲私客，[3]數離深宫之固，挺身晨夜，與群小相隨，[4]烏集雜會，飲醉吏民之家,[5]亂服共坐,流湎媟嫚,[6]溷殽無別,[7]閔免遁樂,晝夜在路。[8]典門戶、奉宿衞之臣執干戈而守空宮,公卿百僚不知陛下所在,積數年矣。

[1]【顏注】師古曰:謂私畜田及奴婢財物。

[2]【顏注】孟康曰:成帝好微行,更作私字以相呼。【今注】好匹夫之卑字:周壽昌《漢書注校補》曰:"帝與張放微行,自稱富平侯家,時有張公子之謠。"

[3]【顏注】師古曰:僄,疾也,音頻妙反,又音匹妙反(殿本無"音"字)。【今注】僄輕無義小人:僄輕,楊樹達《漢書窺管》指出,本書《五行志中之上》作"票輕無誼之人"。

[4]【顏注】師古曰:挺,引也,音大鼎反。

[5]【顏注】師古曰:言聚散不恒,如鳥鳥之集。【今注】飲醉:王先謙《漢書補注》指出《資治通鑑》引此,"飲醉"作"醉飽"。楊樹達《漢書窺管》以爲本書《五行志中之上》作"醉飽",《資治通鑑》用《五行志》文。

[6]【今注】流湎:沉溺於酒。 媟(xiè)嫚:輕薄,不莊重。

[7]【今注】溷殽:混淆。

[8]【顏注】師古曰:閔免猶黽勉也。遁,流遁也。【今注】閔免:盡力。此處指不停歇。 遁:同"循"。放逸。王先謙《漢書補注》引《資治通鑑》胡三省注載顏師古注曰"黽免,言不息也。遁,流遁也。言流遁爲樂",與今本注異。

王者以民爲基,民以財爲本,財竭則下畔,下畔則上亡。是以明王愛養基本,不敢窮極,使民如承大祭。[1]今陛下輕奪民財，不愛民力，聽邪臣之計，去高敞初陵，捐十年功緒，[2]改作昌陵，[3]反天地之性，因下爲高，積土爲山，發徒起邑，並治宮館，大興縣役，重增賦斂，徵發如雨，[4]役百乾谿，費疑驪山，[5]靡敝天下，[6]五年不成而後反故，又廣盱營表，[7]發人冢墓，斷截骸骨，暴揚尸柩。百姓財竭力盡，愁恨感天，災異婁降，饑饉仍臻。[8]流散冗食，餧死於道，以百萬數。[9]公家無一年之畜，百姓無旬日之儲，[10]上下俱匱，無以相救。《詩》云：“殷監不遠，在夏后之世。”[11]願陛下追觀夏、商、周、秦所以失之，以鏡考己行。[12]有不合者，臣當伏妄言之誅！[13]

[1]【顏注】師古曰：言常畏慎。

[2]【顏注】師古曰：緒，謂功作之端次。

[3]【今注】昌陵：漢成帝鴻嘉元年（前20）以新豐縣戲鄉置昌陵縣，在此營建陵墓，治所在今陝西西安市臨潼東。成帝永始元年（前16）廢（參見尚民傑《漢成帝昌陵相關問題探討》，《考古與文物》2005年第2期）。

[4]【顏注】師古曰：言其多也。

[5]【顏注】師古曰：“疑”讀曰“儗”。儗，比也。言勞役之功百倍於楚靈王，費財之廣比於秦始皇。【今注】乾谿：臺名。楚靈王所建。陸賈《新語·懷慮》：“作乾谿之臺，立百仞之高，欲登浮雲窺天文。”《史記》卷四〇《楚世家》：“靈王樂乾谿，不能去也。國人苦役。”董仲舒《春秋繁露·王道》：“楚靈王內罷其眾。乾谿有物，女水盡，則見；女水滿，則不見。靈王舉發其國而役，三年不罷，楚國大怨。”　驪山：在今陝西西安市臨潼區。本書卷

三六《劉向傳》:"秦始皇帝葬於驪山之阿,下錮三泉,上崇山墳,其高五十餘丈,周回五里有餘。石槨爲游館,人膏爲燈燭,水銀爲江海,黃金爲鳧雁。珍寶之臧,機械之變,棺槨之麗,宮館之盛,不可勝原。又多殺宮人,生薶工匠,計以萬數。天下苦其役而反之,驪山之作未成,而周章百萬之師至其下矣。"

[6]【顏注】師古曰:靡,散也,音武皮反。

[7]【顏注】晉灼曰:旰,音旴。旰,大也。【今注】營表:建造宮室時測量地基,立表以確定位置。《毛詩·靈臺》:"經始靈臺,經之營之。"鄭玄箋:"文王應天命,度靈臺之基趾,營表其位。"孔穎達疏:"營表其位,謂以繩度立表,以定其位處也。"

[8]【顏注】師古曰:婁,古"屢"字也。仍,頻也。

[9]【顏注】師古曰:宂亦散也。餒,餓也。宂,人勇反(蔡琪本、大德本、殿本"人"前有"音"字)。餒,乃賄反(蔡琪本、大德本、殿本"乃"前有"音"字)。

[10]【顏注】師古曰:"畜"讀曰"蓄"。

[11]【顏注】師古曰:《大雅·蕩》之詩也。

[12]【顏注】師古曰:鏡,鑒照之(鑒,蔡琪本作"謂鑒",殿本作"謂鑑")。考,校也。

[13]【顏注】師古曰:言上之所爲,違於節儉,皆與永言同(殿本無"皆"字)。【今注】案,王先謙《漢書補注》曰:"言所行與前代失天下之事合,非謂與永言同也。顏注誤。"

漢興九世,百九十餘載,繼體之主七,[1]皆承天順道,遵先祖法度,或以中興,或以治安。至於陛下,獨違道縱欲,輕身妄行,當盛壯之隆,無繼嗣之福,有危亡之憂,積失君道,不合天意,亦已多矣。爲人後嗣,守人功業,如此,豈不負哉!方今社稷宗廟禍福安危之機在於陛下,陛下誠肯發明聖之德，昭然遠寤，畏此上天之威怒，深懼危亡之徵兆，蕩滌邪辟之惡志，^[2]厲精致政，專心反道，^[3]絶群小之私客，免不正之詔除，^[4]悉罷北宮私奴車馬婧出之具，^[5]克己復禮，毋貳微行出飲之過，^[6]以防迫切之禍，深惟日食再既之意，抑損椒房玉堂之盛寵，^[7]毋聽後宮之請謁，除掖庭之亂獄，去炮格之陷阱，誅戮佞邪之臣及左右執左道以事上者，以塞天下之望。且寢初陵之作，止諸繕治宮室，闕更減賦，盡休力役，^[8]存邮振捄困乏之人以弭遠方，^[9]厲崇忠直，放退殘賊，無使素餐之吏久尸厚禄，以次貫行，固執無違，^[10]夙夜孳孳，婁省無怠，^[11]舊愆畢改，新德既章，^[12]纖介之邪不復載心，^[13]則赫赫大異庶幾可銷，天命去就庶幾可復，^[14]社稷宗廟庶幾可保。唯陛下留神反覆，熟省臣言。臣幸得備邊部之吏，不知本朝失得，瞽言觸忌諱，罪當萬死。

[1]【今注】繼體之主七：自漢惠帝至漢元帝。

[2]【顏注】師古曰："辟"讀曰"僻"。

[3]【顏注】師古曰：反猶還也。

[4]【顏注】師古曰：除，謂除補爲官者。

[5]【顏注】師古曰："婧"亦"媘"字耳。媘出（媘，殿本作"婧"），媘游也。【今注】北宮：在今陝西西安市西北二十里漢長安故城中。因在未央宮北，故名。　婧出：《漢書考正》宋祁曰：姚本"婧"作"妡"，音又，耦也。蕭該《漢書音義》"婧"作"妡"，音侑。王念孫《讀書雜志·漢書第十三》以爲"婧"

"出"二字義不相屬。顏師古強訓爲惰游，恐非。當依蕭該本作"姷出"。許慎《説文解字》："姷，耦也。從女有聲，讀若祐。或從人作'侑'。"是姷出爲耦出。車馬耦出，謂與北宮私奴共乘車馬而出。上文云"陛下挺身晨夜，與群小相隨，閔免遁樂，晝夜在路"，故此云"絶群小之私客，悉罷北宮私奴車馬姷出之具"。"姷"與"婿"字相似，世人多見"婿"，少見"姷"，故"姷"訛爲"婿"。

[6]【顏注】師古曰：貳，謂重爲之也。《論語》稱孔子云顏回"不貳過"。

[7]【顏注】師古曰：椒房，皇后所居。玉堂，嬖幸之舍也。【今注】椒房：椒房殿。皇后居所。　玉堂：泛指嬪妃所居之處。

[8]【顏注】師古曰：闕亦謂減削之。更，謂更卒也，音工衡反。

[9]【顏注】師古曰："捄"，古"救"字也。弭，安也。【今注】案，郉，蔡琪本、大德本、殿本作"恤"，同。

[10]【顏注】師古曰：貫，聯續也。謂上所陳衆條諸事，宜次第相續行之，不當更違異也。貫，工端反（蔡琪本、大德本、殿本"工"前有"音"字）。【今注】貫行：王念孫《讀書雜志·漢書第十三》以爲，"貫"可訓爲"聯"，不可訓爲"續"。貫行猶言服行，謂以次服之。《後漢書》卷四二《光武十王傳》"奉承貫行"，義與此同。《爾雅》"服、貫，事也"，《廣雅》"服、貫，行也"，是"貫"與"服""行"同義。

[11]【顏注】師古曰：婁，古"屢"字也。屢省，自觀省也。

[12]【顏注】師古曰：章，明也。

[13]【今注】案，《漢書考正》宋祁以爲"載"當作"惑"。

[14]【顏注】師古曰：去就者，言去離無德而就有德。

成帝性寬而好文辭，又久無繼嗣，數爲微行，多
近幸小臣，趙、李從微賤專寵，皆皇大后與諸舅夙夜
所常憂。至親難數言，故推永等使因天變而切諫，勸
上納用之。永自知有内應，展意無所依違，[1]每言事輒
見荅禮。[2]至上此對，上大怒。衛將軍商密摘永令發
去。[3]上使侍御史收永，[4]救過交道厩者勿追。[5]御史
不及永，還，上意亦解，自悔。明年，徵永爲大中大
夫，[6]遷光禄大夫給事中。[7]元延元年，[8]爲北地太
守。[9]時灾異尤數，永當之官，上使衛尉淳于長受永所
欲言。[10]永對曰：

[1]【顏注】師古曰：展，申也。【今注】依違：謂模棱兩可。

[2]【顏注】師古曰：加禮而荅之。

[3]【顏注】師古曰：摘，謂發動之，音它歷反。

[4]【今注】侍御史：御史大夫屬官，由御史中丞統領，入侍
禁中蘭臺，給事殿中，故名。掌受公卿奏事，舉劾按章，監察文武
官員，或供臨時差遣，出監郡國，持節典護大臣喪事，收捕、審訊
有罪官吏等。員十五人，秩六百石。

[5]【顏注】晉灼曰：交道厩去長安六十里，近延陵。

[6]【今注】大中大夫：秦始置。侍從皇帝左右，掌顧問應
對，參謀議政，奉詔出使，多以寵臣貴戚充任。秩比千石，無員
額。楊樹達《漢書窺管》："時永諫宣布梁王立淫亂事，見《文三王
傳》。上疏訟陳湯，見《湯傳》。救劉輔，見《輔傳》。"

[7]【今注】給事中：秦置。西漢因之。爲加官，加此號得給
事宮禁中，常侍皇帝左右，備顧問應對，每日上朝謁見，分平尚書
奏事，負責實際政務，爲中朝要職，多以名儒國親充任。位次中常
侍，無定員。

[8]【今注】元延：漢成帝年號（前12—前9）。

[9]【今注】北地：郡名。治馬領縣（今甘肅慶陽市西北馬嶺鎮）。

[10]【今注】衛尉：戰國秦置，西漢沿置。掌宮門屯衛兵。秩中二千石，列位九卿。 淳于長：傳見本書卷九三。

　　臣永幸得以愚朽之材爲大中大夫，備拾遺之臣，從朝者之後，進不能盡思納忠，輔宣聖德，退無被堅執銳，討不義之功。猥蒙厚恩，仍遷至北地大守。絶命隕首，身膏野草，不足以報塞萬分。[1]陛下聖德寬仁，不遺易忘之臣，[2]垂周文之聽，下及芻蕘之愚，有詔使衛尉受臣永所欲言。臣聞事君之義，有言責者盡其忠，[3]有官守者脩其職。臣永幸得免於言責之辜，有官守之任，[4]當畢力遵職，養綏百姓而已，[5]不宜復關得失之辭。忠臣之於上，志在過厚，是故遠不違君，死不忘國。昔史魚既没，餘忠未訖，委柩後寢，以屍達誠；[6]汲黯身外思内，發憤舒憂，遺言李息。[7]經曰："雖爾身在外，乃心無不在王室。"[8]臣永幸得給事中出入三年，雖執干戈守邊垂，思慕之心常存于省闥，[9]是以敢越郡吏之職，陳累年之憂。

[1]【今注】報塞：報答，報效。

[2]【顏注】師古曰：易忘，言其微賤不足記（蔡琪本、大德本、殿本"記"後有"也"字）。

[3]【顏注】師古曰：謂職當諫爭（爭，殿本作"諍"，同）。

[4]【顏注】師古曰：言不爲諫官，但郡守耳。

[5]【顏注】師古曰：綏，安也。

[6]【顏注】如淳曰：禮，大夫殯於正室，士於適室。《韓非》曰，史魚卒，委柩後寢，衛君弔而問之，曰："不能進蘧伯玉，退彌子瑕，以屍諫也。"

[7]【顏注】師古曰：謂論張湯也，事見《黯傳》。【今注】汲黯：傳見本書卷五〇。　李息：事迹見本書卷五五《衛青霍去病傳》。

[8]【顏注】師古曰：《周書·康王之誥》也。言諸蕃屛之臣，身雖在外，其心常當忠篤而在王室。

[9]【今注】省闥：宮中，禁中。又稱禁闥。

臣聞天生蒸民，不能相治，[1]爲立王者以統理之，方制海内非爲天子，[2]列土封疆非爲諸侯，皆以爲民也。垂三統，列三正，去無道，開有德，不私一姓，明天下迺天下之天下，非一人之天下也。王者躬行道德，承順天地，博愛仁恕，恩及行葦，[3]籍稅取民不過常法，宮室車服不踰制度，事節財足，黎庶和睦，則卦氣理效，[4]五徵時序，[5]百姓壽考，庶中蕃滋，[6]符瑞並降，以昭保右。[7]失道妄行，逆天暴物，窮奢極欲，湛湎荒淫，[8]婦言是從，誅逐仁賢，離逖骨肉，群小用事，[9]峻刑重賦，百姓愁怨，則卦氣悖亂，咎徵著郵，[10]上天震怒，灾異婁降，日月薄食，五星失行，[11]山崩川潰，水泉踊出，妖孽並見，[12]彗星耀光，[13]飢饉荐臻，[14]百姓短折，萬物夭傷。終不改寤，惡洽變備，[15]不復譴告，更命有德。《詩》云：“乃眷西顧，此惟予宅。”[16]

[1]【顏注】師古曰：蒸，衆也。

[2]【今注】方制：謂方始制定疆域。本書《地理志上》：“昔在黃帝，作舟車以濟不通，旁行天下，方制萬里，畫壄分州，得百里之國萬區。”顏師古注：“方制，制爲方域也。”王先謙《漢書補注》：“《廣雅·釋詁》：‘方，始也。’言黃帝遍行天下，始裁制萬里，區別州野。”楊樹達《漢書窺管》指出，“方”讀如“旁”，溥也。

[3]【顏注】師古曰：《詩·大雅·行葦》之篇曰“敦彼行葦，羊牛勿踐履（羊牛，蔡琪本、殿本作“牛羊”）”，言政化所及，仁道霑被，雖草木至賤，無所殘傷。

[4]【今注】卦氣：西漢孟喜、京房《易》說。以《易》六十四卦與四時、月令、氣候等相配之法。《坎》《離》《震》《兑》爲四時卦，其二十四爻分主二十四節氣。以《復》《臨》《泰》《大壯》《夬》《乾》《姤》《遯》《否》《觀》《剥》《坤》配十二地支，爲十二月消息卦，其七十二爻分主七十二候。其餘四十八卦，分布十二月，每月加消息卦共五卦，分配君臣等位，其三十爻，以配一月日數。凡此，統稱之爲卦氣。

[5]【今注】五徵：王先謙《漢書補注》引《資治通鑑》胡三省注以爲，即《尚書·洪範》之八庶徵，曰雨，曰暘，曰寒，曰燠，曰風。

[6]【顏注】師古曰：庶，衆也。“屮”，古“草”字也。蕃，多也，音扶元反。

[7]【顏注】師古曰：保，安也。右，助也。言爲天所安助也。“右”讀曰“佑”。

[8]【顏注】師古曰：“湛”讀曰“沈”。

[9]【顏注】師古曰：逊，遠也。

[10]【顏注】師古曰：悖，乖也。“郵”字與“尤”同。尤，過也。悖，布內反（蔡琪本、大德本、殿本“布”前有“音”字）。【今注】咎徵：王先謙《漢書補注》引《資治通鑑》胡三省注：“《洪範》之常雨、常暘、常燠、常寒、常風爲咎徵著明也。天見咎徵，以明著人君之過也。”　著郵：顯著，突出。郵，通“尤”。

[11]【今注】五星：即東方歲星（木星）、南方熒惑（火星）、中央鎮星（土星）、西方太白（金星）、北方辰星（水星）。《淮南子·天文訓》：“東方，木也。其帝太皞，其佐句芒，執規而治春，其神爲歲星。南方，火也。其帝祝融，其佐朱明，執衡而治夏，其神爲熒惑。西方，金也。其帝少昊，其佐蓐收，執矩而治秋，其神爲太白。北方，水也。其帝顓頊，其佐元冥，執權而治冬，其神爲辰星。中央，土也。其帝黃帝，其佐后土，執繩而治四方，其神爲鎮星。”

[12]【今注】妖孽：王先謙《漢書補注》引《資治通鑑》胡三省注：“《洪範五行傳》，草木之異謂之妖，蟲豸之異謂之孽。”

[13]【顏注】師古曰：“茀”與“孛”同，音步內反。

[14]【今注】荐臻：接連地來到，一再遇到。

[15]【今注】洽：遍徹。沈欽韓《漢書疏證》引《一切經音義》載《蒼頡篇》：“洽，徧徹也。”

[16]【顏注】師古曰：《大雅·皇矣》之詩也。言天以殷紂爲惡不變，乃眷然西顧，見文王之德，而與之宅居也。

　　夫去惡奪弱，遷命賢聖，[1]天地之常經，百王之所同也。加以功德有厚薄，期質有脩短，[2]時世有中季，天道有盛衰。[3]陛下承八世之功業，[4]當陽數之標季，[5]涉三七之節紀，[6]遭无妄之卦運，[7]直百六之災阨。[8]三難異科，[9]雜焉同會。[10]

[1]【今注】遷命：升遷任命。

[2]【今注】期質：猶壽命。

[3]【顏注】師古曰："中"讀曰"仲"。【今注】季：末年。

[4]【今注】八世：高帝、惠帝、文帝、景帝、武帝、昭帝、宣帝、元帝。

[5]【顏注】孟康曰：陽九之末季也。師古曰：標，必遙反（蔡琪本、大德本、殿本"必"前有"音"字）。【今注】標季：末年。

[6]【顏注】孟康曰：至平帝乃三七二百一十歲之厄，今已涉向其節紀。【今注】三七：二百一十年。本書卷五一《路溫舒傳》："溫舒從祖父受曆數天文，以爲漢厄三七之間。"顏師古注引張晏曰："三七，二百一十歲也。自漢初至哀帝元年，二百一年也，至平帝崩二百一十一年。"楊樹達《漢書窺管》據此以爲漢宣帝時已有此説。《宋書·符瑞志上》："識者云：'赤厄三七。'三七，二百一十年，有外戚之篡。" 節紀：猶節期。若干年循環一次爲一紀。

[7]【顏注】應劭曰：天必先雲而後雷，雷而後雨，而今無雲而雷。无妄者，無所望也。萬物无所望於天，災異之最大者也。師古曰：取《易》之《无妄卦》爲義。【今注】无妄：沈欽韓《漢書疏證》引《易稽覽圖》："《无妄》九月，天下無雲而雷。三十日之外，雷行。夜從西南正東北位。"以爲此是應劭所據。京房《六日七分圖》，《无妄》爲九月卦。九月雷已收聲，無雲而雷，故爲大災。《隋書·五行志》："無雲而雷。京房《易飛候》曰：'國將易君，下人不静，小人先命。國凶，有甲兵。'"又《論衡·寒温篇》："案《易·無妄》之應，水旱之至，自有期節。"《文選·吳都賦》劉淵林注"《易·無妄》曰，災氣有九，陽厄陰厄"，則《律歷志》所謂"陽九"。《虞氏易》曰："京氏及俗儒以《无妄》

爲大旱之卦，萬物皆死，無所復望也，失之遠矣。有无妄，然後可畜不死，明矣。"是漢以前師説並以《无妄卦》爲惡運，至虞翻始據經文正之。顔師古但云以《无妄卦》爲義，誤。王先謙《漢書補注》引《資治通鑑》胡三省注載項安世以爲，古"妄"與"望"通。秦漢言"無妄"，皆无望。

[8]【顔注】師古曰：直，當也。【今注】阨：厄。

[9]【今注】案，王先謙《漢書補注》曰："三七之紀一難也，《无妄》之運二難也，百六之阨三難也。"

[10]【顔注】師古曰：雜，謂相參也。一曰，雜，先合反（蔡琪本、大德本、殿本"先"前有"音"字）。雜焉，總萃貌。

　　建始元年以來二十載間，群災大異，交錯鋒起，多於《春秋》所書。八世著記，久不塞除，[1]重以今年正月己亥朔日有食之，[2]三朝之會，[3]四月丁酉四方衆星白晝流隕，七月辛未彗星橫天。乘三難之際會，畜衆多之災異，[4]因之以飢饉，接之以不贍。彗星，極異也，七精所生，[5]流隕之應出於飢變之後，兵亂作矣，厥期不久，隆德積善，懼不克濟。[6]内則爲深宫後庭將有驕臣、悍妾醉酒狂悖卒起之敗，[7]北宫苑囿街巷之中臣妾之家幽閒之處[8]徵舒、崔杼之亂；[9]外則爲諸夏下土將有樊並、蘇令、陳勝、項梁奮臂之禍。[10]内亂朝暮，日戒諸夏，[11]舉兵以火角爲期。[12]安危之分界，宗廟之至憂，[13]臣永所以破膽寒心，[14]豫言之累年。下有其萌，然后變見于上，[15]可不致慎！

[1]【顏注】李奇曰：高祖以來至元帝，著記災異未塞除也。【今注】案，王先謙《漢書補注》以爲李説非。當言災異多於《春秋》所書及八世著記。

[2]【顏注】師古曰：重，直用反（蔡琪本、大德本、殿本"直"前有"音"字）。

[3]【顏注】師古曰：歲月日三者之始，故云三朝。【今注】三朝：正月一日。案，王念孫《讀書雜志·漢書第十三》以爲"三朝"上當有"於"字。"於"猶在。言日食在三朝之會。脱去"於"字，則上下義不相屬。《後漢書》卷四〇《班彪傳下》李賢注、《文選·東都賦》李善注等引此並作"日有食之，於三朝之會"。

[4]【顏注】師古曰："畜"讀曰"蓄"。蓄，積聚也。

[5]【今注】七精：日、月與金、木、水、火、土五星。案，七，蔡琪本、殿本作"土"。土精，土星。

[6]【顏注】師古曰：修德積善尚恐不濟，況不隆不積者乎。

[7]【顏注】師古曰："卒"讀曰"猝"。【今注】案，王先謙《漢書補注》引《資治通鑑》胡三省注："驕臣，指淳于長等；悍妾，指趙昭儀姊弟也。"

[8]【顏注】師古曰："閒"讀曰"閑"。

[9]【顏注】師古曰：陳夏徵舒殺其君平國（殺，蔡琪本、大德本、殿本作"弑"，下同），齊崔杼殺其君光。【今注】徵舒：春秋時陳國大夫。夏姬子。陳靈公及其大夫孔甯、儀行父與夏姬私通，徵舒殺靈公自立，二人奔楚。楚莊王伐陳，殺徵舒。　崔杼：春秋時齊國大夫。歷仕齊國頃、靈、莊、景四世。靈公廢太子光立牙爲太子，杼趁靈公病重將死，迎立光即位，爲莊公。杼爲卿，專國政。後莊公私通其妻，杼殺之，另立莊公異母弟杵臼，是爲景公。杼爲右相。次年，爲左相慶封擊破，自殺。其族盡滅，謚武子。

[10]【今注】案，周壽昌《漢書注校補》曰："樊並、蘇令之亂，皆永始三年事。"

[11]【顏注】師古曰：内亂，則禍在朝暮；諸夏，則日戒有兵。

[12]【顏注】張晏曰：以熒惑芒角爲期。

[13]【顏注】師古曰：分，扶問反（蔡琪本、大德本、殿本"扶"前有"音"字）。

[14]【顏注】師古曰：言懼甚。

[15]【顏注】師古曰：萌，謂事之始生，如草木萌牙者也。

　　禍起細微，姦生所易。[1]願陛下正君臣之義，無復與群小媟黷燕飲；[2]中黃門後庭素驕慢不謹嘗以醉酒失臣禮者，[3]悉出勿留。勤三綱之嚴，修後宮之政，[4]抑遠驕妬之寵，崇近婉順之行，加惠失志之人，懷柔怨恨之心。[5]保至尊之重，秉帝王之威，朝覲法出而後駕，[6]陳兵清道而後行，無復輕身獨出，飲食臣妾之家。三者既除，[7]内亂之路塞矣。諸夏舉兵，萌在民飢饉而吏不卹，興於百姓困而賦斂重，發於下怨離而上不知。[8]《易》曰："屯其膏，小貞吉，大貞凶。"[9]《傳》曰："飢而不損茲謂泰，厥災水，厥咎亡。"[10]訞辭曰："關動牡飛，辟爲無道，臣爲非，厥咎亂臣謀篡。"[11]王者遭衰難之世，有飢饉之灾，不損用而大自潤，故凶；百姓困貧無以共求，[12]愁悲怨恨，故水；城關守國之固，固將去焉，故牡飛。

[1]【顏注】師古曰：易，輕也，音弋豉反。

[2]【顏注】師古曰：媟，狎也。黷，汙也。

[3]【今注】黃門：官署名。漢朝設黃門官，給事於黃門之內。

[4]【顏注】師古曰：三綱，君臣、父子、夫婦也。【今注】三綱之嚴：王先謙《漢書補注》引《資治通鑑》胡三省注：“君爲臣綱，父爲子綱，夫爲婦綱，所謂嚴也。”《禮記·樂記》：“然後聖人作，爲父子君臣，以爲紀綱”，孔穎達疏引《禮緯·含文嘉》云：“三綱謂君爲臣綱，父爲子綱，夫爲妻綱。”楊樹達《漢書窺管》：“三綱之説，或以爲始見於《白虎通》，其實西漢時永已先言之矣。”

[5]【顏注】師古曰：懷，和也。

[6]【今注】法出而後駕：王念孫《讀書雜志·漢書第十三》以爲當作“法駕而後出”，謂法駕既具而後出。今本“駕”“出”二字互誤，則文不成義。《漢紀》引此正作“朝覲法駕而後出”。法駕，天子車駕的一種。《史記》卷九《呂太后本紀》：“迺奉天子法駕，迎代王於邸。”裴駰《集解》引蔡邕曰：“天子有大駕、小駕、法駕。法駕上所乘，曰金根車，駕六馬，有五時副車，皆駕四馬，侍中參乘，屬車三十六乘。”

[7]【今注】三者：王先謙《漢書補注》引《資治通鑑》胡三省注曰：“三者，謂微行、縱飲、好色也。”

[8]【今注】案，王先謙《漢書補注》曰：“上言諸夏舉兵以火角爲期，又言兵萌及興與發之由，明其將然也。”

[9]【顏注】孟康曰：膏者所以潤入肌膚，爵祿亦所以養人者也。小貞，臣也。大貞，君也。遭屯難飢荒，君當開倉稟，振百姓，而反吝，則凶；臣吝嗇，則吉。《論語》曰：“出內之吝（內，大德本、殿本作“納”），謂之有司。”師古曰：《易·屯卦》九五爻辭。【今注】案，楊樹達《漢書窺管》據下文云：“王

者遭衰難之世，有饑饉之灾，不損用而大自潤，故凶。"又："如此，宜損常税小自潤之時。"則谷永説《易》小大指潤言，孟康説非。

　　[10]【顔注】師古曰：《洪範傳》之辭。【今注】案，錢大昕《廿二史考異・漢書三》以爲本書《五行志》載此爲《京房易傳》之文，非《洪範傳》文。顔注誤也。又《五行志》"厥咎牡亡"，此脱"牡"字。周壽昌《漢書注校補》以爲據下文"關動牡飛"，此處的確寫脱"牡"字。

　　[11]【顔注】師古曰：《易・訞占》之辭也。"訞"即"妖"字耳。【今注】訞辭：沈欽韓《漢書疏證》指出《隋書・經籍志》載："梁《周易妖占》十三卷，京房撰。"《太平御覽・咎徵部》有引京氏《妖占》。

　　[12]【顔注】師古曰："共"讀曰"供"。無以供在上之所求。

　　　　往年郡國二十一傷於水灾，禾黍不入。今年蠶麥咸惡。百川沸騰，江河溢决，大水泛濫郡國五十有餘。[1]比年喪稼，[2]時過無宿麥。[3]百姓失業流散，群輩守關。[4]大異較炳如彼，水灾浩浩，黎庶窮困如此，宜損常税小自潤之時，[5]而有司奏請加賦，甚繆經義，逆於民心，布怨趨禍之道也。牡飛之狀，殆爲此發。

　　[1]【今注】案，五十，蔡琪本、大德本、殿本作"十五"。
　　[2]【顔注】師古曰：比，頻也。
　　[3]【顔注】師古曰：時過者，失時不得種也。秋種夏收，故云宿麥。
　　[4]【顔注】如淳曰：欲入就賤穀也（入，大德本、殿本同，

蔡琪本誤作"人")。

[5]【顏注】師古曰：言所潤益於己者，當減小之。

　　古者穀不登虧膳，災婁至損服，凶年不墍塗，
明王之制也。[1]《詩》云："凡民有喪，扶服捄
之。"[2]《論語》曰："百姓不足，君孰予足？"[3]
臣願陛下勿許加賦之奏，益減大官、導官、中御
府、均官、掌畜、稟犧用度，[4]止尚方、織室、京
師郡國工服官發輸造作，[5]以助大司農。[6]流恩廣
施，振贍困乏，開關梁，[7]內流民，恣所欲之，[8]
以救其急。立春，遣使者循行風俗，宣布聖德，[9]
存卹孤寡，問民所苦，勞二千石，[10]敕勸耕桑，
毋奪農時，以慰綏元元之心，防塞大姦之隙。[11]
諸夏之亂，庶幾可息。

　　[1]【顏注】師古曰：墍，如今仰泥屋也，音許既反。【今
注】墍：塗抹屋頂。

　　[2]【顏注】師古曰：《邶國·谷風》之詩（邶，蔡琪本誤作
"鄘"；殿本作"邨"，同）。服，蒲北反（蔡琪本、大德本、殿本
"蒲"前有"音"字）。捄，古"救"字。【今注】扶服：同"匍
匐"。伏地爬行。形容急遽、竭力。亦作"扶伏""扶匐"。

　　[3]【顏注】師古曰：《論語》載有若對魯哀公之辭也（殿本
無"魯"字）。言百姓不足，君安得獨足乎？【今注】案，語見
《論語·顏淵》。予，通"與"。

　　[4]【今注】大官：戰國秦置，漢沿置。掌宮廷膳食。有令、
丞，屬少府。　導官：少府屬官，秩六百石。陳直《漢書新證》認
爲，導官掌管擇米，女徒白粲（選精米以供祭祀）。導官署中女徒

較多，已等於詔獄。　中御府：御府。秦置，爲皇宮内收藏皇帝金錢財寶及衣物的機構，隸屬少府。主事長官爲御府令，副長官爲御府丞，由宦者充任。陳直《漢書新證》："《史記‧倉公傳》有齊中御府長信病。《霍光傳》有中御府令宋昌。蓋中御府之官，王國及京師皆有之，在西漢時始終未廢，《百官表》在少府御府令丞下漏未提及，或如尚方分左右中三御府，或另爲一官，皆未可知。"
均官：西漢置，屬太常者掌輸入乾草。屬少府者掌山陵税收方面事務。沈欽韓《漢書疏證》："王莽于長安及五都立五均官，五穀、布帛、絲綿之物，均官用本價取之。此少府均官本主市賈者也。"陳直《漢書新證》："又太常及少府屬官，皆有均官令，本文與大官、導官相聯次，當指少府之均官而言"，又"以五均官當於均官，其説恐誤，均官當爲均輸官省文"，"此均官所掌爲少府均輸事，與太常之均官，大司農、水衡都尉之均輸令，職守相同，名稱特有繁簡之別"。又陳直《漢書新證》："均官爲管理均輸之事，因太常所屬陵寢諸廟中，隙地甚多，趙過教田三輔時，太常官署爲重點之一，均輸官簡稱爲均官，與封泥'遼東均長'同例。"　掌畜：陳直《漢書新證》："《善齋吉金録‧璽印録》卷中十三頁，有'畜官'印，疑爲掌畜令之屬吏。"　廩犧：廩犧。王先謙《漢書補注》引《續漢書‧百官志》："廩犧令，六百石，掌祭祀犧牲雁鶩之屬。"案，王先謙《漢書補注》曰："大官主膳食，導官主擇米，御府主宮婢作中衣服及補浣之屬，故曰中御府，與均官長丞並屬少府。掌畜主畜牧，屬右扶風。廩犧主藏穀養牲以供祭祀，屬左馮翊。"廩，蔡琪本、大德本、殿本作"廪"。

　　[5]【今注】尚方：秦置漢沿，掌宮廷器物製造。屬少府。漢末分中、左、右三尚方。　織室：職掌皇室絲帛織造和染練。置令、丞，隸少府。本有東西，成帝時省東織，更名西織爲織室。工服官：工官。主管製造器物的官。王先謙《漢書補注》曰："尚方、織室並屬少府，見《百官表》。工服官，見《貢禹傳》。"　造作：陳直《漢書新證》以爲大司農主管鹽鐵及度量衡，即所謂

造作。

[6]【今注】大司農：西漢武帝改大農令置。掌管全國租賦收入和國家財政開支。秩中二千石，列位九卿。

[7]【今注】關梁：關口和橋梁。泛指水陸交通必經之處。這些地方往往設防戍守或設卡徵稅。

[8]【顏注】師古曰：之，往也。

[9]【顏注】師古曰：行，下更反（蔡琪本、大德本、殿本"下"前有"音"字，殿本此注在"風俗"後）。

[10]【顏注】師古曰：勞，慰勉也。二千石，謂郡守、諸侯相也，音來到反。

[11]【顏注】師古曰：綏，安也（殿本此注在"之心"下）。【今注】元元：百姓，庶民。《戰國策·秦策一》："制海內，子元元，臣諸侯，非兵不可！"高誘注："元，善也，民之類善故稱元。"

　　臣聞上主可與為善而不可與為惡，下主可與為惡而不可與為善。陛下天然之性，疏通聰敏，上主之姿也。[1]少省愚臣之言，感寤三難，[2]深畏大異，定心為善，捐忘邪志，[3]毋貳舊愆，厲精致政，至誠應天，則積異塞於上，禍亂伏於下，何憂患之有？竊恐陛下公志未專，私好頗存，尚愛群小，不肯為耳！

[1]【顏注】師古曰：姿，材也。
[2]【顏注】師古曰：省，視也。
[3]【今注】捐：棄。

　　對奏，天子甚感其言。永於經書，汎為疏達，[1]與杜欽、杜鄴略等，不能洽浹如劉向父子及楊雄也。^[2]其於天官、《京氏易》最密，^[3]故善言灾異，前後所上四十餘事，^[4]略相反覆，專攻上身與後宮而已。^[5]黨於王氏，上亦知之，不甚親信也。永所居任職，^[6]爲北地大守歲餘，衞將軍商薨，曲陽侯根爲票騎將軍，^[7]薦永，徵入爲大司農。^[8]歲餘，永病，三月，有司奏請免。故事，公卿病，輒賜告，^[9]至永獨即時免。數月，卒於家。本名並，以尉氏樊並反，^[10]更名永云。

[1]【顏注】師古曰：汍，普也，音敷劍反。【今注】疏達：通達。

[2]【今注】洽浹：廣博，周遍。　劉向：傳見本書卷三六。楊雄：揚雄。傳見本書卷八七。案，楊，蔡琪本、殿本作“揚”。

[3]【今注】天官：天文，天象。《史記》卷一三〇《太史公自序》：“太史公學天官於唐都。”司馬貞《索隱》：“天文有五官。官者，星官也。星座有尊卑，若人之官曹列位，故曰天官。”　京氏易：京房《易》學學説。可參見盧央《京房評傳》（南京大學出版社 1998 年版）、徐芹庭《兩漢京氏陸氏易學研究》（中國書店 2011 年版）、郭彧《京氏易源流》（華夏出版社 2007 年版）。

[4]【今注】案，楊樹達《漢書窺管》引《論衡·效力》云：“谷子雲、唐子高章奏百上，筆有餘力，極言不諱，文不折乏。”又本書卷九二《游俠傳》云：“長安號曰：谷子雲筆札。”又鄭寬中死，永疏請加禮賜謚，見本書卷八八《儒林傳》。説成帝無事鬼神，見本書《郊祀志》。

[5]【今注】專攻：王念孫《讀書雜志·漢書第十三》以爲“攻”字義不可通。“攻”當爲“政”字之誤。“政”與“正”同。正，諫也。本書卷五三《景十三王傳》載廣川王“去師數諫正

去”，本書卷七二《王吉傳》云“忠直數諫正”，本書卷七二《鮑宣傳》云“唐林數上疏諫正”，《吕氏春秋·慎大》云“不可正諫”，皆可爲證。許慎《說文解字》作“諯”，云“諫也”。《戰國策·齊策》云“士尉以諯靖郭君”。此處言谷永所諫正者唯在上身與後宮而已，不言王氏專權之事。《漢紀》作“正上身與後宮”。楊樹達《漢書窺管》據本書《五行志中下》載永對問，是專攻後宮之事。又“攻”字後人多訓攻擊，故王氏謂義不可通，校改爲政，非。《毛詩·鶴鳴》云：“他山之石，可以攻玉。”《毛傳》云：“攻，錯也。”《易·繫辭下》云：“愛惡相攻。”虞翻注云：“攻，摩也。”專攻上身與後宮，謂專摩切上身與後宮。荀悅雖漢人，不通古義，故《漢紀》妄改。

[6]【顏注】師古曰：言所處之官皆稱職。

[7]【今注】票騎將軍：西漢武帝置爲重號將軍，僅次於大將軍，秩萬石。

[8]【今注】案，王先謙《漢書補注》據本書《百官公卿表》，指出是成帝元延四年（前9）。楊樹達《漢書窺管》：“時永議淳于長當封，衆人咎永，見《王嘉傳》。”

[9]【今注】賜告：漢制，官二千石者病滿三月當免。“賜告”指皇帝優賜其假，准其帶印綬僚屬歸家治病。《史記》卷八《高祖本紀》：“高祖爲亭長時，常告歸之田。”裴駰《集解》引孟康曰：“漢律，吏二千石有予告、賜告。予告者，在官有功最，法所當得者也。賜告者，病滿三月當免，天子優賜，復其告，使得帶印綬，將官屬，歸家治疾也。”

[10]【今注】尉氏：縣名。治所在今河南尉氏縣。

　　杜鄴字子夏，本魏郡繁陽人也。[1]祖父及父積功勞皆至郡守，武帝時徙茂陵。[2]鄴少孤，其母張敞女。[3]鄴壯，從敞子吉學問，得其家書。以孝廉爲郎。[4]與車騎將軍王音善。平阿侯譚不受城門職，後薨，上閔悔之，乃復令譚弟成都侯商位特進，領城門兵，得舉吏如將軍府。[5]

[1]【今注】魏郡：治鄴縣（今河北臨漳縣西南）。　繁陽：縣名。治所在今河南內黃縣西北。

[2]【今注】茂陵：漢武帝陵墓，在今陝西興平市東北。

[3]【今注】張敞：傳見本書卷七六。

[4]【今注】孝廉：漢朝選拔舉薦人才的專案之一。孝指孝悌，廉指廉潔。漢制規定，每年郡國從所屬吏民中推舉孝、廉各一人。

[5]【今注】案，王先謙《漢書補注》以為漢代制度，列將軍置幕府，可舉吏。

鄴見音前與平阿有隙，即說音曰："鄴聞人情，恩深者其養謹，愛至者其求詳。[1]夫戚而不見殊，孰能無怨?[2]此《棠棣》《角弓》之詩所為作也。[3]昔秦伯有千乘之國，而不能容其母弟，《春秋》亦書而譏焉。[4]周召則不然，[5]忠以相輔，義以相匡，同己之親，等己之尊，不以聖德獨兼國寵，又不為長專受榮任，分職於陝，並為弼疑。[6]故內無感恨之隙，外無侵侮之羞，[7]俱享天祐，兩荷高名者，蓋以此也。

[1]【顏注】師古曰：詳，悉也。

[2]【顏注】師古曰：戚，近也。殊，謂異於疏也。

[3]【顏注】師古曰：《棠棣》《角弓》，皆《小雅》篇名也。《棠棣》美燕兄弟，《角弓》刺不親九族也。

[4]【顏注】師古曰：秦景公母弟公子鍼有寵於其父桓公，景公立，鍼懼而奔晉。事在昭元年，故經書“秦伯之弟鍼出奔晉”，《傳》曰“稱弟，罪秦伯也”。【今注】案，楊樹達《漢書窺管》指出此處杜鄴用《公羊傳》説，顏師古稱引《左傳》，誤。《公羊傳》昭公元年云：“有千乘之國，而不能容其母弟，故君子謂之出奔也。”

[5]【顏注】師古曰：言周公、召公無私怨也。【今注】案，沈欽韓《漢書疏證》以爲召公是文王庶子，故鄴云如此作比。王先謙《漢書補注》引《資治通鑑》胡三省注：“不然者，不爲秦伯之爲也。”

[6]【顏注】師古曰：分職於陝，謂自陝以東周公主之，自陝以西召公主之。陝即今陝州縣也，音式冉反。而説者妄云分郟是穎川郟縣（郟，殿本作“陝”），謬矣（謬，大德本、殿本作“繆”）。弼疑，謂左輔右弼前疑後承也（承，蔡琪本、殿本作“丞”）。【今注】陝：在今河南三門峽市陝州區西南。王先謙《漢書補注》引《資治通鑑》胡三省注：“陝從兩入，郟從兩人，人自不考耳。” 弼疑：謂輔佐君王之臣。《尚書大傳》卷二：“古者天子必有四鄰：前曰疑，後曰丞，左曰輔，右曰弼。天子有問無以對責之疑，可志而不志責之丞，可正而不正責之輔，可揚而不揚責之弼。”

[7]【顏注】師古曰：感，胡闇反（蔡琪本、大德本、殿本“胡”前有“音”字）。

竊見成都侯以特進領城門兵，復有詔得舉吏如五府，[1]此明詔所欲寵也。將軍宜承順聖意，加異往時，每事凡議，必與及之，指爲誠發，出於將軍，則孰敢不説論？[2]昔文侯寤大鴈之獻而父子益親，[3]陳平共壹飯之饌而將相加驩，[4]所接雖在楹階俎豆之間，其於爲國折衝厭難，豈不遠哉！^[5]竊慕倉唐、陸子之義，所白奧內，唯深察焉。"^[6]

[1]【今注】五府：王先謙《漢書補注》引《資治通鑑》胡注以爲是丞相府，御史大夫府，車騎將軍府及左、右將軍府。

[2]【顏注】師古曰：言此之意指皆出忠誠，彼必和悅，無憂乖異也。"說"讀曰"悅"。

[3]【顏注】師古曰：魏文侯廢太子擊，立擊弟訢，封擊於中山，三年不往來。擊臣趙倉唐進大鴈於文侯，應對以禮，文侯感寤，廢訢而召立擊，父子更親也。【今注】文侯：魏文侯。戰國時魏君，名斯，一作魏桓子之孫。周威烈王時被列爲諸侯。嘗從子夏受經學。敬賢禮士，先後任魏成子、翟璜、李悝爲相，樂羊、吳起爲將，使西門豹治鄴，實行變法，改革政治，獎勵耕戰，制定"法經"，興修水利。西攻秦，取西河之地，北攻中山，滅其國。爲戰國初期強國。在位三十八年。 大鴈：蔡琪本作"犬鴈"。錢泰吉《曝書雜記》卷一以爲"犬"是。《太平御覽》卷一四六引《說苑》云："魏太子擊使趙倉唐緤北犬奉晨鳧以獻"，卷七七九引《韓詩外傳》事更詳。

[4]【顏注】師古曰：陳平用陸賈說，以五百金爲絳侯具食是也。"共"讀曰"供"。【今注】陳平：傳見本書卷四〇。 饌：蔡琪本、大德本、殿本作"籑"。《漢書考正》宋祁指出景祐本作"饌"，舊本作"籑"。錢大昕《聲類》曰"'饌'字或作'籑'"，晉灼同《聲類》。"籑"即"饌"字。蕭該《漢書音義》曰："今人不識'籑'，逐易識作'饌'字耳。"

[5]【顏注】師古曰：厭，一葉反（蔡琪本、大德本、殿本"一"前有"音"字）。

[6]【顏注】師古曰：奧內，室中隱奧之處也。【今注】奧內：王念孫《讀書雜志·漢書第十三》以爲"奧"亦"內"。"奧

内"猶隱奧。謂所言隱奧，唯將軍深察之，非謂室中隱奧之處。《尚書·堯典》"厥民奧"，今本作"隩"，衛包所改，段玉裁《古文尚書撰異》已辨。《尚書大傳》"壇四奧"，鄭玄注云："奧，內也。"《左傳》昭公十三年"國有奧主"，孔穎達《正義》："奧主，國內之主，字或作'隩'。"《國語·周語》"宅居九隩"，韋昭注："隩，内也。"是"奧""内"二字同義。《爾雅》"厓內爲隩"，"隩"與"奧"亦同義。

音甚嘉其言，由是與成都侯商親密，二人皆重鄴。後以病去郎。商爲大司馬衞將軍，除鄴主簿，[1] 以爲腹心，舉侍御史。哀帝即位，遷爲涼州刺史。鄴居職寬舒，少威嚴，數年以病免。是時，帝祖母定陶傅大后稱皇大大后，[2] 帝母丁姬稱帝大后，[3] 而皇后即傅大后從弟子也。傅氏侯者三人，丁氏侯者二人。又封傅大后同母弟子鄭業爲陽信侯。傅大后尤與政專權。[4] 元壽元年正月朔，[5] 上以皇后父孔鄉侯傅晏爲大司馬衞將軍，[6] 而帝舅陽安侯丁明爲大司馬票騎將軍。[7] 臨拜，日食，詔舉方正直言。扶陽侯韋育舉鄴方正，[8] 鄴對曰：

[1]【今注】主簿：大司馬主簿。負責文書簿籍，掌管印鑒等事。楊樹達《漢書窺管》按：《郊祀志》載鄴説商復還長安南北郊，蓋鄴爲主簿或侍御史時事。

[2]【今注】定陶傅大后：事見本書卷九七下《外戚傳下》。

[3]【今注】丁姬：事見本書《外戚傳下》。

[4]【顏注】師古曰："與"讀曰"豫"。

[5]【今注】元壽：漢哀帝年號（前2—前1）。

　　[6]【今注】傅晏：河内温縣（今河南温縣西）人。漢哀帝祖母傅太后從父弟，女爲哀帝皇后。以外戚寵幸，任大司馬衞將軍。詔附傅太后，與朱博相結，承意奏免丞相孔光、大司馬傅喜與大司空師丹。其事爲彭宣等劾奏，被削减爵户。後坐亂妻妾免爵，徙合浦。

　　[7]【今注】丁明：陽瑕丘（今山東濟寧市兖州區北）人，西漢《易》學宗師丁寬之玄孫。妹爲定陶恭王姬，生子劉欣，繼天子位爲哀帝，成帝綏和二年（前7）以帝舅封陽安侯，以大司馬票騎將軍輔政。哀帝死後，爲王莽所殺。

　　[8]【今注】韋育：韋玄成孫，韋寬子。

　　臣聞禽息憂國，碎首不恨；[1]卞和獻寶，刖足願之。[2]臣幸得奉直言之詔，無二者之危，敢不極陳！臣聞陽尊陰卑，卑者隨尊，尊者兼卑，天之道也。是以男雖賤，各爲其家陽；女雖貴，猶爲其國陰。故禮明三從之義，[3]雖有文母之德，必繫於子。[4]《春秋》不書紀侯之母，陰義殺也。[5]昔鄭伯隨姜氏之欲，終有叔段篡國之禍；周襄王内迫惠后之難，而遭居鄭之危。[6]漢興，吕大后權私親屬，又以外孫爲孝惠后，是時繼嗣不明，凡事多晻，[7]晝昏冬雷之變，不可勝載。竊見陛下行不偏之政，每事約儉，非禮不動，誠欲正身與天下更始也。然嘉瑞未應，而日食地震，民訛言行籌，傳相驚恐。[8]案《春秋》災異，以指象爲言語，[9]故在於得一類而達之也。日食，明陽爲陰所臨，坤卦乘離，明夷之象。[10]坤以法地，爲土爲母，以安靜爲德。震，不陰之效也。[11]占象甚明，臣敢不直言其事！

[1]【顏注】應劭曰：禽息，秦大夫，薦百里奚而不見納。繆公出，當車以頭擊闌，腦乃播出，曰："臣生無補於國而不如死也！"繆公感寤而用百里奚，秦以大治。

[2]【顏注】師古曰：解在《鄒陽傳》。【今注】卞和：春秋時楚國人。相傳於荆山覓得玉璞，先後獻給楚厲王、武王，均被認爲以石欺君，雙足被截。及楚文王即位，抱璞哭於荆山下，王使玉人理其璞，果得寶玉，稱"和氏璧"。

[3]【顏注】師古曰：謂婦人在家從父，既嫁從夫，夫死從子。

[4]【顏注】師古曰：文母，文王之妃大姒也。【今注】文母：《漢書考正》劉奉世以爲即文王之母，非太姒。周壽昌《漢書注校補》以爲《毛詩》"亦右文母"，《毛傳》曰："文母，太姒也。"劉向《列女傳》云"太姒號曰文母"。又本書卷九八《元后傳》稱爲"新室文母"，《後漢書》卷一六《鄧騭傳》："伏惟和熹皇后聖善之德，爲漢文母"，卷四三《何敞傳》"伏惟皇太后秉文母之操"，皆本《毛詩》。是對上"假哉皇考"言，故稱"文母"；"烈考"爲武王，所謂"繫之於子"。若是太任，則武王之祖母，當云"繫之於孫"矣。顏注未誤。王先謙《漢書補注》引《資治通鑑》胡三省注："劉説是。《詩》云'思齊太任，文王之母'。"

[5]【顏注】師古曰：隱三年（三，大德本同，蔡琪本、殿本作"二"）"紀侯使履緰來逆女（履，蔡琪本、殿本作"裂"）"。《公羊傳》曰"婚禮不稱主人"，主人謂壻也。"不稱母，母不通也"。殺，謂減降也，音所例反。【今注】案，沈欽韓《漢書疏證》引董仲舒《春秋繁露·陽尊陰卑》補證："《春秋》之於昏禮，達宋公而不達紀侯之母，達陽而不達陰，以天道制人也。"

　　[6]【顏注】師古曰：解並在前。【今注】鄭伯：鄭莊公。名寤生。鄭武公子。繼位封弟段於京，段至封地後，陰治甲兵，恃母姜氏爲内應，後舉兵襲鄭。莊公發兵平叛。鄭莊公繼其父爲周平王卿，聯合齊、魯，擊敗宋、衛。因强大不禮周王，周桓王免去其卿職，與周戰，大敗周師，傷桓王臂。後北戎伐齊，莊公派太子忽救齊，擊退北戎。　　周襄王：名鄭。周惠王子。繼位三年，異母弟叔帶聯合戎、翟謀作亂，發覺，叔帶逃至齊。齊管仲率兵助周王室平亂。後叔帶返周，又與翟人作亂，他被迫奔鄭。次年，晉文公舉兵平亂，誅帶，復位。周承認晉文公爲霸主，以河内地與晉。楊樹達《漢書窺管》指出，二事皆本《左傳》。本書卷八八《儒林傳》言張敞修《左氏傳》，鄴爲敞外孫，從敞子吉學，故亦稱引《左氏》。

　　[7]【顏注】師古曰："晻"與"暗"同。

　　[8]【今注】傳：通"轉"。　　案，事見本書《五行志下之上》："哀帝建平四年正月，民驚走，持稾或棷一枚，傳相付與，曰行詔籌。道中相過逢多至千數，或被髮徒踐，或夜折關，或踰牆入，或乘車騎奔馳，以置驛傳行，經歷郡國二十六，至京師。其夏，京師郡國民聚會里巷仟佰，設張博具，歌舞祠西王母，又傳書曰：'母告百姓，佩此書者不死。不信我言，視門樞下，當有白髮。'至秋止。"此事當時被用來指責傅太后專權之事。後在王莽代漢之際復被認爲是元后王政君之象。

　　[9]【顏注】師古曰：謂天不言，但以景象指意告喻人。

　　[10]【顏注】應劭曰：明夷之卦："上六，不明晦，初登于天，後入于地。"明夷者，明傷也。初登于天者，初爲天子，言以善聞於天也。後入于地者，傷賢害仁，佞惡在朝，必以惡終入于地也。【今注】案，蔡琪本、大德本、殿本"象"後有"也"字。

　　[11]【顏注】師古曰：言地當安静而今乃震，是爲不遵陰道（蔡琪本、大德本、殿本"陰道"後有"也"字）。

　　昔曾子問從令之義，孔子曰："是何言與！"[1]善閔子騫守禮不苟，從親所行，無非理者，故無可閒也。[2]前大司馬新都侯莽退伏弟家，[3]以詔策決，復遣就國。高昌侯宏去蕃自絕，猶受封土。[4]制書侍中駙馬都尉遷不忠巧佞，免歸故郡，[5]間未旬月，則有詔還，[6]大臣奏正其罰，[7]卒不得遣，而反兼官奉使，顯寵過故。及陽信侯業，皆緣私君國，非功義所止。[8]諸外家昆弟無賢不肖，並侍惟幄，布在列位，[9]或典兵衛，或將軍屯，寵意并於一家，積貴之埶，世所希見所希聞也。

　　[1]【顏注】師古曰：曾子問子："從父之令，可謂孝乎？"孔子非之。事見《孝經》。"與"讀曰"歟"。【今注】案，語見《孝經·諫諍》。

　　[2]【顏注】師古曰：《論語》稱孔子曰"孝哉閔子騫，人不閒於其父母昆弟之言"是也。閒，居莧反（蔡琪本、大德本、殿本作"居"前有"音"字）。【今注】閒：非閒。周壽昌《漢書注校補》據《後漢書》卷三六《范升傳》："升聞子以人不閒於其父母爲孝，臣以下不非其君上爲忠"，又云"知而從令，則過大矣"，以爲說與鄰言同。"閒"訓"非閒"，是漢說此經如此。《論語》注引陳群曰"言子騫上事父母，下順兄弟，動静盡善，故人不得有非閒之言"，猶作"非閒"解，可爲證。

　　[3]【今注】案，弟，大德本、殿本作"第"。

　　[4]【顏注】師古曰：董宏也。【今注】宏：董宏。董忠之子。漢元帝初元二年（前47）嗣父高昌侯爵，哀帝建平元年（前6）因上疏佞邪被免爵，次年復封故國。

　　[5]【顏注】師古曰：傅遷也。【今注】駙馬都尉：西漢武帝

始置。皇帝出行時掌副車，爲侍從近臣，常用作加官。秩比二千石。案，駙，大德本誤作“騎”。

　　[6]【今注】則：王先謙《漢書補注》以爲同“即”。

　　[7]【今注】大臣：王先謙《漢書補注》以爲指孔光、師丹。事詳本書卷八一《孔光傳》。

　　[8]【顏注】師古曰：謂緣私恩而得封爵爲一國之君耳，非有功而侯也。【今注】功義：王念孫《讀書雜志·漢書第十三》以爲“功”與“公”同。“公”“私”對文。言業緣私恩得封，非公義所在。如顏師古説，則“功”“義”二字不相屬。王先謙《漢書補注》以爲指鄭業。

　　[9]【顏注】師古曰：不問賢與不肖，皆親近在位。【今注】案，惟，蔡琪本、大德本、殿本作“帷”，是。

　　　　至乃並置大司馬將軍之官。皇甫雖盛，[1]三桓雖隆，[2]魯爲作三軍，無以甚此。當拜之日，晻然日食，[3]不在前後，臨事而發者，明陛下謙遜無專，承指非一，所言輒聽，所欲輒隨，[4]有罪惡者不坐辜罰，無功能者畢受官爵，流漸積猥，[5]正尤在是，[6]欲令昭昭以覺聖朝。

　　[1]【今注】皇甫：本書卷三六《劉向傳》顏師古注：“皇甫，周卿士字也，周后寵之，故處於盛位，權黨於朝，詩人刺之。事見《小雅·十月之交》篇。”

　　[2]【今注】三桓：春秋時魯國大夫孟孫（仲孫）、叔孫、季孫都是魯桓公的後代，故稱“三桓”。魯宣公始，三桓勢力日強，分領三軍，把持魯國的政權。案，王先謙《漢書補注》引《資治通鑑》胡三省注云：“言周以皇甫爲卿士，魯三桓强盛，作三軍而

三分公室，比丁、傅無以甚也。"

〔3〕【顏注】師古曰：晻，烏感反（蔡琪本、大德本、殿本"烏"前有"音"字）。

〔4〕【顏注】師古曰：謂皆迫於大后也。

〔5〕【今注】猥：王先謙《漢書補注》引《資治通鑑》胡三省注云："猥，遝也……其流漸至積遝也。"

〔6〕【顏注】師古曰：尤，過也。言過惡正在於此。

　　昔詩人所刺，《春秋》所譏，指象如此，殆不在它。由後視前，忿邑非之，[1]逮身所行，不自鏡見，則以爲可，計之過者。[2]疏賤獨偏見，疑內亦有此類。[3]天變不空，保右世主如此之至，奈何不應！[4]臣聞野雞著怪，高宗深動；[5]大風暴過，成王悟然。[6]願陛下加致精誠，思承始初，事稽諸古，[7]以厭下心，[8]則黎庶群生無不說喜，[9]上帝百神收還威怒，禎祥福禄何嫌不報！[10]

〔1〕【顏注】師古曰：由，從也。邑，於邑也。

〔2〕【顏注】師古曰：逮，及也。鏡，鑒照也。自以所行爲可，是計策之誤也。【今注】案，楊樹達《漢書窺管》引李慈銘云："此言視前事則忿恨而以爲非，及身行則不察而以爲可也。"

〔3〕【顏注】如淳曰：在外而賤舉錯有過失，爲主上所疑也（疑，大德本、殿本作"知"）。師古曰：此說非也。言天子不自見其過。疏賤獨偏見，鄴自謂傍觀而見之也。疑內亦有此類，謂後宮嬖幸非理寵遇，亦有如傅遷、鄭業等妄受恩賞者。【今注】偏見：朱一新《漢書管見》以爲謙言所見之偏。

〔4〕【顏注】師古曰："右"讀曰"佑"。應，謂應天戒而脩

德政。

[5]【顏注】師古曰：謂雉升鼎耳，故懼而脩德，解在《五行志》。【今注】野雞：楊樹達《漢書窺管》以爲漢諱吕后名，故謂雉爲"野雞"。陳直《漢書新證》："吕后名雉，故稱雉爲野鷄。西安漢城遺址曾出土有'野鷄'範題字，與此正合。" 高宗：商王武丁，事迹見《史記》卷三《殷本紀》。《史記·殷本紀》："帝武丁祭成湯，明日，有飛雉登鼎耳而呴，武丁懼。祖己曰：'王勿憂，先修政事。'祖己乃訓王曰：'唯天監下典厥義，降年有永有不永，非天夭民，中絶其命。民有不若德，不聽罪，天既附命正厥德，乃曰其奈何。嗚呼！王嗣敬民，罔非天繼，常祀毋禮于棄道。'武丁修政行德，天下咸驩，殷道復興。"

[6]【顏注】師古曰：謂成王信流言而疑周公，天乃雷電以風，禾盡偃，大木斯拔，王乃啓《金縢》之書，悔而還周公。【今注】怛然：驚懼貌。案，《史記》卷三三《魯周公世家》："武王克殷二年，天下未集，武王有疾，不豫，群臣懼，太公、召公乃繆卜。周公曰：'未可以戚我先王。'周公於是乃自以爲質，設三壇，周公北面立，戴璧秉圭，告于太王、王季、文王。史策祝曰：'惟爾元孫王發，勤勞阻疾。若爾三王是有負子之責於天，以旦代王發之身……今我其即命於元龜，爾之許我，我以其璧與圭歸，以俟爾命。爾不許我，我乃屏璧與圭。'周公已令史策告太王、王季、文王，欲代武王發，於是乃即三王而卜。卜人皆曰吉，發書視之，信吉。周公喜，開籥，乃見書遇吉。周公入賀武王曰：'王其無害。旦新受命三王，維長終是圖。兹道能念予一人。'周公藏其策金縢匱中，誡守者勿敢言。明日，武王有瘳。"又"周公卒後，秋未穫，暴風雷，禾盡偃，大木盡拔。周國大恐。成王與大夫朝服以開金縢書，王乃得周公所自以爲功代武王之説。二公及王乃問史百執事，史百執事曰：'信有，昔周公命我勿敢言。'成王執書以泣，曰：'自今後其無繆卜乎！昔周公勤勞王家，惟予幼人弗及知。今天動

威以彰周公之德，惟朕小子其迎，我國家禮亦宜之。'王出郊，天乃雨，反風，禾盡起。二公命國人，凡大木所偃，盡起而築之。歲則大孰。"

[7]【顏注】師古曰：每事皆考於古者。

[8]【顏注】師古曰：厭，滿也，音一贍反（殿本無此注）。

[9]【顏注】師古曰："說"讀曰"悅"。

[10]【顏注】師古曰：嫌，疑也。

　　鄴未拜，病卒。[1]鄴言民訛言行籌，及谷永言王者買私田，彗星隕石牡飛之占，語在《五行志》。[2]初，鄴從張吉學，吉子竦又幼孤，從鄴學問，亦著於世，尤長小學。[3]鄴子林，清静好古，亦有雅材，建武中歷位列卿，[4]至大司空。[5]其正文字過於鄴、竦，故世言小學者由杜公。[6]

　　[1]【今注】案，沈欽韓《漢書疏證》引《西京雜記》補證："杜子夏葬長安北四里，墓前種松柏，樹五株，至今茂盛。"楊樹達《漢書窺管》引《西京雜記》補證："杜子夏臨終，作文曰：'魏郡杜鄴立志忠款，犬馬未陳，奄先草露。骨肉歸於后土，氣魂無所不之，何必故丘，然後即化。封于長安北郭，此焉宴息。'及死，命榝石埋於墓側。"

　　[2]【今注】案，楊樹達《漢書窺管》："買私田在《貌傳》服妖條，彗星星隕並在《皇极傳》星辰逆行條，牡飛占見《言傳》木沴金條，隕石《志》無永說，隕石疑是星隕二字之誤。"

　　[3]【顏注】師古曰：小學，謂文字之學也。《周禮》"八歲入小學，保氏教國子以六書"，故因名云。

　　[4]【今注】建武：東漢光武帝年號（25—56）。

[5]【今注】大司空：漢成帝綏和元年（前8）改御史大夫爲大司空，内領侍御史十五人，受公卿奏事，舉劾按章，並掌圖籍秘書；外督部刺史。金印紫綬，禄比丞相。

[6]【今注】案，周壽昌《漢書注校補》曰：張吉官至都尉，本書卷七六《張敞傳》無其名。鄴幼孤，則張吉早逝。本書《郊祀志》載敞辨汾脽寶鼎銘文。本書《藝文志》云，《蒼頡》多古文，敞從齊人能正讀者受之。張氏世擅古文學，鄴則張吉甥，至林著《蒼頡訓纂》《蒼頡故》等篇。

贊曰：孝成之世，委政外家，諸舅持權，重於丁、傅在孝哀時。故杜鄴敢譏丁、傅，而欽、永不敢言王氏，其埶然也。及欽欲挹損鳳權，[1]而鄴附會音、商。永陳三七之戒，斯爲忠焉，至其引申伯以阿鳳，隙平阿於車騎，[2]指金火以求合，[3]可謂諒不足而談有餘者。[4]孔子稱"友多聞"，三人近之矣。[5]

[1]【今注】挹損：貶抑。

[2]【顏注】師古曰：謂勸王譚不受城門之職。

[3]【顏注】師古曰：謂陳金火之變說音云"蕩蕩之德未純"。冀音親己，忘舊怨也。

[4]【顏注】師古曰：諒，信也。

[5]【顏注】師古曰：孔子云："友直、友諒、友多聞，益矣。"贊言杜鄴、杜欽、谷永無直諒之德，但多聞也。【今注】案，語見《論語·季氏》。

漢書　卷八六

何武王嘉師丹傳第五十六

　　何武字君公，蜀郡郫縣人也。[1]宣帝時，天下和平，四夷賓服，神爵、五鳳之間屢蒙瑞應。[2]而益州刺史王襄使辯士王褒頌漢德，[3]作《中和》《樂職》《宣布》詩三篇。[4]武年十四五，與成都楊覆衆等共習歌之。是時，宣帝循武帝故事，[5]求通達茂異士，[6]召見武等於宣室。[7]上曰：“此盛德之事，吾何足以當之哉！”以褒爲待詔，[8]武等賜帛罷。武詣博士受業，[9]治《易》。以射策甲科爲郎，[10]與翟方進交志相友。[11]光禄勳舉四行，[12]遷爲鄠令，[13]坐法免歸。

　　[1]【顏注】師古曰：郫，音“疲”。【今注】蜀郡：治成都縣（今四川成都市）。　郫縣：治所在今四川成都市郫都區。
　　[2]【顏注】師古曰：屢，古“屢”字也。【今注】神爵五鳳：皆漢宣帝年號。神爵（前61—前58），五鳳（前57—前54）。
　　[3]【今注】益州：漢武帝十三刺史部之一，包括今四川、貴州、雲南三省大部，湖北西北部和甘肅小部。　刺史：漢武帝時始置，分全國爲十三部州，州置刺史一人。奉詔巡行諸郡，以六條問事，省察治政，黜陟能否，斷理冤獄。無治所，秩六百石。　辯士：周壽昌《漢書注校補》以爲即才辯之士也。《易象傳》：“明辯

皙也”，王弼注：“辯，明析也。”是作“才慧”解，不專主能言説。
“辯”蔡琪本作“辨”。　王褒：傳見本書卷六四下。

[4]【顔注】師古曰：中和者，言政教隆平，得中和之道也。
樂職，謂百官萬姓樂得其常道也。宣布，德化周洽，徧於四海也。
【今注】中和樂職宣布：王先謙《漢書補注》引郭嵩燾，以爲“中
和、樂職，蓋王褒拟爲之名，即協律之意”，“宣布，作爲詩歌，譜
其聲以彰聖德，而依《鹿鳴》之節，以合雅樂之律，與上欲興協律
之事相應。顔注未免望文生義”。

[5]【今注】案，《漢書考正》宋祁疑“循”是“脩”字，浙
本作“脩”。案，“循故事”爲習用語，無誤。如本書卷三六《楚
元王傳》“宣帝循武帝故事”，卷六〇《杜周傳》“鳳不能自立法
度，循故事而已”。

[6]【今注】茂異：秀異。

[7]【顔注】師古曰：殿名也，解在《賈誼傳》。【今注】宣
室：殿名。在未央宫中。本書卷四八《賈誼傳》顔師古注引蘇林
曰：“宣室，未央前正室也。”（參見陳蘇鎮《未央宫四殿考》，《歷
史研究》2016 年第 5 期）

[8]【今注】待詔：初指應漢朝皇帝徵召，以備諮詢顧問。有
待詔公車、待詔金馬門、待詔博士等名目。後演變爲官名，有一技
之長者，如太史、治曆、音律、本草、相工等皆置。

[9]【今注】博士：漢武帝始置五經博士。掌議政、制禮、藏
書、顧問及教授經學、考核人材、奉命出使等。初秩比四百石，後
升比六百石。

[10]【今注】射策：漢代察舉制下的一種抽籤式的考試方法。
把一些疑難問題書寫在策上，密封起來，並按難易程度分爲甲、乙
等科。然後由被舉薦者任意抽取並作解答。

[11]【今注】翟方進：傳見本書卷八四。楊樹達《漢書窺管》
據本書《翟方進傳》，指出翟亦以射策甲科爲郎。

[12]【顏注】師古曰：元帝永光元年詔舉質樸（樸，大德本、殿本作"樸"）、敦厚、遜讓、有行義各一人。時詔書又令光禄歲以此科第郎從官，故武以此四行得舉之也（故武，大德本作"正事"）。【今注】光禄勳：秦稱郎中令，漢因之，武帝時更名光禄勳，掌宫殿掖門户。秩中二千石，位列九卿。

[13]【今注】鄠（hù）：縣名。治所在今陜西西安市鄠邑區北。

武兄弟五人，[1]皆爲郡吏，郡縣敬憚之。[2]武弟顯家有市籍，[3]租常不入，縣數負其課。[4]市嗇夫求商捕辱顯家，[5]顯怒，欲以吏事中商。[6]武曰："以吾家租賦繇役不爲衆先，奉公吏不亦宜乎！"武卒白大守，[7]召商爲卒吏，[8]州里聞之皆服焉。

[1]【今注】武兄弟：沈欽韓《漢書疏證》引常璩《先漢士女志》補證云："武兄，中郎將何霸，字翁君；武弟，穎川太守何顯。"

[2]【今注】敬憚：敬畏。

[3]【今注】市籍：市場經營者特有的名籍。是秦漢時期對市商的管理、抑制及保障制度（詳見王剛《漢代市籍問題再探》，《南都學壇》2016年第3期）。

[4]【顏注】師古曰：以顯家不入租，故每令縣負課殿也（蔡琪本、大德本、殿本作無"也"字）。【今注】課：考課，考績。相關制度可參見鄧小南《西漢官吏考課制度初探》（《北京大學學報》1987年第2期），張弘、李文青《秦漢時期對地方官吏經濟政績的考核》（《東岳論叢》2003年第2期）。

[5]【顏注】師古曰：求，姓；商，名也。【今注】市嗇夫：縣吏市掾下的稅務人員。沈欽韓《漢書疏證》引《唐六典》注：

"漢代諸郡國皆有市長，隋氏始有市令。"以爲據此，縣市祇置嗇夫。陳直《漢書新證》以爲，市嗇夫當屬於縣吏市掾之下，市掾見《曹全碑》陰題名。　　求：錢大昭《漢書辨疑》引《廣韻》補證："求，姓。《三輔決録》：'漢有求仲。'"

[6]【顏注】師古曰：中傷之也，又音竹仲反。

[7]【今注】案，大守，蔡琪本、大德本、殿本作"太守"。

[8]【今注】卒吏：《漢書考正》劉攽以爲"吏"當作"史"。周壽昌《漢書注校補》曰："太守有卒史，無卒吏。劉説是。"陳直《漢書新證》亦以爲，無"卒吏"官名，當爲"卒史"之誤字，本書卷七六《尹翁歸傳》"除補卒史"可證。案，戰國即有卒史。秦漢時期，是中央諸卿和地方郡守、都尉等二千石左右官員的高級史類屬吏，以處理文書、協理長官爲主要職責（參見李迎春《論卒史一職的性質、來源與級別》，載《簡牘學研究》第 6 輯，甘肅人民出版社 2016 年版）。

　　久之，大僕王音舉武賢良方正，[1]徵對策，[2]拜爲諫大夫，[3]遷揚州刺史。[4]所舉奏二千石長吏必先露章，[5]服罪者爲虧除，免之而已；[6]不服，極法奏之，[7]抵罪或至死。九江太守戴聖，[8]《禮經》號小戴者也，行治多不法，[9]前刺史以其大儒，優容之。及武爲刺史，行部録囚徒，[10]有所舉以屬郡。[11]聖曰："後進生何知，迺欲亂人治！"[12]皆無所決。武使從事廉得其罪，[13]聖懼，自免。[14]後爲博士，毀武於朝廷。武聞之，終不揚其惡。而聖子賓客爲群盜，得，[15]繫廬江，[16]聖自以子必死。武平心決之，卒得不死。自是後，聖慙服。[17]武每奏事至京師，[18]聖未嘗不造門謝恩。[19]

　　[1]【今注】大僕：太僕。周置，秦、漢沿置。掌皇帝專用車馬，兼管官府畜牧業。列位九卿，秩中二千石。案，大，蔡琪本、大德本、殿本作“太”。　王音：西漢東平陵人。元帝皇后王政君從弟。親附兄王鳳。鳳死代爲大司馬車騎將軍輔政，封安陽侯。輔政八年死。楊樹達《漢書窺管》據本書《百官公卿表下》以爲王音爲太僕在成帝河平三年（前26）。　賢良方正：賢良爲秦漢時期選舉科目。始於漢文帝，常與方正、文學、能直言極諫者連稱，也稱賢良文學、賢良方正。

　　[2]【今注】對策：就政事、經義等設問，由應試者對答。

　　[3]【今注】諫大夫：漢武帝置，掌諫爭、顧問應對，議論朝政。秩比八百石，無定員。

　　[4]【今注】揚州：西漢武帝置，爲十三刺史部之一。轄境相當今江蘇、安徽江淮以南，湖北、河南部分地區及江西、浙江、福建三省。

　　[5]【今注】露章：公開奏章糾舉内容。

　　[6]【顔注】師古曰：虧，減也。減除其狀，直令免去也。

　　[7]【今注】極法：猶極刑。

　　[8]【今注】九江：秦置，治壽春縣（今安徽壽縣）。　戴聖：字次君，梁郡（今河南商丘市）人。與叔父戴德同學《禮》於后蒼。宣帝時爲博士，參加石渠閣會議。創禮經“小戴學”，並編《小戴禮記》，即今本《禮記》。

　　[9]【今注】行治：行誼治績。吳恂《漢書注商》據下文“吏治行有茂異”，及本書卷七四《魏相傳》“朝廷已深知弱翁治行”，以爲當作“治行”。案，“行治”無誤。本書卷九〇《酷吏傳》載義縱“遷爲長陵及長安令，直法行治，不避貴戚”。可爲證。

　　[10]【今注】行部：謂巡行所屬部域，考核政績。　録囚徒：省察囚徒罪狀。本書卷七一《雋不疑傳》顔師古注：“省録之，知其情狀有冤滯與不也。今云慮囚，本録聲之去者耳，音力具反。而近俗不曉其意，訛其文遂爲思慮之慮，失其源矣。行，音下更反。”

（參見王繼如《“肺腑”“録囚”通說：漢代語詞考釋之六》，《南京師大學報》1991 年第 2 期）

［11］【顔注】師古曰：屬，委也，音之欲反。

［12］【顔注】師古曰：言武仕學未久，故謂之後進生也。

［13］【顔注】師古曰：廉，察也。【今注】廉：楊樹達《漢書窺管》：“《説文》八篇下《見部》云：‘覝，察視也。從見，兼聲。讀若鐮。’音力鹽切”，以爲“覝”爲本字，“《傳》文作廉，音同通用”。

［14］【今注】自免：自請免職。

［15］【顔注】師古曰：聚爲群盜而吏捕得也。

［16］【今注】廬江：郡名。治舒縣（今安徽廬江縣西南）。

［17］【今注】慙：同“慚”。

［18］【顔注】師古曰：刺史每歲盡，則入奏事於京師也。

［19］【顔注】師古曰：造，至也，音千到反。

武爲刺史，二千石有罪，應時舉奏，[1]其餘賢與不肖敬之如一，是以郡國各重其守相，[2]州中清平。行部必先即學宮見諸生，[3]試其誦論，[4]問以得失，然後入傳舍，[5]出記問墾田頃畝，五穀美惡，[6]已，迺見二千石，以爲常。[7]

［1］【今注】應時：即刻。

［2］【今注】守相：太守與諸侯國相。

［3］【顔注】師古曰：即，就也。學宮，學舍也。【今注】學宮：大德本作“學官”。王念孫《讀書雜志·漢書第十三》以爲景祐本、毛本皆作“學官”，是。本書卷四八《賈誼傳》“學者，所學之官也”，顔師古注：“官，謂官舍。”本書卷七六《韓延壽傳》“脩治學官”，顔師古注：“學官，謂庠序之舍也。”本書卷八九《循

吏傳》"脩起學官"，顔師古注："學官，學之官舍也。"此傳注亦云
"學舍"，則正文本作"學官"。舊本《北堂書鈔·設官部二十四》
《藝文類聚·職官部六》《太平御覽·職官部五十四》引此傳並作
"學官"。

[4]【今注】誦論：謂記誦經文及闡發議論。

[5]【今注】傳舍：官吏外出公務，過往官吏等提供免費食宿
與車馬的"招待所"。戰國後期出現，沿用至東漢末期（參見侯旭
東《傳舍使用與漢帝國的日常統治》，《中國史研究》2008 年第 1
期）。

[6]【顔注】師古曰：記，謂教命之書。

[7]【顔注】師古曰：常依次第也。

初，武爲郡吏時，事大守何壽。[1]知武有宰相
器，[2]以其同姓故厚之。後壽爲大司農，[3]其兄子爲廬
江長史。[4]時武奏事在邸，壽兄子適在長安，壽爲具召
武弟顯及故人揚覆衆等，[5]酒酣，見其兄子，[6]曰："此
子楊州長史，[7]材能駑下，未嘗省見。"[8]顯等甚慙，
退以謂武，武曰："刺史古之方伯，上所委任，一州表
率也，職在進善退惡。吏治行有茂異，民有隱逸，迺
當召見，不可有所私問。"顯、覆衆強之，不得已召
見，賜厄酒。[9]歲中，廬江大守舉之。[10]其守法見憚
如此。

[1]【今注】大守：太守。蔡琪本、大德本作"太守"。 何
壽：陳直《漢書新證》："何壽見《百官表》成帝建始二年及《後
漢書·何敞傳》注，爲何比干之子。"

[2]【今注】案，蔡琪本、大德本、殿本"知"上有

"壽"字。

　　[3]【今注】大司農：西漢武帝改大農令置。掌管全國租賦收入和國家財政開支。秩中二千石，列位九卿。王先謙《漢書補注》據本書《百官公卿表下》，是"河平二年由廷尉遷"。

　　[4]【今注】長史：《漢書考正》劉攽以爲據《百官公卿表》，邊郡有長史，秩六百石。廬江爲内地，應無長史，此處或多"長"字，或是"卒"字。沈欽韓《漢書疏證》以爲非與府丞對秩之長史，即曹史之長。陳直《漢書新證》以爲劉攽據《百官公卿表》疑"長史"爲誤字，但《百官公卿表》紀載邊郡有司馬，以封泥證之，豫章、琅邪皆有司馬（見《封泥考略》卷四，三十九至四十頁）。廬江有長史，亦與内郡有司馬同例，疑爲暫置之官。又《懸泉漢簡》載天水郡有長史，張俊民認爲天水雖近長安，或與其初曾爲邊境有關（詳見張俊民《西漢簡牘文書所見職官長史識小》，《國學學刊》2015年第4期）。

　　[5]【顔注】師古曰：具，謂酒食之具也。【今注】揚：蔡琪本、殿本作"楊"。

　　[6]【顔注】師古曰：令出見顯等。

　　[7]【顔注】師古曰：言楊州部内長史也（楊，殿本作"揚"）。【今注】案，楊，殿本作"揚"。

　　[8]【顔注】師古曰：省，視也。言不爲武所識拔也。

　　[9]【顔注】師古曰：對賜一卮之酒也。【今注】卮酒：猶言杯酒。

　　[10]【顔注】師古曰：終得武之力助也。【今注】案，大守，蔡琪本、大德本、殿本作"太守"。

　　爲刺史五歲，入爲丞相司直，[1]丞相薛宣敬重之。[2]出爲清河大守，[3]數歲，坐郡中被災害什四以上免。[4]久之，大司馬曲陽侯王根薦武，[5]徵爲諫大夫。

遷兗州刺史，[6]入爲司隸校尉，[7]徙京兆尹。[8]二歲，坐舉方正所舉者召見槃辟雅拜，[9]有司以爲詭衆虛僞。[10]武坐左遷楚内史，[11]遷沛郡太守，[12]復入爲廷尉。[13]

[1]【今注】丞相司直：漢武帝時置，掌佐丞相舉不法。俸比二千石。楊樹達《漢書窺管》：“武爲丞相司直，上封事薦辛慶忌，見《慶忌傳》。”

[2]【今注】薛宣：傳見本書卷八三。

[3]【今注】清河：郡名。治清陽縣（今河北清河縣東南）。

[4]【今注】什四：十分之四。

[5]【今注】王根：字稚卿，西漢東平陵（今山東濟南市東）人。元帝皇后王政君弟。成帝時以帝舅封曲陽侯。後爲大司馬驃騎將軍，繼其兄王商輔政。歷五歲，以老辭職。哀帝立，遣就國。

[6]【今注】兗州：漢武帝置十三刺史部之一。約當今山東西南部及河南東部地區。

[7]【今注】司隸校尉：西漢武帝時始置，掌察舉京師及京師近郡犯法者，並領京師所在之州。秩二千石。

[8]【今注】京兆尹：漢武帝時改右內史置，掌治京師，又得參與朝政。位列九卿，秩中二千石。

[9]【顏注】服虔曰：行礼容拜也。師古曰：槃辟猶言槃旋也。辟，音闢。【今注】槃辟：盤旋進退。古代行禮時的動作姿勢。　雅拜：跪拜時先屈一膝，再屈一膝。沈欽韓《漢書疏證》以爲即《周禮·春官·太祝》之“奇拜”，杜子春注云：“奇，讀爲奇偶之奇。謂先屈一膝，今雅拜是也。”

[10]【顏注】師古曰：詭，違也。

[11]【今注】内史：王國内史。漢初置，因其爲王國自署，治國如郡太守、都尉職事。秩二千石。

[12]【今注】武坐左遷楚內史遷沛郡太守：沛郡，西漢高帝改泗水郡置，治相縣（今安徽濉溪縣西北）。沈欽韓《漢書疏證》引《太平御覽》卷六三九載《風俗通》曰："沛郡有富家公，資二千餘萬。小婦子年裁數歲，頃失其母，又無親近。其大婦女甚不賢。公病困，思念惡壻爭其財，兒判不全，因呼族人爲遺令，云：'悉以財屬女，但以一劍與兒，年十五，以還付之。'其後，兒大姊不肯與劍，男乃詣郡，自言求劍。時太守，大司空何武也，得其辭，因錄女及壻，省其手書，顧謂掾史曰：'女性強梁，壻復貪鄙，其父畏賊害其兒，又計小兒正得此財，不能自全護，故且俾與女，內實寄之耳。不當以劍與之乎？夫劍者，亦所以決斷也。限年十五者，智力足以自活。度此女壻必不復還其劍，當問縣官，縣官或能證察，得以見伸展也。凡庸何能思慮強遠如是哉！'悉奪取財以與子，曰：'弊女惡壻，溫飽十五歲，亦以幸矣。'于是論者乃服。"

[13]【今注】廷尉：戰國秦始置，秦、西漢沿置。主管詔獄。列位九卿，秩中二千石。

綏和元年，[1]御史大夫孔光左遷廷尉，[2]武爲御史大夫。成帝欲修辟雍，[3]通三公官，[4]即改御史大夫爲大司空。[5]武更爲大司空，[6]封汜鄉侯，食邑千戶。汜鄉在琅邪不其，[7]哀帝初即位，襃賞大臣，更以南陽犫之博望鄉爲汜鄉侯國，[8]增邑千戶。

[1]【今注】綏和：漢成帝年號（前8—前7）。

[2]【今注】孔光：傳見本書卷八一。　左遷：降官，貶職。

[3]【今注】辟雍：本爲西周天子所設大學，又是養老、鄉飲、鄉射之處，兼爲獻俘之所。西漢時雖逐漸與太學分開（參見范正娥《論兩漢時期太學與辟雍、明堂的關係》，《文史博覽》2007年第6期），但漢人常將"辟雍""太學""明堂"混稱。西漢末、

新莽時曾在長安南修建，今陝西西安市西有其遺址（參見許道齡、劉致平《關於西安西郊發現的漢代建築遺址是明堂或辟雍的討論》，《考古》1959 年第 4 期）。

[4]【顏注】師古曰：通，開也，謂更開置之。【今注】通：楊樹達《漢書窺管》以爲“通”字當作“建”，形近而誤。本書卷八三《朱博傳》云：“何武爲九卿，建言宜建三公官。”字作“建”，是其證。

[5]【顏注】師古曰：就其所任之人而并官俱改，不別拜授也。

[6]【今注】案，楊樹達《漢書窺管》：“武爲大司空，上書稱薦傅喜，見《喜傳》。除鮑宣爲西曹掾，薦宣爲諫大夫，見《宣傳》。舉何並能治劇，見《並傳》。與丞相孔光請雜議毀宗廟，見《韋玄成傳》。議淳于長小妻迺始等當論罪，主傅大后居北宮，並見《孔光傳》。”

[7]【顏注】師古曰：爲後改食博望鄉，故此指言在琅邪不其也。氾，音“凡”。其，音“基”。【今注】琅邪：郡名。治東武縣（今山東諸城市）。　不其：縣名。治所在今山東青島市城陽區北。

[8]【顏注】師古曰：犫，昌牛反（蔡琪本、大德本、殿本“昌”前有“音”字）。【今注】南陽：郡名。治宛縣（今河南南陽市宛城區）。　犫（chōu）：縣名。治所在今河南魯山縣東南。西漢封泥有“犫丞之印”，張家山漢簡《二年律令·秩律》有“犫”縣。

　　武爲人仁厚，好進士，獎稱人之善。[1]爲楚內史厚兩龔，在沛郡厚兩唐，[2]及爲公卿，薦之朝廷。[3]此人顯於世者，[4]何侯力也，世以此多焉。[5]然疾朋黨，問文吏必於儒者，問儒者必於文吏，以相參檢。欲除吏，[6]先爲科例以防請託。[7]其所居亦無赫赫名，去後常見思。

[1]【顏注】師古曰：獎，勸也。進而勸之。

[2]【顏注】師古曰：兩龔，龔勝、龔舍也。兩唐，唐林、唐遵也。【今注】兩龔：傳見本書卷七二。 兩唐：唐林，字子高，沛郡人。好學明經，以明經慎行顯名。漢哀帝時任尚書僕射，左遷敦煌魚澤障候。平帝時，任尚書令。仕王莽，被任爲胥附，爲太子四友，封建德侯。數上疏諫正。唐尊，字伯高，沛郡人。初爲儒生，以明經顯名於時。王莽稱帝，被任爲予虞。後繼平晏任太傅，著短衣敝履，以瓦器飲食，以示範於群臣。封平化侯。綠林軍入長安，他與王邑、苗訢、王盛等共護莽於漸臺，被殺。

[3]【今注】案，楊樹達《漢書窺管》："龔勝以武及閻崇之薦，征爲諫大夫，見《勝傳》。"

[4]【今注】此人：王念孫《讀書雜志·漢書第十三》以爲當作"此四人"，謂兩龔、兩唐也。今本脱"四"字，則文義不明。

[5]【顏注】師古曰：多，重也。重武進賢也。

[6]【今注】除：升遷。

[7]【今注】科例：條例。

及爲御史大夫司空，[1]與丞相方進共奏言："往者諸侯王斷獄治政，内史典獄事，相惣綱紀輔王，[2]中尉備盜賊。[3]今王不斷獄與政，[4]中尉官罷，職并内史，郡國守相委任，所以壹統信，安百姓也。[5]今内史位卑而權重，威職相踰，不統尊者，難以爲治。臣請相如大守，[6]内史如都尉，以順尊卑之序，平輕重之權。"制曰："可。"以内史爲中尉。初武爲九卿時，奏言宜置三公官，又與方進共奏罷刺史，更置州牧，[7]後皆復故，[8]語在《朱博傳》。唯内史事施行多。所舉奏，號爲煩碎，不稱賢公。[9]功名略比薛宣，其材不及也，而經術正直過之。[10]

　　[1]【今注】御史大夫司空：周壽昌《漢書注校補》以爲武爲御史大夫，旋詔改大司空，傳已敘明，此定不能以“御史大夫司空”兼説。且漢制無司空官，是衍“御史”“夫”三字，而“大”字宜加於“司空”上。吳恂《漢書補注》以爲“大司空”可簡稱“司空”，未必脱“大”字。

　　[2]【今注】惣：殿本作“總”，同。　綱紀：管理，治理。

　　[3]【今注】中尉：王國中尉。掌武職。秩二千石。陳直《漢書新證》：“《史記·淮南王傳》張蒼、馮敬聯名奏疏，稱‘備盗賊中尉臣福’，係西漢初中尉全官之名稱，闡明其職掌之重要性。本文由漢初官銜之特殊名詞演變爲叙述職守之任務。”

　　[4]【顏注】師古曰：“與”讀曰“豫”。

　　[5]【顏注】師古曰：令百姓信之而安附也。

　　[6]【今注】案，大守，蔡琪本、大德本、殿本作“太守”。

　　[7]【今注】州牧：職略同刺史。秩二千石，位次九卿。漢哀帝時復稱刺史，又改州牧。

　　[8]【顏注】師古曰：又依其舊也。下“復”扶目反（蔡琪本、大德本、殿本“扶”前有“音”字）。【今注】案，蔡琪本、大德本、殿本有二“復”字，是。

　　[9]【今注】公：王先謙《漢書補注》曰：“謂三公官。”

　　[10]【今注】經術：猶經學，但傾向經學在政治中運用的方面（參見程勇《“經學”“經術”的分野與漢代經學文論話語的雙重性質》，《學術月刊》2005 年第 7 期）。

武後母在郡，遣吏歸迎。會成帝崩，吏恐道路有盜賊，後母留止，左右或譏武事親不篤。[1]哀帝亦欲改易大臣，遂策免武曰：[2]“君舉錯煩苛，不合衆心，[3]孝聲不聞，惡名流行，無以率示四方。[4]其上大司空印綬，罷歸就國。”後五歲，諫大夫鮑宣數稱冤之，[5]天子感丞相王嘉之對，而高安侯董賢亦薦武，[6]武由是復徵爲御史大夫。月餘，徙爲前將軍。[7]

[1]【顏注】師古曰：左右，謂天子側近之臣。

[2]【今注】策免：策書免官。

[3]【顏注】師古曰：錯，置也，音千故反。

[4]【今注】率示：示範。

[5]【今注】鮑宣：傳見本書卷七二。

[6]【今注】董賢：傳見本書卷九三。

[7]【今注】前將軍：漢朝爲重號將軍，與左、右、後將軍並位上卿。有兵事則典掌禁兵，戍衞京師，或任征伐。秩中二千石。

先是，新都侯王莽就國，[1]數年，上以大皇大后故徵莽還京師。[2]莽從弟成都侯王邑爲侍中，[3]矯稱大皇大后指白哀帝，[4]爲求特進給事中。[5]哀帝復請之，事發覺。[6]大后爲謝，[7]上以大后故不忍誅之，左遷邑爲西河屬國都尉，[8]削千户。

[1]【今注】王莽：傳見本書卷九九。

[2]【今注】大皇大后：王政君。傳見本書卷九八。大，蔡琪本、大德本、殿本作“太”。案，該段正文及顏注“大皇大后”“大后”“大常”別本多作“太”，下不出校。

[3]【今注】王邑：東平陵（今山東濟南市東）人。王商中子，哀帝時襲爵爲成都侯。王莽居攝，任虎牙將軍鎮壓翟義起義，轉步兵將軍。王莽稱帝後，任大司空，封隆新公。綠林起義與大司徒王尋率軍征討，大敗於昆陽。綠林軍攻入長安，被殺。 侍中：秦置，即丞相史。西漢爲加官，與聞朝政，贊導衆事，顧問應對，與公卿大臣論辯，平議尚書奏事，爲中朝要職。

[4]【今注】指：意指。

[5]【今注】案，蔡琪本、大德本、殿本"求"前有"莽"字。 特進：西漢置，凡諸侯功德優盛、朝廷敬異者賜特進，位在三公下，得自辟僚屬。 給事中：秦置，西漢因之。爲加官，加此號得給事宮禁中，常侍皇帝左右，備顧問應對，每日上朝謁見，分平尚書奏事，負責實際政務，爲中朝要職，多以名儒國親充任。位次中常侍，無定員。

[6]【顔注】師古曰：哀帝反更以此事請於大后，大后本無此言，故矯事發覺也。復，扶目反（蔡琪本、殿本"扶"前有"音"字）。

[7]【今注】謝：道歉，請罪。

[8]【今注】西河：郡名。治平定縣（今内蒙古准格爾旗西南）。 屬國都尉：西漢武帝後置屬國於西北邊郡，安置内附少數族，設都尉主之，掌民政軍事，兼負戍衛邊塞之責。秩比二千石。

後有詔舉大常，[1]莽私從武求舉，武不敢舉。後數月，哀帝崩，大后即日引莽入，收大司馬董賢印綬，詔有司舉可大司馬者。莽故大司馬，辭位辟丁、傅，[2]衆庶稱以爲賢，[3]又大后近親，自大司徒孔光以下舉朝皆舉莽。武爲前將軍，素與左將軍公孫禄相善，[4]二人獨謀，以爲往時孝惠、孝昭少主之世，外戚呂、霍、上官持權，[5]幾危社稷，[6]今孝成、孝哀比世無嗣，[7]

方當選立親近輔幼主，不宜令異姓大臣持權，^[8]親疏相錯，爲國計便。^[9]於是武舉公孫祿可大司馬，而祿亦舉武。太后竟自用莽爲大司馬。莽風有司劾奏武、公孫祿互相稱舉，^[10]皆免。

[1]【今注】大常：太常，又名"奉常"。主管祭祀社稷、宗廟和朝會、喪葬禮儀，管理皇帝陵墓、寢廟所在縣邑，每月巡視諸陵，兼管文教。新莽時改名秩宗。秩中二千石，位列諸卿之首，多由列侯充任。

[2]【顏注】師古曰："辟"讀曰"避"。【今注】丁傅：漢哀帝母丁氏族與皇后傅氏族。

[3]【今注】衆庶：百姓。

[4]【今注】公孫祿：漢哀帝時爲左將軍，與何武互舉爲大司馬，皆免官。王莽稱帝後，曾復召入朝徵詢鎮壓起義反抗方略，旋遣出。

[5]【今注】呂：漢高帝皇后呂雉一族。 霍：霍光。傳見本書卷六八。 上官：上官桀。隴西郡上邽縣（今甘肅天水市麥積區）人。漢武帝時，初爲羽林期門郎，後任未央廐令，侍中、騎都尉，遷太僕。武帝病篤，任爲左將軍，與霍光同受遺詔輔少主，封安陽侯。昭帝即位，其孫女被立爲皇后。後與大將軍霍光爭權，遂與御史大夫桑弘羊、帝姊鄂邑長公主及燕王旦合謀除光，並另立帝。事發覺，被族誅。

[6]【顏注】師古曰：幾，鉅依反（蔡琪本、殿本"鉅"前有"音"字）。

[7]【顏注】師古曰：比，頻也。

[8]【顏注】師古曰：異姓，謂非宗室及外戚。【今注】案，蔡琪本、大德本、殿本"宜令"前有"不"字。《漢書考正》宋祁以爲南本徐鍇去"不"字。按顏注文義，刪之爲允。劉敞據《周

禮》“時揖異姓”，以爲“異姓”是婚姻關係，即指外戚。是不當去“不”字。王念孫《讀書雜志·漢書第十三》以爲宋祁説是。下文云“親疏相錯，爲國計便”，“便”字正承“宜”字而言。若作“不宜”，則與下文義不相屬。“不”字乃後人所加之。荀悦《漢紀》作“今不宜置異姓大臣持權，親疏相錯，爲國計不便”，兩“不”字亦皆後人加。外戚親而異姓疏，故曰“宜令異姓大臣持權，親疏相錯，爲國計便”，故顏注云“異姓，謂非宗室及外戚”。下文云“於是武舉公孫禄可大司馬，而禄亦舉武”，武與禄，皆異姓而非外戚，是其明證。本書卷七五《翼奉傳》云“今左右亡同姓，獨以舅后之家爲親，異姓之臣又疏，二后之黨滿朝”，此異姓亦不指外戚。劉引《周官》“時揖異姓”，不是此所謂異姓也。此所謂異姓，乃《周官》所謂庶姓。《太平御覽·治道部十一》引此正作“宜令異姓大臣持權”。

[9]【顏注】師古曰，錯，謂間雜也。

[10]【顏注】師古曰：“風”讀曰“諷”（殿本此注在“皆免”後）。

武就國後，莽寖盛，爲宰衡，[1]陰誅不附己者。元始三年，[2]呂寬等事起。[3]時大司空甄豐承莽風指，[4]遣使者乘傳案治黨與，[5]連引諸所欲誅，上黨鮑宣，[6]南陽彭偉、杜公子，[7]郡國豪桀坐死者數百人。武在見誣中，大理正檻車徵武，[8]武自殺。衆人多冤武者，莽欲厭衆意，令武子況嗣爲侯，[9]諡武曰刺侯。[10]莽篡位，免況爲庶人。

[1]【顏注】師古曰：寖，漸也。【今注】宰衡：西漢平帝時加王莽號。王莽因伊尹爲阿衡，周公爲太宰，故采此二人稱號爲宰

衡，加於安漢公之上以自尊。宰衡位上公，在諸侯王上。

[2]【今注】元始：漢平帝年號（1—5）。

[3]【今注】吕寬：事迹見本書卷九二《游俠傳》。

[4]【顏注】師古曰：風，謂風采也。指，意也。【今注】甄豐：漢末爲泗水相，攀附王莽。平帝立，爲左將軍光禄勳、大司空，封廣陽侯。遷少傅，兼大司空、太阿、右拂、衛將軍。王莽稱帝後，改爲更始將軍、廣新公。因其子甄尋自作符命請以莽女漢平帝皇后爲妻，觸怒莽，自殺。

[5]【顏注】師古曰：傳，音張戀反。【今注】乘傳：乘坐驛車。此指奉命出使。 案治：查辦。 黨與：猶同黨。

[6]【今注】上黨：郡名。治長子縣（今山西長子縣西南）。

[7]【顏注】師古曰：彭偉及杜公子二人皆南陽人。【今注】彭偉：王先謙《漢書補注》引《後漢書》卷一二《彭寵傳》"父宏，爲漁陽太守，與何武、鮑宣並遇害"，以爲宏即偉。

[8]【今注】大理正：廷尉正。秦漢時爲廷尉副貳。可代表廷尉參加詔獄會審，或獨立決斷疑獄、平反冤案，參議案例律條。秩千石。 檻車：用栅欄封閉的車。用於囚禁犯人或猛獸。

[9]【顏注】師古曰：厭，滿也，音一瞻反（殿本此注位於"莽欲厭衆意"後）。

[10]【顏注】師古曰：剌，音来曷反。【今注】剌：惡諡。《逸周書·諡法解》："不思忘愛曰剌，愎狠遂過曰剌。"案，《西京雜記》卷三云："何武葬北邙山薄龍坡，王嘉冢東北一里。"陳直《漢書新證》以爲由咸陵至茂陵一帶高原，漢代皆稱爲北邙坂或北邙巖，至今猶然，非指洛陽之北邙也。

王嘉字公仲，平陵人也。[1]以明經射策甲科爲郎，[2]坐户殿門失闌免。[3]光禄勳于永除爲掾，[4]察廉爲南陵丞，[5]復察廉爲長陵尉。[6]鴻嘉中，[7]舉敦朴能

直言，召見宣室，對政事得失，超遷大中大夫。[8]出爲
九江、河南大守，[9]治甚有聲。徵入爲大鴻臚，[10]徙京
兆尹，遷御史大夫。建平三年代平當爲丞相，[11]封新
甫侯，加食邑千一百户。[12]嘉爲人剛直嚴毅有威重，
上甚敬之。哀帝初立，欲匡成帝之政，多所變動，[13]
嘉上疏曰：

[1]【今注】平陵：右扶風縣名。治所在今陝西咸陽市西北。

[2]【今注】明經：漢選官科目之一。始於武帝。明經即通曉
經學，故以“明經”爲名。明經由郡國或公卿推舉，舉後須通過射
策以確定等第而得官。

[3]【顏注】師古曰：户，止也。嘉掌守殿門，止不當入者
而失闌入之，故坐免也。《春秋左氏傳》曰“屈蕩户之”。【今注】
户：護。　闌：闌入。無憑證而擅自進入。

[4]【今注】于永：西漢東海郯縣（今山東郯城縣西南）人。
于定國子。少嗜酒，多過失。年三十折節修行。以父任侍中中郎
將、長水校尉。定國死，嗣爵列侯，居喪以孝行聞。官至御史大
夫。尚宣帝長女館陶公主。

[5]【顏注】師古曰：南陵，縣名，屬宣城。【今注】察廉：
猶舉廉。漢朝選用官吏的一種方法，由郡國薦舉廉潔之士，經過考
察，任以官職。　南陵：治所在今陝西西安市東南。屬京兆尹。
《漢書考正》劉敞云：“南陵，薄太后陵耳。漢無南陵縣。”宋祁曰：
“案《地理志》，宣城，丹陽郡縣名，未爲郡。”《漢書考證》齊召
南以爲顏注誤。劉敞謂漢無南陵縣亦非。南陵屬京兆尹，因薄太后
陵得名，本書《地理志》所載甚明。宣城非漢郡，則宋祁已言之
矣。王鳴盛《十七史商榷》卷二六：“‘屬宣州’者，係唐縣，乃漢
丹陽郡春穀縣地也。南監板無此注，殆校者因其舛謬，刪去之。”

[6]【今注】長陵：縣名。治所在今陝西咸陽市東北。以漢高

祖陵墓而得名，屬左馮翊。　尉：縣尉。掌一縣軍事，逐捕盜賊。大縣設左、右尉，小縣多爲一人，都城所在縣或設多人。秩四百石至二百石。

[7]【今注】鴻嘉：漢成帝年號（前20—前17）。

[8]【今注】大中大夫：秦始置。侍從皇帝左右，掌顧問應對，參謀議政，奉詔出使，多以寵臣貴戚充任。秩比千石，無員額。大中，蔡琪本作“太中”。

[9]【今注】河南：郡名。治洛陽縣（今河南洛陽市東北）。案，大守，蔡琪本、殿本作“太守”。

[10]【今注】大鴻臚：秦稱典客，漢景帝改名大行令，武帝始改大鴻臚。掌少數民族事務，及諸侯王喪事，又掌引導百官朝會，兼管京師郡國邸舍及郡國上計吏之接待。成帝時省典屬國併入，又兼管少數民族朝貢使節、侍子。九卿之一，秩中二千石。

[11]【今注】建平：漢哀帝年號（前6—前3）。　爲丞相：楊樹達《漢書窺管》引《後漢書》卷三四《梁統傳》云：“嘉爲丞相，虧除舊約百餘事。”又，息夫躬請大將軍行邊兵，斬郡守立威，嘉對駁躬議，見本書卷四五《息夫躬傳》。

[12]【今注】加食邑：何焯《義門讀書記》卷一九引本書卷八三《朱博傳》云“故事，封丞相不滿千戶”，以爲此一千一百戶，故云“加”。

[13]【顏注】師古曰：匡，正也，正其乖失者。

　　臣聞聖王之功在於得人。孔子曰：“材難，不其然與！”[1]“故繼世立諸侯，[2]象賢也。”[3]雖不能盡賢，天子爲擇臣，立命卿以輔之。[4]居是國也，累世尊重，然後士民之衆附焉，是以教化行而治功立。今之郡守重於古諸侯，[5]往者致選賢材，[6]賢材難得，拔擢可用者，或起於囚徒。昔魏尚坐事繫,[7]文帝感馮唐之言,[8]遣使持節赦其罪,[9]拜爲雲中大守,[10]匈奴忌之。武帝擢韓安國於徒中,[11]拜爲梁內史,骨肉以安。[12]張敞爲京兆尹,[13]有罪當免,黠吏知而犯敞,[14]敞收殺之,其家自冤,[15]使者覆獄,劾敞賊殺人,[16]上逮捕不下,[17]會免,亡命數十日,宣帝徵敞拜爲冀州刺史,[18]卒獲其用。前世非私此三人,貪其材器有益於公家也。

[1]【顏注】師古曰:《論語》載孔子之言也。材難,謂有賢材者難得也(材,殿本作"才")。"與"讀曰"歟"。【今注】材難:今本《論語‧泰伯》作"才難"。

[2]【今注】繼世:繼承先世。

[3]【顏注】師古曰:象其先父祖之賢耳,非必其人皆有德也。【今注】案,王先謙《漢書補注》引《資治通鑑》胡三省注:"《禮記‧郊特牲》之文。"

[4]【顏注】師古曰:命卿,命於天子者也。【今注】案,王先謙《漢書補注》引《資治通鑑》胡三省注:"《禮‧王制》,大國三卿,皆命於天子;次國三卿,二卿命於天子,一卿命於其君;小國二卿,皆命於其君。齊高、國,魯三桓,皆世卿也。漢之王國傅、相、中尉命於天子,猶古之命卿。"

[5]【今注】案,王先謙《漢書補注》引《資治通鑑》胡三省注:"周初班爵五等,公、侯地方百里,伯七十里,子、男五十里。漢郡守方制千里,連城十數,是重於古諸侯。"

[6]【今注】致:王先謙《漢書補注》引《資治通鑑》胡三省注:"致,極也。"

[7]【今注】魏尚:事迹見本書卷五〇《馮唐傳》。

[8]【今注】馮唐：傳見本書卷五〇。

[9]【今注】辠：同“罪”。

[10]【今注】雲中：郡名。治雲中縣（今內蒙古托克托縣古城村）。

[11]【今注】韓安國：傳見本書卷五二。王先謙《漢書補注》引《資治通鑑》胡三省注：“《韓安國傳》‘坐法抵罪。會梁內史缺，漢使使拜安國爲梁內史，起徒中爲二千石’，此景帝時事也。‘武帝’當作‘景帝’。” 徒：刑徒。

[12]【顏注】師古曰：言梁孝王得免罪也。

[13]【今注】張敞：傳見本書卷七六。

[14]【今注】黠吏：奸猾之吏。王先謙《漢書補注》曰：“京兆賊捕掾絮舜也。詳《敞傳》。”

[15]【今注】自冤：王先謙《漢書補注》曰：“自言其冤。”

[16]【顏注】師古曰：覆，芳目反（蔡琪本、大德本、殿本作“芳”上有“音”字）。

[17]【顏注】師古曰：言使者上奏請逮捕敞，而天子不下其事也。下，胡稼反（蔡琪本、大德本、殿本作“胡”上有“音”字）。

[18]【今注】冀州：漢武帝所置十三刺史部之一，監察趙國、廣平、真定、中山國、河間、信都、魏郡、常山、鉅鹿、清河等郡國。

　　孝文時，吏居官者或長子孫，[1]以官爲氏，倉氏、庫氏則倉庫吏之後也。[2]其二千石長吏亦安官樂職，然後上下相望，莫有苟且之意。其後稍稍變易，公卿以下傳相促急，又數改更政事，[3]司隸、部刺史察過悉劾，發揚陰私，[4]吏或居官數月而退，送故迎新交錯道路。中材苟容求全，[5]下材懷危內顧，[6]壹切營私者多。[7]二千石益輕賤，吏民慢易之。[8]或持其微過，增加成皋，言於刺史、司隸，或至上書章下；[9]眾庶知其易危，[10]小失意則有離畔之心。前山陽亡徒蘇令等從橫，[11]吏士臨難，莫肯伏節死義，以守相威權素奪也。[12]孝成皇帝悔之，下詔書，二千石不爲縱，[13]遣使者賜金，尉厚其意，[14]誠以爲國家有急，取辦於二千石，二千石尊重難危，乃能使下。

[1]【今注】長子孫：指任職時間長。本書《食貨志》"爲吏者長子孫"，顏師古注引如淳曰："時無事，吏不數轉，至於生長子孫而不轉職也。"楊樹達《漢書窺管》以爲此語本《莊子·至樂篇》"與人居，長子老身"。

[2]【今注】案，陳直《漢書新證》："《史記·平準書》云：'居官者以爲姓號。'如淳注《漢書》：'謂倉氏、庾氏是也。'與本文正相表裏，但不如王嘉以倉氏庫氏解釋爲佳。因庾氏在周時已經得姓，庾信《哀江南賦》云'我之掌庾承周'是也。"

[3]【顏注】師古曰：更亦變（蔡琪本、大德本、殿本"變"下有"也"字）。

[4]【顏注】師古曰：悉，盡也。言事無大小皆舉劾（蔡琪本、大德本、殿本"皆"上有"盡"字），過於所察之條也。【今注】司隸：漢哀帝即位時置，位比司直，掌監察。大司空屬官。王先謙《漢書補注》："司隸部三輔、三河、弘農，其餘部刺史分部諸郡國。"　陰私：隱秘不可告人的事。

[5]【顏注】師古曰：不敢操持群下也。【今注】苟容：屈從附和以取容於世。

[6]【顏注】師古曰：常恐獲罪，每爲私計也。

[7]【今注】壹切：權時。“壹”，蔡琪本作“一”。

[8]【顏注】師古曰：易亦輕也，音弋豉反。【今注】慢易：怠忽，輕慢。

[9]【顏注】師古曰：依其所上之章而下令治之。

[10]【顏注】師古曰：言易可傾危也。

[11]【顏注】師古曰：從，子用反（蔡琪本、大德本、殿本“子”上有“音”字）。橫，胡孟反（蔡琪本、大德本、殿本“胡”上有“音”字）。【今注】山陽：郡名。治昌邑縣（今山東巨野縣南）。　蘇令：本書卷一〇《成紀》載永始三年（前14）“十二月，山陽鐵官徒蘇令等二百二十八人攻殺長吏，盜庫兵，自稱將軍，經歷郡國十九，殺東郡太守、汝南都尉。遣丞相長史、御史中丞持節督趣逐捕。汝南太守嚴訢捕斬令等。遷訢爲大司農，賜黃金百斤”。

[12]【顏注】師古曰：守，郡守也。相，諸侯相也。素奪，謂先不假之威權也。

[13]【顏注】孟康曰：二千石不以故縱爲罪，所以優也。

[14]【今注】尉：同“慰”。

孝宣皇帝愛其良民吏，[1]有章劾，事留中，會赦壹解。[2]故事，尚書希下章，[3]爲煩擾百姓，證驗繫治，或死獄中，章文必有“敢告之”字迺下。[4]唯陛下留神於擇賢，記善忘過，容忍臣子，勿責以備。[5]二千石、部刺史、三輔縣令有材任職者，[6]人情不能不有過差，宜可闊略，[7]令盡力者有所勸。此方今急務，國家之利也。前蘇令發，[8]欲遣大夫使逐問狀，時見大夫無可使者，[9]召葢屋令尹逢拜爲諫大夫遣之。[10]今諸大夫有材能者甚少，宜豫畜養可成就者，則士赴難不愛其死；臨事倉卒乃求，[11]非所以明朝廷也。[12]

　　[1]【顏注】師古曰：良，善也。良人吏（人，蔡琪本、殿本作“民”），善治百姓者（者，蔡琪本作“也”）。【今注】愛其良民吏：《漢書考正》宋祁以爲“其”字當刪。王先謙《漢書補注》：“《通鑑》改作‘愛其善治民之吏’。”

　　[2]【顏注】師古曰：不即下治其事，恐爲擾動，故每留中。或經赦令，一切皆解散也（一，蔡琪本作“壹”）。【今注】會赦：沈欽韓《漢書疏證》引《續漢書·禮儀志》：“立春之日，下寬大書：‘罪非殊死，且勿按驗。’”以爲“漢世雖不逢赦，入春令亦得寬”。

　　[3]【今注】尚書：始於戰國，秦時爲少府屬官，掌殿內文書，漢承秦制。漢武帝時漸成爲重要宮廷政治機構，參與國家機密，常以中朝大臣兼領、平、視，以左右曹諸吏平尚書奏事，參與議政決策，宣示詔命。百官奏事先呈尚書，皆爲正、副二封，由領尚書者拆閱副封，加以裁決，可屏抑不奏。百官選舉任用考察詰責彈劾之責亦歸之。漢成帝時設尚書五人，開始分曹辦事，群臣章奏都經尚書。

　　[4]【顏注】師古曰：所以丁寧告者之辭，絕其相誣也。【今注】敢告之：陳直《漢書新證》：“《居延漢簡釋文》九八頁，有敢告卒人及敢告都尉卒人之簡文，與王嘉之言正合。知爲當時公牘中之例語。”

　　[5]【顏注】師古曰：不求備於一人也。

　　[6]【今注】三輔：漢景帝時以左、右內史與主爵中尉一同治理京畿地區，稱爲“三輔”。武帝改左右內史、主爵都尉爲京兆尹、左馮翊、右扶風。三輔掌漢代京畿地區，治所均在長安城中。

　　[7]【顏注】師古曰：當寬恕其小罪也。【今注】闊略：寬

恕，寬容。

[8]【顏注】師古曰：謂蘇令等初發起爲盜賊也（賊，蔡琪本誤作“賦”）。

[9]【顏注】師古曰：謂見在大夫皆不堪爲使也。

[10]【今注】盩厔：右扶風縣名。治所在今陝西周至縣東。

[11]【今注】倉卒：倉促。

[12]【今注】明：王先謙《漢書補注》以爲猶言光顯。又其引《資治通鑑》胡三省注云：“人才當聚於朝廷，事會之來，無可用者，倉促求之，適所以明朝廷之無人耳。”則是暴露之意。

　　嘉因薦儒者公孫光、滿昌及能吏蕭咸、薛脩等，[1]皆故二千石有名稱。天子納而用之。會息夫躬、孫寵等因中常侍宋弘上書告東平王雲祝詛，[2]又與后舅伍宏謀弑上爲逆，[3]雲等伏誅，躬、寵擢爲吏二千石。是時，侍中董賢愛幸於上，上欲侯之而未有所緣，傅嘉勸上因東平事以封賢。上於是定躬、寵告東平本章，[4]掇去宋弘，更言因董賢以聞，[5]欲以其功侯之，皆先賜爵關內侯。[6]頃之，欲封賢等，上心憚嘉，乃先使皇后父孔鄉侯傅晏持詔書視丞相御史。[7]

[1]【今注】滿昌：字君都，潁川郡（今河南禹州市）人。從匡衡學《齊詩》，官至詹事。又本書卷八八《儒林傳》載：“滿昌授九江張邯、琅邪皮容，皆至大官，徒衆尤盛。”　蕭咸：事迹見本書卷七八《蕭望之傳》。　薛脩：事迹見本書卷八三《薛宣傳》。

[2]【今注】息夫躬：傳見本書卷四五。　中常侍：加官。初稱常侍，漢元帝以後稱中常侍。凡列侯、將軍、卿大夫、將、都尉、尚書以至郎中，加此得出入禁中，常侍皇帝左右。武帝以後參

與朝議，成爲中朝官。無定員。 東平王雲：劉雲。事迹見本書卷八〇《宣元六王傳》。

[3]【今注】后舅伍宏：東平王劉雲皇后之舅。本書卷九三《佞幸傳》載哀帝册書："前東平王雲貪欲上位，祠祭祝詛，雲后舅伍宏以醫待詔，與校祕書郎楊閎結謀反逆，禍甚迫切。" 弒：《漢書考正》宋祁以爲當作"殺"，讀亦作"弒"。

[4]【顏注】師古曰：定，謂改治也。

[5]【顏注】師古曰："掇"讀曰"剟"。剟，削也，削去其名也，剟，竹劣反（蔡琪本、大德本、殿本"竹"上有"音"字）。

[6]【今注】關内侯：秦漢沿置。二十等爵第十九級。但有侯號，居京師。無封土而依封户多少享受徵收租税之權。

[7]【顏注】師古曰："視"讀曰"示"。【今注】傅晏：河内温縣（今河南温縣西）人。漢哀帝祖母傅太后從父弟，女爲哀帝皇后。以外戚寵幸，任大司馬衛將軍。諂附傅太后，與朱博相結，承意奏免丞相孔光、大司馬傅喜與大司空師丹。其事爲彭宣等劾奏，被削減爵户。後坐亂妻妾免爵，徙合浦。

於是嘉與御史大夫賈延上封事，[1]言："竊見董賢等三人始賜爵，衆庶匈匈，[2]咸曰賢貴，其餘并蒙恩，[3]至今流言未解。陛下仁恩於賢等不已，宜暴賢等本奏語言，[4]延問公卿、大夫、博士、議郎，考合古今，明正其義，然後乃加爵土；不然，恐大失衆心，海内引領而議。[5]暴平其事，[6]必有言當封者，在陛下所從；天下雖不説，咎有所分，[7]不獨在陛下。前定陵侯淳于長初封，[8]其事亦議。大司農谷永以長當封，[9]衆人歸咎於永，先帝不獨蒙其譏。[10]臣嘉、臣延材駑不稱，死有餘責。[11]知順指不迕，可得容身須臾，[12]所以不敢者，思報厚恩也。”上感其言，止。

[1]【今注】賈延：字初卿，平陵（今陝西咸陽市西北）人。歷任詹事、少府、衛尉、光禄勳至御史大夫。

[2]【今注】匈匈：訩訩。喧嘩，吵嚷。

[3]【顏注】師古曰：言董賢以貴寵故妄得封，而躬、寵等遂蒙恩。

[4]【顏注】師古曰：暴，謂章露也。

[5]【今注】引領：伸頸遠望。此形容議論殷切。

[6]【今注】案，暴平，蔡琪本、殿本作“暴下”，是。

[7]【顏注】師古曰：“説”讀曰“悦”。

[8]【今注】淳于長：傳見本書卷九三。

[9]【今注】谷永：傳見本書卷八五。

[10]【顏注】師古曰：蒙，被也。【今注】案，譏，殿本作“議”。

[11]【顏注】師古曰：稱，副也。

[12]【顏注】師古曰：迕，逆也。【今注】順指：順從皇帝意旨。 須臾：從容，苟延。

數月，遂下詔封賢等，[1]因以切責公卿曰：“朕居位以來，寢疾未瘳，[2]反逆之謀相連不絶，賊亂之臣近侍帷幄。前東平王雲與后謁祝詛朕，使侍醫伍宏等内侍案脉，[3]幾危社稷，殆莫甚焉![4]昔楚有子玉得臣，晉文爲之側席而坐；[5]近事，汲黯折淮南之謀。[6]今雲等至有圖弑天子逆亂之謀者，是公卿股肱莫能悉心務聰明以銷厭未萌之故。[7]賴宗廟之靈，侍中駙馬都尉賢等發覺以聞，[8]咸伏厥辜。《書》不云乎？'用德章厥善'，[9]其封賢爲高安侯、南陽大守寵爲方陽侯、左曹光禄大夫躬爲宜陵侯。"[10]後數月，日食，舉直言，嘉復奏封事曰：

[1]【今注】遂：王先謙《漢書補注》曰："遂猶竟也。"

[2]【顏注】師古曰：瘳，差也，音丑留反。【今注】瘳（chōu）：病愈。

[3]【顏注】師古曰：案，謂切諫也。

[4]【顏注】師古曰：幾，鉅依反（蔡琪本、殿本作"鉅"上有"音"字）。殆亦危也。

[5]【顏注】師古曰：已解於上（已，蔡琪本作"以"）。【今注】案，本書卷七〇《陳湯傳》載谷永疏"臣聞楚有子玉得臣，文公爲之仄席而坐"，顏師古注曰："子玉，楚大夫也，得臣其名也。《春秋》僖二十八年，子玉帥師與晉文公戰于城濮，楚師敗績。晉師三日館穀，而文公猶有憂色，曰：'得臣猶在，憂未歇也。'及楚殺子玉，公喜而後可知也。《禮記》曰'有憂者仄席而坐'，蓋自貶也。仄，古側字也。"

[6]【今注】汲黯：傳見本書卷五〇。其傳載："淮南王謀反，憚黯，曰：'黯好直諫，守節死義；至説公孫弘等，如發蒙耳。'"

[7]【顏注】師古曰：悉，盡也。務聰明者，廣視聽也。厭，一涉反（蔡琪本、殿本"一"上有"音"字）。【今注】銷厭：抑制並消滅。

[8]【今注】駙馬都尉：西漢武帝始置。皇帝出行時掌副車，爲侍從近臣，常用作加官。秩比二千石。

[9]【顏注】師古曰：《商書·盤庚》之辭也。

[10]【今注】案，大守，蔡琪本、大德本、殿本作"太守"。左曹：漢武帝時置，爲加官，與右曹合稱諸曹，掌平尚書奏事。

秩二千石。　光禄大夫：西漢武帝時改中大夫置，掌論議。屬光禄勳，秩比二千石。

　　臣聞咎繇戒帝舜曰：“亡敖佚欲有國，兢兢業業，一日二日萬機。”[1]箕子戒武王曰：“臣無有作威作福，亡有玉食；臣之有作威作福玉食，害于而家，凶于而國，人用側頗辟，民用僭慝。”[2]言如此則逆尊卑之序，亂陰陽之統，而害及王者，其國極危。國人傾仄不正，民用僭差不壹，此君不由法度，上下失序之敗也。武王躬履此道，隆至成康。[3]自是以後，縱心恣欲，法度陵遲，[4]至於臣弒君，子弒父。父子至親，失禮患生，何況異姓之臣？

　　[1]【顏注】師古曰：《虞書·咎繇謨》之辭也。言有國之人不可傲慢逸欲，但當戒慎危懼，以理萬事之機也。“敖”讀曰“傲”。【今注】咎繇：皋陶。偃姓，又作“皋繇”“咎陶”。爲舜帝時掌管刑法的“理官”。

　　[2]【顏注】師古曰：《周書·洪範》載箕子對武王之辭也。玉食，精好如玉也。而，汝也。頗，偏也。僭，不信也。慝，惡也。【今注】箕子：名胥餘。紂王叔父，一説爲紂庶兄。封子爵，國於箕。紂暴虐，箕子諫而不聽。箕子懼，披髮佯狂爲奴，爲紂所囚。周武王滅商，釋箕子。

　　[3]【顏注】師古曰：言武王能履法度，故至成康之時，德化隆盛也。【今注】成康：周成王與周康王。周成王姬姓，名誦。其父周武王死時，年幼，由叔父周公旦攝政，平定武庚與管叔、蔡叔等叛亂。後年長親政，營建洛邑，東伐淮夷，繼續分封諸侯，周

王朝疆域進一步擴大。命周公興禮樂，立制度，民乃和睦，政局安定，邊境息慎族來朝。周康王爲成王子，名釗。由召公、畢公輔佐即位，去奢崇儉，簡政安民，伐鬼方及東南夷族，開拓疆土。保持成王以來的安定局面，史稱"成康之治"。

[4]【顏注】師古曰：陵遲即陵夷也，言漸頹替也。

孔子曰："道千乘之國，敬事而信，節用而愛人，使民以時。"[1]孝文皇帝備行此道，海内蒙恩，爲漢大宗。[2]孝宣皇帝賞罰信明，施與有節，記人之功，忽於小過，[3]以致治平。孝元皇帝奉承大業，温恭少欲，都内錢四十萬萬，[4]水衡錢二十五萬萬，[5]少府錢十八萬萬。[6]嘗幸上林，[7]後宮馮貴人從臨獸圈，猛獸驚出，貴人前當之，元帝嘉美其義，賜錢五萬。[8]掖庭見親，有加賞賜，屬其人勿衆謝。[9]示平惡偏，[10]重失人心，賞賜節約。是時外戚貲千萬者少耳，[11]故少府、水衡見錢多也。[12]雖遭初元、永光凶年飢饉，[13]加有西羌之變，[14]外奉師旅，内振貧民，終無傾危之憂，以府臧内充實也。

[1]【顏注】師古曰：《論語》載孔子之言也。道，治也。千乘，謂兵車千乘。說在《刑法志》。【今注】案，孔子語見今本《論語·學而》。道，通"導"。

[2]【今注】大宗：廟號，即"太宗"。

[3]【顏注】師古曰：忽，忘也。

[4]【今注】案，沈欽韓《漢書疏證》引《太平御覽》卷六二七載桓譚《新論》："漢百姓賦斂一歲爲四十餘萬萬。吏俸用其半，

餘二十萬萬，藏於都內爲禁錢。少府所領園地作務八十三萬萬，以給宮室供養諸賞賜。”陳直《漢書新證》據本書《食貨志》云：“自孝武元狩五年，三官初鑄五銖錢，至平帝元始中，成錢二百八十億萬餘。”以爲元帝時庫藏有八十三億萬，幾占三分之一，是西漢存錢極盛時期。

[5]【今注】水衡：官署名。主上林，長官爲水衡都尉。凡上林諸機構、庫藏、離宮禁苑農田水池禽獸及供宗廟用牲，均歸其職掌。武帝時禁郡國鑄錢，專令其屬官上林三官鑄錢。與少府並掌帝室財政。少府掌禁錢。水衡都尉有鍾官、辯銅令丞，掌鑄錢。案，二十五，大德本誤作“二卜五”。

[6]【顏注】師古曰：言不費用，故蓄積也。【今注】少府：秦、西漢置。掌山海池澤之税，帝室財政。列位九卿，秩中二千石。

[7]【今注】上林：上林苑。在今陝西西安市西南鄠邑區、周至縣界，渭水以南、終南山以北。秦惠文王時即開始興建。至秦始皇時，先後在上林苑中修建了朝宮和阿房宮前殿等。西漢初荒廢，許民入墾荒。漢武帝收回，復加拓展，周圍擴至二百餘里。

[8]【顏注】師古曰：此言雖嘉其義而賞亦不多。

[9]【顏注】師古曰：掖庭宮人，有親戚來見而帝賜之者，屬其家勿使於衆人中謝也。屬，之欲反（蔡琪本、大德本、殿本“之”上有“音”字）。【今注】掖庭：宮中旁舍，妃嬪居住的地方。　見親：王先謙《漢書補注》引《資治通鑑》胡三省注：“有見親幸者，加之賞賜，則屬其人勿於衆中謝也。”以爲據下文“賢家有賓婚及見親”，則見親非見親幸之謂。顏注是。二字亦見本書卷八○《淮陽憲王傳》，是漢代常用語。楊樹達《漢書窺管》以爲“見”同“現”。掖庭人見親謂現在在掖庭人之親屬，顏胡二説皆非。下文見親自謂見親戚，與此文義不同。

[10]【今注】示平惡偏：周壽昌《漢書注校補》曰：“言示以

均平，惡其偏黨也。"

[11]【顏注】貲：通"資"。

[12]【顏注】師古曰：見在之錢也。

[13]【今注】初元永光：皆漢元帝年號。初元（前 48—前44），永光（前 43—前 39）。

[14]【今注】西羌之變：王先謙《漢書補注》曰："永光二年，隴西羌反。"西羌，古代對羌族的稱謂。因其主要活動在西北地方，故稱。《史記·六國年表》記載："故禹興於西羌。"《後漢書》卷八七《西羌傳》："西羌之本，出自三苗，姜姓之別也。"羌、姜在甲骨文中經常互用。又清顧祖禹《讀史方輿紀要》卷六五："西羌舊在陝西四川塞外。《四裔傳》：'西羌本自三苗，舜徙之三危，今河關西南羌地是也。濱於賜支，至於河首，綿地千里。'……及武帝西逐諸羌，乃渡河湟，築令居塞，始置護羌校尉。"

　　孝成皇帝時，諫臣多言燕出之害，[1]及女寵專愛，耽於酒色，[2]損德傷年，其言甚切，然終不怨怒也。寵臣淳于長、張放、史育，育數貶退，家貲不滿千萬，放斥逐就國，長榜死於獄。[3]不以私愛害公義，故雖多內譏，朝廷安平，[4]傳業陛下。陛下在國之時，好詩書，上儉節，徵來所過道上稱誦德美，此天下所以回心也。[5]初即位，易帷帳，去錦繡，乘輿席緣綈繒而已。[6]共皇寢廟比比當作，[7]憂閔元元，[8]惟用度不足，[9]以義割恩，輒且止息，今始作治。

[1]【顏注】師古曰：燕出，謂微行也。

[2]【今注】耽：沉迷。

［3］【顏注】師古曰：榜，笞擊也，音"彭"。

［4］【顏注】師古曰：雖有好內之譏，而不害政也。

［5］【顏注】師古曰：望爲治也。【今注】回心：王先謙《漢書補注》引《資治通鑑》胡三省注："謂回其戴成帝之心而戴哀帝。"

［6］【顏注】師古曰：綈，厚繒也，音徒奚反。【今注】緣：邊緣。　綈繒：粗厚的絲織品。

［7］【顏注】師古曰：恭皇，哀帝之父，即定陶恭王也。比比猶頻頻也。"共"讀曰"恭"。

［8］【今注】元元：黎民百姓。

［9］【顏注】師古曰：惟，思也。

　　而駙馬都尉董賢亦起官寺上林中，[1]又爲賢治大第，開門鄉北闕，[2]引王渠灌園池，[3]使者護作，[4]賞賜吏卒，甚於治宗廟。賢母病，長安厨給祠具，[5]道中過者皆飲食。[6]爲賢治器，器成，奏御迺行，或物好，特賜其工，自貢獻宗廟三宮，猶不至此。[7]賢家有賓婚及見親，諸官並共，[8]賜及倉頭奴婢，[9]人十萬錢。使者護視，發取市物，[10]百賈震動，[11]道路讙譁，[12]群臣惶惑。詔書罷菀，而以賜賢二千餘頃，均田之制從此墮壞。[13]

［1］【今注】官寺：官署。

［2］【顏注】師古曰："鄉"讀曰"嚮"。【今注】北闕：未央宮北闕。爲官員奏事、吏民上書、使節謁見之處。本書卷一《高紀下》："蕭何治未央宮，立東闕、北闕、前殿、武庫、大倉。"顏師

古注曰："未央殿雖南嚮，而上書奏事謁見之徒皆詣北闕，公車司馬亦在北焉。是則以北闕爲正門，而又有東門、東闕。"（參見徐暢《西漢長安城未央宮北闕的地理位置及政治功用》，《四川文物》2012 年第 4 期）

[3]【顏注】蘇林曰：王渠，官渠也，由今御溝也（由，殿本作"猶"）。晉灼曰：渠名（蔡琪本、大德本、殿本作"渠名"下有"也"字），在城東覆盎門外。師古曰：晉說是。【今注】王渠：沈欽韓《漢書疏證》引《水經注》："昆明故渠又東而北屈，逕青門外，出未央宮、桂宮之間，謂之明渠。明渠又東逕長樂宮北。故渠又東出城，分爲二渠，即《漢書》所謂王渠也。一水逕楊橋下，即青門橋也。北注渭，今無水。其一水，右入昆明故渠。"

[4]【顏注】師古曰：護，監視也。

[5]【顏注】師古曰：長安有厨官，主爲官食。【今注】長安厨：陳直《漢書新證》以爲本書《百官公卿表》京兆尹屬官有長安厨令丞。又，薛氏《鐘鼎款識》卷一八有孝成廟鼎，長安厨造。是本爲長安厨令，簡稱爲長安厨，爲當時之習俗語。

[6]【顏注】如淳曰：禱於道中，故行人皆得飲食。

[7]【顏注】師古曰：三宮，天子、太后、皇后也。【今注】三宮：《漢書考正》劉敞以爲，太皇太后稱長信宮，傅太后稱永信宮，而丁姬中安宮，爲三宮。王先謙《漢書補注》引《資治通鑑》胡三省注："此時丁姬死矣。三宮，蓋謂長信、永信及趙太后宮也。"

[8]【顏注】師古曰：見親，親戚相見也。並供，言百官各以所掌事及財物就供之。"共"讀曰"供"。【今注】賓婚：吳恂《漢書注商》以爲指賓事及婚事。　共：通"供"。

[9]【今注】倉頭：奴婢。本書卷七二《鮑宣傳》"蒼頭廬兒皆用致富"，孟康曰："黎民、黔首，黎、黔皆黑也。下民陰類，故以黑爲號。漢名奴爲蒼頭，非純黑，以別於良人也。諸給殿中者所

居爲廬，蒼頭侍從因呼爲廬兒。"臣瓚曰："《漢儀注》官奴給書計，從侍中已下爲蒼頭青幘。"

[10]【今注】發取：取給。

[11]【顔注】師古曰：賈，謂販賣之人也。言百賈者，非一之稱也。賈，音"古"。

[12]【今注】讙譁：喧嘩。

[13]【顔注】孟康曰：自公卿以下至于吏民名曰均田，皆有頃數，於品制中令均等。今賜賢二千餘頃，則壞其等制也。師古曰："菀"，古"苑"字。墮，火規反（蔡琪本、大德本、殿本"火"上有"音"字）。

　　奢僭放縱，變亂陰陽，灾異衆多，百姓訛言，[1]持籌相驚，[2]被髮徒跣而走，乘馬者馳，天惑其意，不能自止。或以爲籌者策失之戒也。陛下素仁智愼事，今而有此大譏。孔子曰："危而不持，顛而不扶，則將安用彼相矣！"[3]臣嘉幸得備位，[4]竊内悲傷不能通愚忠之信；身死有益於國，不敢自惜。唯陛下愼己之所獨鄉，察衆人之所共疑。[5]往者寵臣鄧通、韓嫣，[6]驕貴失度，逸豫無厭，小人不勝情欲，卒陷罪辜。[7]亂國亡軀，不終其禄，所謂愛之適足以害之者也。宜深覽前世，以節賢寵，全安其命。

[1]【今注】訛言：謡傳。

[2]【顔注】師古曰：言行西王母籌也。【今注】持籌相驚：本書《五行志下之上》："哀帝建平四年正月，民驚走，持稾或桮一枚，傳相付與，曰行詔籌。道中相過逢多至千數，或被髮徒踐，或

夜折關，或踰牆入，或乘車騎奔馳，以置驛傳行，經歷郡國二十六，至京師。其夏，京師郡國民聚會里巷仟佰，設張博具，歌舞祠西王母，又傳書曰：'母告百姓，佩此書者不死。不信我言，視門樞下，當有白髮。'至秋止。"

[3]【顏注】師古曰：《論語》稱季氏將伐顓臾，冉有、季路見於孔子，孔子以此言責之，以其不匡諫也。【今注】則將安用彼相矣：今本《論語·季氏》"將"下有"焉"字。

[4]【今注】備位：居官的自謙之詞。謂愧居其位，不過聊以充數。

[5]【顏注】師古曰："鄉"讀曰"嚮"。

[6]【顏注】師古曰：嫣，音"偃"。【今注】鄧通韓嫣：二人傳見本書卷九三。

[7]【顏注】師古曰：卒，終也。

　　於是上寖不説，[1]而愈愛賢，不能自勝。[2]會祖母傅太后薨，[3]上因託傅太后遺詔，令成帝母王大后下丞相御史，[4]益封賢二千戶，及賜孔鄉侯、汝昌侯、陽新侯國。[5]嘉封還詔書，[6]因奏封事諫上及太后曰：

[1]【顏注】師古曰：寖，漸也。"説"讀曰"悦"。
[2]【今注】自勝：克制自己。
[3]【今注】傅太后：事迹見本書卷九七下《外戚傳下》。
[4]【今注】案，大后，蔡琪本、大德本、殿本作"太后"。
[5]【顏注】師古曰：傅晏、傅商、鄭業也。【今注】案，王先謙《漢書補注》曰："三人先雖封侯，未有國邑，今賜之國邑也。"陽新侯，錢大昭《漢書辨疑》以爲"新""信"古字通。本書《外戚恩澤侯表》亦作"陽新"，卷一一《哀紀》及卷八五《杜鄴傳》並作"陽信"。

[6]【顔注】師古曰：還，謂卻上之於天子也。【今注】封還：緘封退還。

　　臣聞爵禄土地，天之有也。《書》云："天命有德，五服五章哉！"[1]王者代天爵人，尤宜慎之。裂地而封，不得其宜，則衆庶不服，感動陰陽，其害疾自深。[2]今聖體久不平，此臣嘉所内懼也。高安侯賢，佞幸之臣，陛下傾爵位以貴之，單貨財以富之，[3]損至尊以寵之，[4]主威已黜，府藏已竭，唯恐不足。財皆民力所爲，孝文皇帝欲起露臺，[5]重百金之費，[6]克已不作。今賢散公賦以施私惠，一家至受千金，往古以來貴臣未嘗有此，[7]流聞四方，皆同怨之。里諺曰："千人所指，無病而死。"臣常爲之寒心。

　　[1]【顔注】師古曰：《虞書·咎繇謨》之辭也。言皇天命於有德者以居列位，天子諸侯卿大夫士尊卑之服采章各異也。【今注】五服：天子、諸侯、卿、大夫、士五等服式。　五章：指服裝上的五種不同文采。用以區别尊卑。

　　[2]【顔注】師古曰：言此氣損害，故令天子身自有疾也。

　　[3]【顔注】師古曰：單，盡也。【今注】案，楊樹達《漢書窺管》："《説文》四篇下《歺部》云：殫，極盡也。單同音通假字。"

　　[4]【顔注】師古曰：言上意傾惑，爲下所窺也。【今注】案，王先謙《漢書補注》引《資治通鑑》胡三省注："謂帝爲賢治第，儗於宫闕，乘輿器物充牣其家也。"

　　[5]【今注】露臺：露天臺榭。《史記》卷一〇《孝文本紀》：

“孝文帝從代來，即位二十三年，宮室苑囿狗馬服御無所增益，有
不便，輒弛以利民。嘗欲作露臺，召匠計之，直百金。上曰：‘百
金中民十家之產，吾奉先帝宮室，常恐羞之，何以臺爲！’”

[6]【今注】案，重，殿本作“惜”。

[7]【今注】案，蔡琪本、殿本無“此”字。

今太皇太后以永信太后遺詔，詔丞相御史益
賢戶，賜三侯國，臣嘉竊惑。山崩地動，日食於
三朝，[1]皆陰侵陽之戒也。前賢已再封，[2]晏、商
再易邑，[3]業緣私橫求，恩已過厚，[4]求索自恣，
不知厭足，甚傷尊尊之義，[5]不可以示天下，爲害
痛矣！[6]臣驕侵罔，陰陽失節，[7]氣感相動，害及
身體。陛下寢疾久不平，繼嗣未立，宜思正萬事，
順天人之心，以求福祐，奈何輕身肆意，[8]不念高
祖之勤苦垂立制度欲傳之於無窮哉！《孝經》曰：
“天子有爭臣七人，雖無道，不失其天下。”[9]臣
謹封上詔書，[10]不敢露見，[11]非愛死而不自法，[12]
恐天下聞之，故不敢自劾。[13]愚戇數犯忌諱，唯
陛下省察。

[1]【顏注】師古曰：歲月日之朝也。已解於上。

[2]【今注】再封：王先謙《漢書補注》曰：“謂先封關內侯，
復封高安侯。”

[3]【今注】案，王先謙《漢書補注》引《資治通鑑》胡三省
注：“商先嗣爵崇祖侯，後改封汝昌侯。晏先以皇后父封三千戶，
又益二千戶，食邑於夏丘。”

[4]【顏注】師古曰：橫，胡孟反（蔡琪本、大德本、殿本

"胡"上有"音"字)。【今注】横求：無理要求，額外需求。

[5]【今注】尊尊：王先謙《漢書補注》引《資治通鑑》胡三省注："封三侯，所以尊傅太后。今求濫恩，則傷尊尊之義矣。"

[6]【今注】痛：王先謙《漢書補注》以爲，痛，切也。

[7]【顏注】師古曰：罔，謂誣蔽也。【今注】侵罔：謂擅權欺罔。

[8]【顏注】師古曰：肆，放也。

[9]【顏注】師古曰：言上能納諫，則免於過惡也。【今注】爭臣：諫諍之臣。

[10]【今注】案，沈欽韓《漢書疏證》引《漢舊儀》："詔書下，朱鈎施行。詔書有違法令，施行之不便，曹史白封還尚書，對不便狀。"

[11]【今注】露見：顯現，顯露。

[12]【今注】自法：王先謙《漢書補注》引《資治通鑑》胡三省注："謂不以違拒詔旨之法自劾。"楊樹達《漢書窺管》以爲自法即自劾。

[13]【今注】自劾：檢舉自己過失。沈欽韓《漢書疏證》曰：漢有廢格詔書之罪，本當自劾也。劾，蔡琪本、殿本誤作"效"。

初，廷尉梁相與丞相長史、御史中丞及五二千石雜治東平王雲獄，[1]時冬月未盡二旬，而相心疑雲冤，獄有飾辭，[2]奏欲傳之長安，[3]更下公卿覆治。尚書令鞫譚、僕射宗伯鳳以爲可許。[4]天子以相等皆見上體不平，外内顧望，操持兩心，[5]幸雲踰冬，[6]無討賊疾惡主讎之意，[7]制詔免相等皆爲庶人。[8]後數月大赦，嘉奏封事薦相等明習治獄，"相計謀深沈，[9]譚頗知雅文，[10]鳳經明行修，聖王有計功除過，[11]臣竊爲朝廷惜此三人"。書奏，上不能平。[12]

[1]【今注】梁相：字子夏，河東郡人。歷任大司農、廷尉，貶爲東海都尉。後復爲大理，坐除吏不次免。　丞相長史：漢置，掌佐丞相行施職事。爲丞相府諸吏之長，員二人，秩千石。　御史中丞：西漢始置。主掌爲監察、執法；兼管蘭臺所藏圖籍秘書、文書檔案；外則督諸監郡御史，監察考核郡國行政；內領侍御史，監督殿庭、典禮威儀，受公卿奏事，關通中外朝；考核四方文書計簿，劾按公卿章奏，監察、糾劾百官；參治刑獄，收捕罪犯等。爲御史大夫副貳，秩千石。　雜治：會審。

[2]【顏注】師古曰：假飾之辭，非其實也。

[3]【顏注】師古曰：傳，謂移其獄事也。

[4]【顏注】師古曰：鞠及宗伯皆姓也。鞠，居六反（蔡琪本、大德本、殿本"居"上有"音"字）。【今注】尚書令：秦始置，漢沿置，本爲少府屬官，掌章奏文書，武帝後職權漸重。掌凡選署及奏下尚書曹文書衆事。秩千石。　僕射：秦、漢置爲侍中、謁者、博士、郎等諸官之長。因古時重武臣，以善射者掌事，故名。依其職事爲稱。　宗伯鳳：字君房，明禮。曾任少府。王莽時任傅丞。

[5]【顏注】師古曰：操，千高反（蔡琪本、大德本、殿本"千"上有"音"字）。

[6]【今注】幸雲踰冬：王先謙《漢書補注》引《資治通鑑》胡三省注："謂僥幸雲獄踰冬可減死。"

[7]【今注】讎：仇。

[8]【今注】案，朱一新《漢書管見》曰："《百官表》，相貶爲東海都尉。"王先謙《漢書補注》引《資治通鑑》胡三省注："《公卿表》，建平元年，相爲廷尉；二年，貶。三年，方賞爲廷尉；四年，徙。本紀，雲自殺在建平四年，大赦天下在元壽元年正

月。當治東平時，廷尉乃賞，非相。又《表》言‘相貶’，不言‘免爲庶人’，大赦亦不在後數月也。”以爲是本書《百官公卿表》傳寫年月之誤。但梁相免與貶，未知孰是。

[9]【今注】深沈：沉着持重。

[10]【今注】雅文：文雅。

[11]【顔注】師古曰：收采其功，以免罪過也。

[12]【顔注】師古曰：心怒也。

後二十餘日，嘉封還益董賢户事，上乃發怒，召嘉詣尚書，[1]責問以“相等前坐在位不盡忠誠，外附諸侯，操持兩心，背人臣之義，今所稱相等材美，足以相計除罪。君以道德，位在三公，以揔方略一統萬類，[2]分明善惡爲職，知相等罪惡陳列，著聞天下，時輒以自劾，今又稱譽相等，云爲朝廷惜之。大臣舉錯，恣心自在，[3]迷國罔上，近由君始，將謂遠者何！[4]對狀”。[5]嘉免冠謝罪。事下將軍中朝者。[6]光禄大夫孔光、左將軍公孫禄、右將軍王安、光禄勳馬宫、光禄大夫龔勝劾嘉迷國罔上不道，[7]請與廷尉雜治。勝獨以爲嘉備宰相，諸事並廢，咎由嘉生；[8]嘉坐薦相等，微薄，以應迷國罔上不道，恐不可以示天下。遂可光等奏。

[1]【今注】尚書：尚書官署。

[2]【今注】案，《漢書考正》劉奉世以爲多“萬”字。

[3]【顔注】師古曰：錯，置也。【今注】自在：王先謙《漢書補注》引蘇輿，以爲“在”疑爲“任”形近之誤。吳恂《漢書注商》以爲蘇説誤，“在”是。“自在”爲漢魏俗語。如本書卷七

二《王吉傳》:"各取一切,權譎自在。"

[4]【顏注】師古曰:近臣尚然,則遠者固宜介也(介,蔡琪本、殿本作"爾",同)。

[5]【顏注】師古曰:敕令具對也。

[6]【今注】中朝:中朝官。又稱内朝官,指在宫中接近皇帝的官員,如侍中、常侍、給事中、尚書等。王先謙《漢書補注》據《資治通鑑》無"中"字,胡三省注:"朝者,當時見入朝之臣也。"以爲《通鑑》所見本與顏師古異。

[7]【今注】王安:西漢杜陵(今陝西西安市東南)人。王商子。始以外戚貴幸,官至長樂衞尉、光禄勳。成帝時其父任丞相與成帝舅大將軍王鳳不和,其父被譖自殺,得嗣侯位。平帝元始年間,王莽專權,被加罪被迫自殺。 馬宮:傳見本書卷八一。錢大昕《三史拾遺》卷三曰:"孔光、龔勝俱爲光禄大夫。而光以故丞相拜秩中二千石,位次丞相,故得列於左右將軍之上。其他大夫雖給事内朝,要皆屬於光禄勳,不當駕而上之,故仍在光禄勳之下也。《龔勝傳》叙此事,以孔光列於司隸鮑宣之後,失其次。"

[8]【顏注】師古曰:孔光以下衆共劾嘉,而勝獨爲異議也。【今注】案,王念孫《讀書雜志·漢書第十三》以爲"劾嘉"之上不當有"光禄大夫龔勝"六字,下文"勝獨以爲"上當有"光禄大夫龔"五字。此謂諸臣皆劾嘉迷國罔上,而光禄大夫龔勝獨以爲不然。故顏注曰"孔光以下衆共劾嘉,而勝獨爲異議也"。若"劾嘉"上有"光禄大夫龔勝"六字,則與"勝獨以爲"之語相反。後人不知此六字爲衍文,反删去下文"光禄大夫龔"五字。《漢紀·孝哀皇帝紀》云"事下將軍中朝者,皆劾嘉迷國罔上不道。光禄大夫龔勝獨以爲嘉坐薦相等罪微薄,應以迷國罔上不道,不可以示天下",可證今本之誤。又本書卷七二《龔勝傳》云"左將軍公孫禄、司隸鮑宣、光禄大夫孔光等十四人皆以爲嘉應迷國不道法。勝獨曰'嘉舉相等,過微薄'",可與此傳互相證明。

光等請謁者召嘉詣廷尉詔獄，[1]制曰："票騎將軍、御史大夫、中二千石、二千石、諸大夫、博士、議郎議。"[2]衛尉雲等五十人以爲"如光等言可許"。[3]議郎龔等以爲"嘉言事前後相違，無所執守，不任宰相之職，宜奪爵土，免爲庶人"。永信少府猛等十人以爲"聖王斷獄，[4]必先原心定罪，探意立情，故死者不抱恨而入地，生者不銜怨而受罪。明主躬聖德，重大臣刑辟，廣延有司議，欲使海内咸服。嘉罪名雖應法，聖王之於大臣，在輿爲下，御坐則起，[5]疾病視之無數，死則臨弔之，廢宗廟之祭，進之以禮，退之以義，誄之以行。[6]案嘉本以相等爲罪，罪惡雖著，大臣括髮關械、裸躬就笞，[7]非所以重國襃宗廟也。[8]今春月寒氣錯繆，霜露數降，宜示天下以寬和。臣等不知大義，唯陛下察焉"。

[1]【今注】謁者：春秋戰國已有，西漢時掌賓贊受事。員七十人，俸比六百石。　廷尉詔獄：廷尉官署關押欽犯的牢獄。

[2]【今注】票騎將軍：西漢武帝置爲重號將軍，僅次於大將軍。秩萬石。　中二千石：漢官吏秩禄等級。中爲滿之意。中二千石即實得二千石，月俸一百八十斛。其地位在真二千石、二千石、比二千石之上。

[3]【今注】雲：錢大昭《漢書辨疑》曰："孫雲也。河內人。"

[4]【今注】永信少府：漢哀帝時置，爲太后宫官，掌永信宫財物等事。本書卷九七下《外戚傳下》："後又更號帝太太后爲皇太太后，稱永信宫，帝太后稱中安宫，而成帝母太皇太后本稱長信宫，成帝趙后爲皇太后，並四太后，各置少府、太僕，秩皆中二

千石。"

[5]【顏注】師古曰：解在《翟方進傳》。【今注】案，本書
卷八四《翟方進傳》顏師古注："《漢舊儀》云皇帝見丞相起，謁者
贊稱曰'皇帝爲丞相起'。起立乃坐。皇帝在道，丞相迎謁，謁者
贊稱曰'皇帝爲丞相下輿'。立乃升車。"

[6]【顏注】師古曰：言大臣之死，積累其行而爲誄也。誄
者，累德行之文。

[7]【顏注】師古曰：括，結也。關，貫也。裸，露也。【今
注】笞：用鞭子抽打。周壽昌《漢書注校補》曰："漢笞辱大臣若
此，可補《刑法志》所不及。"

[8]【今注】襃：揚美。

　　有詔假謁者節，[1]召丞相詣廷尉詔獄。使者既到
府，掾史涕泣，共和藥進嘉，[2]嘉不肯服。主簿曰：
"將相不對理陳冤，[3]相踵以爲故事，[4]君侯宜引
決。"[5]使者危坐府門上。[6]主簿復前進藥，嘉引藥杯
以擊地，謂官屬曰："丞相幸得備位三公，奉職負國，
當伏刑都市以示萬衆。丞相豈兒女子邪，何謂咀藥
而死!"[7]

[1]【今注】假謁者節：假以謁者符節，使持節爲使者。

[2]【今注】和藥：調合毒藥。

[3]【今注】主簿：丞相府主簿，漢置。因西漢相府門爲黃
色，又稱黃閣主簿，掌相府文書。　理：王先謙《漢書補注》以
爲，"理，獄也。言大臣縱有冤不對獄而自陳"。楊樹達《漢書窺
管》以爲，"漢廷尉爲古之大理，理謂廷尉，王訓獄，非"。

[4]【顏注】師古曰：踵由躡也。【今注】相踵以爲故事：王

先謙《漢書補注》曰："自周勃繋獄，賈誼以爲言，文帝自此待大臣有節，將相有罪皆自殺不受刑。然景帝時周亞夫，武帝時公孫賀、劉屈氂，猶下獄死。相踵爲故事，言其概也。"

[5]【顏注】師古曰：令自殺也。【今注】引决：自殺。

[6]【顏注】師古曰：以逼促嘉也。【今注】危坐：即正身而跪。以兩膝着地，聳起上身。表示嚴肅恭敬。

[7]【顏注】師古曰：咀，嚼也，音才汝反。【今注】謂：王先謙《漢書補注》以爲"謂"與"爲"同。

　　嘉遂裝出，[1]見使者再拜受詔，乘吏小車，去蓋不冠，[2]隨使者詣廷尉。廷尉收嘉丞相新甫侯印綬，縛嘉載致都舡詔獄。[3]上聞嘉生自詣吏，大怒，使將軍以下與五二千石雜治。吏詰問嘉，嘉對曰："案事者思得實。竊見相等前治東平王獄，不以雲爲不當死，欲關公卿示重慎；[4]置驛馬傳囚，執不得踰冬月，[5]誠不見其外内顧望阿附爲雲驗。[6]復幸得蒙大赦，相等皆良善吏，臣竊爲國惜賢，不私此三人。"獄吏曰："苟如此，則君何以爲罪猶當？[7]有以負國，不空入獄矣。"吏稍侵辱嘉，[8]嘉喟然卬天歎曰：[9]"幸得充備宰相，不能進賢退不肖，以是負國，死有餘責。"吏問賢不肖主名，嘉曰："賢，故丞相孔光、故大司空何武，不能進；惡，高安侯董賢父子，佞邪亂朝，而不能退。罪當死，死無所恨。"嘉繋獄二十餘日，不食歐血而死。[10]帝舅大司馬票騎將軍丁明素重嘉而憐之，上遂免明，以董賢代之，語在《賢傳》。嘉爲相三年誅，國除。死後上覽其對而思嘉言，復以孔光代嘉爲丞相，徵用何武爲御史大夫。元始四年，詔書追録忠臣，封嘉子崇爲新甫侯，追謚嘉爲忠侯。

　　[1]【今注】裝出：王先謙《漢書補注》引《資治通鑑》胡三省注：“裝出者，朝服而出。”

　　[2]【今注】去蓋：沈欽韓《漢書疏證》以爲《隋書·刑法志》載南朝陳制，“階品，死罪將決，乘露車”，是沿此漢法。

　　[3]【今注】都舡詔獄：錢大昭《漢書辨疑》曰：“《百官表》，執金吾屬官有都船令丞。”舡，蔡琪本、殿本作“船”。

　　[4]【今注】關：王先謙《漢書補注》以爲是通白之意。

　　[5]【今注】埶：同“勢”。

　　[6]【今注】驗：王先謙《漢書補注》曰：“徵驗也。”

　　[7]【今注】案，王先謙《漢書補注》曰：“前相坐罪時，嘉以爲當且以自劾，今言如此，故吏詰之謂此即負國矣。”吳恂《漢書注商》以爲“當”爲論罪，“猶當”二字應下屬讀。

　　[8]【今注】侵辱：凌辱。

　　[9]【顏注】師古曰：“印”讀曰“仰”。

　　[10]【今注】歐血：吐血。

　　師丹字仲公，琅邪東武人也。治《詩》，事匡衡。[1]舉孝廉爲郎。元帝末，爲博士，免。建始中，[2]州舉茂材，復補博士，[3]出爲東平王太傅。[4]丞相方進、御史大夫孔光舉丹論議深博，[5]廉正守道，徵入爲光禄大夫、丞相司直。[6]數月，復以光禄大夫給事中，由是爲少府、光禄勳、侍中，[7]甚見尊重。

　　[1]【今注】匡衡：傳見本書卷八一。楊樹達《漢書窺管》：

本書卷八八《儒林傳》載《齊詩》有師氏學，即丹。丹授《詩》於班伯，見本書卷一〇〇上《叙傳上》。

[2]【今注】建始：漢成帝年號（前32—前28）。

[3]【今注】案，楊樹達《漢書窺管》："時丹議甘泉泰畤河東後土祠宜徙正陽太陰處，見《郊祀志》。"

[4]【今注】太傅：諸侯王太傅。掌導王以善，禮如師，不臣。秩二千石。

[5]【今注】案，論議，蔡琪本、殿本作"議論"。

[6]【今注】案，楊樹達《漢書窺管》："丹爲丞相司直，薦馬宮行能高絜，見《宮傳》。"

[7]【今注】案，楊樹達《漢書窺管》："丹爲光禄勳，救劉輔，見《輔傳》。"

　　成帝末年，立定陶王爲皇大子，[1]以丹爲太子太傅。[2]哀帝即位，爲左將軍，賜爵關内侯，食邑，領尚書事，[3]遂代王莽爲大司馬，封高樂侯。月餘，[4]徙爲大司空。[5]上少在國，見成帝委政外家，王氏僭盛，常内邑邑。[6]即位，多欲有所匡正。封拜丁、傅，奪王氏權。

[1]【今注】皇大子：皇太子。大，蔡琪本、大德本、殿本作"太"。

[2]【今注】案，楊樹達《漢書窺管》："成帝時河決未塞，丹言百姓可哀，見《溝洫志》。"

[3]【今注】領尚書事：以他官兼領尚書政事，參與政務，皆由重臣兼任。

[4]【今注】月餘：《漢書考正》宋祁據本書《外戚恩澤侯表》，"丹爲大司馬封高樂侯，在綏和二年七月；以《傅喜傳》攷

之，徙爲大司徒在明年正月；恐不當云‘月餘’”。

[5]【今注】案，楊樹達《漢書窺管》：“丹爲大司空，奏劉歆改亂舊章，非毀先帝所立，見《歆傳》及《儒林傳》。奏傅遷罪惡，見《孔光傳》。議薛況傷人事，見《薛宣傳》。”

[6]【今注】邑邑：憂鬱不樂貌。楊樹達《漢書窺管》以爲即“悒悒”，不安也。“邑”爲通假字。

丹自以師傅居三公位，得信於上，上書言：“古者諒闇不言，聽於冢宰，[1]三年無改於父之道。[2]前大行尸柩在堂，[3]而官爵臣等以及親屬，赫然皆貴寵。封舅爲陽安侯，皇后尊號未定，豫封父爲孔鄉侯。[4]出侍中王邑、射聲校尉王邯等。[5]詔書比下，變動政事，[6]卒暴無漸。[7]臣縱不能明陳大義，復曾不能牢讓爵位，[8]相隨空受封侯，增益陛下之過。閒者郡國多地動，水出流殺人民，日月不明，五星失行，[9]此皆舉錯失中，號令不定，法度失理，陰陽溷濁之應也。[10]臣伏惟人情無子，年雖六七十，猶博取而廣求。[11]孝成皇帝深見天命，燭知至德，[12]以壯年克己，[13]立陛下爲嗣。先帝暴棄天下而陛下繼體，四海安寧，[14]百姓不懼，此先帝聖德當合天人之功也。臣聞天威不違顏咫尺，[15]願陛下深思先帝所以建立陛下之意，且克己躬行以觀群下之從化。天下者，陛下之家也，肺附何患不富貴，[16]不宜倉卒。先帝不量臣愚，以爲大傅，[17]陛下以臣託師傅，故亡功德而備鼎足，[18]封大國，加賜黃金，位爲三公，職在左右，[19]不能盡忠補過，而令庶人竊議，災異數見，此臣之大罪也。臣不敢言乞骸骨歸於海濱，恐嫌於偽。誠慝負重責，義不得不盡死。"書數十上，多切直之言。[20]

[1]【顏注】師古曰：《論語》云子張曰："《書》云高宗諒闇，三年不言。"孔子曰："何必高宗，古之人皆然。君薨，百官總己以聽於冢宰三年。"諒，信也。闇，默然也。【今注】案，語見《論語·憲問》。諒闇，居喪時所住的房子。後借指居喪。冢宰，周官名。爲六卿之首，亦稱太宰。

[2]【顏注】師古曰：《論語》稱孔子曰："父在觀其志，父沒觀其行；三年無改於父之道，可謂孝矣。"【今注】案，語見《論語·學而》。

[3]【今注】大行：稱剛死而尚未定諡號的皇帝、皇后。

[4]【今注】案，《漢書考證》齊召南曰："案，《哀帝紀》，帝以四月即位，五月丙戌立皇后傅氏，封后父傅晏爲孔鄉侯，則封后父時后已正位中宮矣。以《外戚恩澤侯表》核之，陽安侯丁明及晏俱以四月壬寅封，在丙戌立后之前四十四日，與此傳正合。蓋帝紀係史文類叙，不如表爲准實也。"

[5]【今注】射聲校尉：漢武帝置。領待詔射聲士，所掌爲常備精兵，屯戍京師，兼任征伐。爲北軍八校尉之一，俸二千石。

[6]【顏注】師古曰：比，頻也。

[7]【顏注】師古曰："卒"讀曰"猝"。【今注】卒暴無漸：謂行事倉促，不能漸改。

[8]【顏注】師古曰：牢，堅也。

[9]【今注】五星：指東方歲星（木星）、南方熒惑（火星）、中央鎮星（土星）、西方太白（金星）、北方辰星（水星）。

[10]【顏注】師古曰：溷，胡頓反（蔡琪本、大德本、殿本"胡"上有"音"字）。【今注】溷（hùn）：混濁。

[11]【顏注】師古曰："取"讀曰"娶"。

［12］【顔注】師古曰：燭，照也。至德，指謂哀帝。

［13］【今注】克己：謂克制自己，不再希求有親生子嗣以繼承皇位。

［14］【今注】案，蔡琪本無“安寧”二字。

［15］【顔注】師古曰：言常若在前，宜自肅懼也。

［16］【今注】肺附：本書卷三六《劉向傳》“臣幸得託肺附”，顔師古曰：“舊解云肺附謂肝肺相附著，猶言心膂也。一説肺謂斫木之肺札也，自言於帝室猶肺札附於大材木也。”王念孫《讀書雜志·漢書第十三》以爲，肺通“柿”，附通“朴”，皆是樹皮之意。劉向是説自己爲漢室宗親，如樹皮附着於樹上一樣。王繼如以爲是漢代習語，實以木札、木皮喻疏末之親，擴大言之，非嫡親之戚屬亦稱（參見王繼如《“肺腑”“録囚”通説：漢代語詞考釋之六》，《南京師大學報》1991 年第 2 期）。

［17］【今注】大傅：太傅。大，蔡琪本、大德本、殿本作“太”。

［18］【今注】鼎足：指三公之位。

［19］【顔注】師古曰：左右，助也。“左”讀曰“佐”。“右”讀曰“佑”。

［20］【今注】切直：懇切率直。

初，哀帝即位，成帝母稱太皇太后，成帝趙皇后稱皇太后，[1]而上祖母傅太后與母丁后皆在國邸，[2]自以定陶共王爲稱。[3]高昌侯董宏上書言：“秦莊襄王母本夏氏，而爲華陽夫人所子，[4]及即位後，俱稱太后。宜立定陶共王后爲皇太后。”事下有司，時丹以左將軍與大司馬王莽共劾奏宏“知皇太后至尊之號，天下一統，而稱引亡秦以爲比喻，誯誤聖朝，[5]非所宜言，大不道。”上新立，謙讓，納用莽、丹言，免宏爲庶人。

傅太后大怒，要上欲必稱尊號。上於是追尊定陶共王爲共皇，帝尊傅太后爲共皇太后，丁后爲共皇后。

[1]【今注】趙皇后：事迹見本書卷九七下《外戚傳下》。

[2]【今注】丁后：事迹見本書《外戚傳下》。 國邸：漢諸侯王爲朝覲而在京城設立的住所。

[3]【今注】案，即傅、丁稱定陶共王太后與定陶共王后。定陶共王，劉康，傳見本書卷八〇。

[4]【顏注】師古曰：莊襄王，始皇之父也。華陽夫人，孝文王之夫人也。子，謂養以爲子也。【今注】案，事詳見《史記》卷五《秦本紀》。

[5]【今注】詿誤：貽誤。

郎中令泠襃、黃門郎段猶等復奏言：[1]“定陶共皇太后、共皇后皆不宜復引定陶蕃國之名以冠大號，車馬衣服宜皆稱皇之意，[2]置吏二千石以下各供厥職，[3]又宜爲共皇立廟京師。”上復下其議，有司皆以爲宜如襃、猶言。丹議獨曰：“聖王制禮取法於天地，[4]故尊卑之禮明則人倫之序正，人倫之序正則乾坤得其位而陰陽順其節，人主與萬民俱蒙祐福，尊卑者，所以正天地之位，不可亂也。今定陶共皇太后、共皇后以定陶共爲號者，母從子妻從夫之義也。欲立官置吏，車服與太皇太后並，非所以明尊卑亡二上之義也。[5]定陶共皇號謚已前定，義不得復改。《禮》：‘父爲士，子爲天子，祭以天子，其尸服以士服。’[6]子亡爵父之義，尊父母也。爲人後者爲之子，故爲所後服斬衰三年，[7]

而降其父母朞，明尊本祖而重正統也。孝成皇帝聖恩深遠，故爲共王立後，奉承祭祀，令共皇長爲一國大祖，萬世不毀，[8]恩義已備。陛下既繼體先帝，持重大宗，承宗廟天地社稷之祀，義不得復奉定陶共皇祭入其廟。今欲立廟於京師，而使臣下祭之，是無主也。又親盡當毀，空去一國泰祖不墮之祀，[9]而就無主當毀不正之禮，非所以尊厚共皇也。"丹由是浸不合上意。[10]

[1]【顏注】師古曰：泠，音"零"。【今注】郎中令：《漢書考正》劉敞以爲是時無郎中令。　黃門郎：秦、西漢郎官給事於黃闥門之内者，稱黃門郎或黃門侍郎。

[2]【顏注】師古曰：皇者，至尊之號，其服御宜皆副稱之也。稱，尺孕反（蔡琪本、大德本、殿本"尺"上有"音"字）。

[3]【顏注】師古曰：謂詹事、大僕（大，蔡琪本、大德本、殿本作"太"）、少府等衆官也（殿本無"衆""也"二字）。

[4]【今注】案，殿本無"地"字。

[5]【今注】尊卑：王念孫《讀書雜志‧漢書第十三》曰："卑"字涉上文兩"尊卑"而衍。當作"尊無二上"。今本《通典》《資治通鑑》皆無"卑"字。

[6]【今注】案，語見今本《禮記‧喪服小記》，作"父爲士，子爲天子諸侯，則祭以天子諸侯，其尸服以士服"。尸，祭祀時代表死者受祭的人。

[7]【今注】斬衰：五種喪服中最重的一種。用粗麻布製成，左右和下邊不縫。服制三年。子及未嫁女爲父母，媳爲公婆，承重孫爲祖父母，妻妾爲夫，均服斬衰。先秦諸侯爲天子、臣爲君亦服斬衰。

[8]【今注】不毀：不毀廟。

[9]【顏注】師古曰：墮亦毀也，音火規反。

[10]【顏注】師古曰：浸，漸也。

　　會有上書言古者以龜貝爲貨，[1]今以錢易之，民以故貧，宜可改幣。上以問丹，丹對言可改。章下有司議，皆以爲行錢以來久，難卒變易。[2]丹老人，忘其前語，後從公卿議。又丹使吏書奏，吏私寫其草，丁、傅子弟聞之，使人上書告丹上封事行道人徧持其書。[3]上以問將軍中朝臣，皆對曰：“忠臣不顯諫，大臣奏事不宜漏泄，令吏民傳寫流聞四方。‘臣不密則失身’，[4]宜下廷尉治。”事下廷尉，廷尉劾丹大不敬。事未決，給事中博士申咸、炔欽上書，[5]言“丹經行無比，[6]自近世大臣能若丹者少。發憤懣，奏封事，不及深思遠慮，使主簿書，漏泄之過不在丹。以此貶黜，恐不厭衆心”。[7]尚書劾咸、欽：“幸得以儒官選擇備腹心，上所折中定疑，[8]知丹社稷重臣，議罪處罰，國之所慎，咸、欽初傳經義以爲當治，[9]事以暴列，[10]乃復上書妄稱譽丹，前後相違，不敬。”

　　[1]【今注】以龜貝爲貨：楊樹達《漢書窺管》引《史記·平準書》補證云：“虞夏之幣，或錢，或布，或刀，或龜貝。”引桓寬《鹽鐵論·錯幣篇》云：“夏后氏以玄貝，周人以紫石。”

　　[2]【顏注】師古曰：“卒”讀曰“猝”。

　　[3]【今注】行道人：路上行人，喻指其奏書內容人盡皆知。

　　[4]【顏注】師古曰：《易·上繫》之辭。

　　[5]【顏注】蘇林曰：炔，音桂。【今注】申咸：周壽昌《漢

書注校補》曰："欽字幼卿，齊人，從許商受《尚書》。"

[6]【顏注】師古曰：比，必寐反（蔡琪本、大德本、殿本"必"上有"音"字）。

[7]【顏注】師古曰：厭，一贍反（蔡琪本、大德本、殿本"一"上有"音"字）。

[8]【顏注】師古曰：折，斷也。取其言以斷事之中而定所疑。

[9]【顏注】師古曰："傅"讀曰"附"。

[10]【今注】以：王先謙《漢書補注》以爲"以"同"已"。

上貶咸、欽秩各二等，遂策免丹曰："夫三公者，朕之腹心也，輔善相過，[1]匡率百僚，和合天下者也。朕既不明，委政於公，閒者陰陽不調，寒暑失常，變異婁臻，[2]山崩地震，河決泉涌，流殺人民，百姓流連，無所歸心，司空之職尤廢焉。君在位出入三年，未聞忠言嘉謀，而反有朋黨相進不公之名。乃者以挺力田議改幣章示君，[3]君內爲朕建可改不疑；[4]以君之言博考朝臣，君乃希眾雷同，[5]外以爲不便，令觀聽者歸非於朕。朕隱忍不宣，爲君受愆。朕疾夫比周之徒，[6]虛僞壞化，浸以成俗，故屢以書飭君，[7]幾君省過求己，[8]而反不受，退有後言。[9]及君奏封事，傳於道路，布聞朝市，言事者以爲大臣不忠，辜陷重辟，[10]獲虛采名，謗讟匈匈，流于四方。腹心如此，謂疏者何？殆謬於二人同心之利焉，[11]將何以率示群下，附親遠方？朕惟君位尊任重，慮不周密，懷諼迷國，[12]進退違命，反覆異言，甚爲君恥之，非所以共承天地，永保國家之意。[13]以君嘗託傅位，未忍考于理，[14]已詔有司赦君勿治。其上大司空高樂侯印綬，罷歸。”

［1］【今注】相：察。

［2］【顏注】師古曰：婁，古“屢”字也（蔡琪本、大德本、殿本無“也”字）。

［3］【顏注】師古曰：挺，引拔也，謂特拔異力田之人優寵之也。挺，徒鼎反（蔡琪本、大德本、殿本作“徒”上有“音”字）。而說者以挺爲縣名，失之遠矣。【今注】挺：錢大昭《漢書辨疑》曰：“挺，寬也。言優寵力田之人，寬其租賦縣役。”

［4］【顏注】師古曰：共立此議也。

［5］【今注】希：迎合。

［6］【顏注】師古曰：比，頻寐反（蔡琪本、大德本、殿本“頻”上有“音”字）。【今注】比周：結黨營私。

［7］【顏注】師古曰：“飭”與“敕”同。

［8］【顏注】師古曰：省，視也。自求諸己，不尤人也。“幾”音“冀”。

［9］【今注】後言：背後訾議。

［10］【今注】重辟：死罪。

［11］【顏注】師古曰：《易·上繫辭》曰“二人同心，其利斷金”，故詔書引之。

［12］【顏注】師古曰：譀，詐也，音虛袁反。

［13］【顏注】師古曰：“共”讀曰“恭”。

［14］【今注】理：指下廷尉問罪。

尚書令唐林上疏曰：“竊見免大司空丹策書，泰深痛切，君子作文，爲賢者諱。丹經爲世儒宗，德爲國黄耇，[1] 親傅聖躬，位在三公，所坐者微，海内未見其大過，事既已往，免爵大重，京師識者咸以爲宜復丹邑爵，使奉朝請，[2] 四方所瞻卬也。[3] 唯陛下財覽衆心，有以尉復師傅之臣。"[4] 上從林言，下詔賜丹爵關内侯，食邑三百户。

[1]【顔注】師古曰：黄耇，老人之稱也。黄，謂白髮落更生黄者也。耇，老人面色不淨如垢（蔡琪本、大德本、殿本"垢"後有"也"字）。【今注】黄耇（gǒu）：本謂老人，這裏指元老。

[2]【顔注】師古曰：識者，謂有識之人也（殿本"識"下有"見"字）。請，材性反（蔡琪本、大德本、殿本"材"上有"音"字）。【今注】奉朝請：古稱春季朝見爲"朝"，秋季朝見爲"請"。奉朝請者，即有參加朝會之資格。

[3]【顔注】師古曰："卬"讀曰"仰"。

[4]【顔注】師古曰："財"與"裁"同。復，報也，音扶目反。【今注】財：王念孫《讀書雜志·漢書第九》云："財猶少也。言惟陛下少覽衆心。"

丹既免數月，上用朱博議，尊傅太后爲皇太太后，丁后爲帝太后，與太皇太后及皇太后同尊，又爲共皇立廟京師，儀如孝元皇帝。博遷爲丞相，復與御史大夫趙玄奏言："前高昌侯宏首建尊號之議，而爲丹所劾奏，免爲庶人。時天下衰麤，委政於丹。[1] 丹不深惟襃廣尊親之義而妄稱説，抑貶尊號，虧損孝道，不忠莫大焉。陛下聖仁，昭然定尊號，宏以忠孝復封高昌侯。丹惡逆暴著，雖蒙赦令，不宜有爵邑，請免爲庶人。"

奏可。丹於是廢歸鄉里者數年。平帝即位，新都侯王莽白太皇太后發掘傅太后、丁太后冢，奪其璽綬，更以民葬之，定陶隳廢共皇廟。[2]諸造議泠褒、段猶等皆徙合浦，[3]復免高昌侯宏爲庶人。[4]徵丹詣公車，[5]賜爵關内侯，食故邑。數月，大皇太后詔大司徒、大司空曰："夫褒有德，賞元功，先聖之制，百王不易之道也。故定陶太后造稱僭號，甚悖義理。[6]關内侯師丹端誠於國，[7]不顧患難，執忠節，據聖法，分明尊卑之制，確然有柱石之固，[8]臨大節而不可奪，可謂社稷之臣矣。有司條奏邪臣建定稱號者已放退，而丹功賞未加，殆繆乎先賞後罰之義，非所以章有德報厥功也。其以厚丘之中鄉户二千一百，[9]封丹爲義陽侯。"月餘薨，謚曰節侯。子業嗣，王莽敗迺絶。

[1]【顏注】師古曰：言新有成帝之喪，斬衰麤服，故天子不親政事也。

[2]【顏注】師古曰：隳，火規反（蔡琪本、大德本、殿本"火"上有"音"字）。

[3]【今注】合浦：郡名。治合浦縣（今廣西浦北縣南）。

[4]【今注】案，《漢書考正》宋祁引司馬光《通鑑考異》云："案《功臣表》，建平四年董宏已死，元壽二年子武坐父畏侫邪免，不得至今。此傳誤也。"

[5]【今注】公車：漢代官署。爲衛尉的下屬機構，設公車令，掌管宫殿司馬門的警衛。天下上事及徵召等事宜，經由此處受理。

[6]【顏注】師古曰：悖，乖也，音布内反。

[7]【今注】端誠：正直真誠。

[8]【今注】確：楊樹達《漢書窺管》以爲即《説文》之"墇"，"堅不可拔也"。

[9]【今注】厚丘：縣名。治所在今江蘇沭陽縣北。

贊曰：何武之舉，王嘉之争，師丹之議，[1]考其禍福，乃效于後。[2]當王莽之作，外内咸服，董賢之愛疑於親戚，[3]武、嘉區區，以一簣障江河，用没其身。[4]丹與董宏更受賞罰，[5]哀哉！故曰"依世則廢道，違俗則危殆"，[6]此古人所以難受爵位者也。

[1]【顔注】師古曰：何武舉公孫禄爲大司馬，王嘉争益董賢封邑，師丹議丁、傅不宜稱尊號。

[2]【顔注】師古曰：終以王莽篡位，董賢遇禍，丁、傅喪敗。【今注】效：徵驗。

[3]【顔注】師古曰："疑"讀曰"擬"。擬，比也。

[4]【顔注】師古曰：簣，織草爲器，所以盛土也。一簣之土，固不能障塞江河，是以其身沈没也。簣，音匱。

[5]【顔注】師古曰：更，互也。宏初建議尊號，爲丹所劾而免爵土。及丹廢黜，宏復獲封。至王莽執政，宏爲庶人，丹受國邑。故云互受賞罰也。更，工衡反（蔡琪本、大德本、殿本"工"上有"音"字）。【今注】案，《漢書考證》引黄震《黄氏日鈔》卷四七云："班氏説未然也。武、嘉以剛正之資居大臣之位，苟得中主而事之，去董賢如殺狐兔耳，何江河一簣之足云！師丹引經義開陳婉切，彼董宏何人而以較勝負也，賞罰何足計哉！君子惟論是非耳。"

[6]【顔注】師古曰：言隨時曲直則廢於正道，違近流俗則其身不安也（近，蔡琪本、殿本作"忤"）。

漢書　卷八七上

揚雄傳第五十七上[1]

[1]【顏注】師古曰：自《長楊賦》以後分爲下卷。

揚雄字子雲，蜀郡成都人也。[1]其先出自有周伯僑者，以支庶初食采於晉之揚，[2]因氏焉，[3]不知伯僑周何別也。[4]揚在河、汾之閒，[5]周衰而揚氏或稱侯，號曰揚侯。會晉六卿爭權，韓、魏、趙興而范中行、知伯弊。當是時，偪揚侯，[6]揚侯逃於楚巫山，因家焉。[7]楚漢之興也，揚氏遡江上，處巴江州。[8]而揚季官至廬江太守，[9]漢元鼎閒避仇復遡江上，[10]處岷山之陽曰郫，[11]有田一㕓，有宅一區，[12]世世以農桑爲業。自季至雄，五世而傳一子，故雄亡它揚於蜀。[13]

[1]【今注】蜀郡：治成都（今四川成都市）。

[2]【顏注】師古曰：采，官也。以官受地，謂之采地。【今注】支庶：嫡子以外的旁支。　食采：享用封地的租賦。　揚：地名。在今山西洪洞縣。

[3]【今注】因氏：以此爲氏。

[4]【顏注】師古曰：別，謂分系緒也。【今注】何別：哪个世系。

　　[5]【顏注】應劭曰：《左傳》，霍、揚、韓、魏皆姬姓也。揚，今河東揚縣（揚縣，蔡琪本作“楊縣”）。【今注】汾：汾河，在今山西中部。

　　[6]【顏注】晉灼曰：《漢名臣奏》載張衡説，云晉大夫食采於揚，爲揚氏，食我有罪而揚氏滅。無揚侯。有揚侯則非六卿所偪也。師古曰：晉説是也。雄之自序譜諜蓋爲踈謬，范中行不與知伯同時滅，何得言“當是時，偪揚侯”乎？偪，古“逼”字。【今注】揚侯：錢大昕《三史拾遺》卷三認爲晉灼等人誤，揚氏之先出自有周伯僑，非出於羊舌。且羊舌食采之“楊”偏旁爲“木”，“揚”從“手”。而且所謂揚侯，並非五等之侯，當如邢侯、張侯之類。六卿爭權之時，未必無“揚侯”受到脅迫而逃於楚。揚雄姓“揚”還是“楊”，衆説紛紜。王念孫《讀書雜志・漢書第十三》引段玉裁認爲，首先，如果劉攽《漢書注》所見雄的自序是唐以前所作，爲“揚”而不是“楊”，則師古注及蕭該《漢書音義》應有記載。其次，考證班固所作之序，“其先食采於楊，因氏焉。楊在河、汾之間”，與《左傳》對讀，霍、楊、韓、魏皆滅於晉，晉國大夫羊舌肸食采於楊，故亦稱楊肸，再校《漢書・地理志》，河東郡楊縣即楊侯國。故而應爲“楊雄”。再次，東漢楊修稱雄爲“修家子雲”。且師古注“蜀諸姓楊者皆非雄族”，而非“諸姓楊者皆從‘木’”。最後，《廣韻》“揚”字注不言姓，“楊”字注則云“姓，出宏農、天水二望。本自周宣王子尚父。幽王邑諸楊，號曰楊侯，後并於晉，因爲氏”。故而段玉裁以爲“姓有楊而無揚甚明”。王念孫認爲雄姓爲“楊”，因景祐本、汪本、毛本中“楊”“揚”二字皆有出現，而明監本皆改爲“揚”。考《漢郎中鄭固碑》“君之孟子有楊烏之才”，楊烏爲雄之子也，其字從“木”，則雄姓爲“楊”無疑。王先謙《漢書補注》認爲，“揚”“楊”爲同一個字。本書中從“手”、從“木”的字多爲通用，而各本又復互異，故而“楊”“揚”通用。案，《漢書考正》宋祁指出，注文

"食"字上疑有"揚"字。謂"晉大夫食采於楊"之"食"。

[7]【顏注】師古曰：巫山，今在荆州西南也。【今注】巫山：山名。位於今四川盆地東部湖北、重慶、湖南交界一帶。

[8]【顏注】李奇曰：江州，縣名也，巴郡所治也。師古曰：遡，謂逆流而上也，音素。【今注】巴：郡名。治江州（今重慶市北）。

[9]【今注】揚季：揚雄的高祖父。生平不詳。 廬江：郡名。治舒縣（今安徽廬江縣西南）。

[10]【今注】元鼎：漢武帝年號（前116—前111）。

[11]【顏注】師古曰：嶓山，江水所出也。山南曰陽。郫，縣名也。嶓，音旻。郫，音疲。【今注】嶓山：山名。在今四川、甘肅交界處。 郫：縣名。治所在今四川成都市郫都區。

[12]【顏注】晉灼曰：《周禮》，上地夫一廛，一百畮也。【今注】案，《漢書考正》宋祁指出，"廛"當作"廬"。

[13]【顏注】師古曰：蜀諸姓揚者皆非雄族，故言雄無它揚。

　　雄少而好學，不爲章句，訓詁通而已，[1]博覽無所不見。爲人簡易佚蕩，[2]口吃不能劇談，[3]默而好深湛之思，[4]清静亡爲，少耆欲，[5]不汲汲於富貴，不戚戚於貧賤，[6]不脩廉隅以徼名當世。[7]家産不過十金，乏無儋石之儲，晏如也。[8]自有大度，[9]非聖哲之書不好也；非其意，雖富貴不事也。顧嘗好辭賦。[10]

[1]【顏注】師古曰：詁，謂指義也。【今注】案，王先謙《漢書補注》引蘇輿曰"言不治章句，但通訓詁而已"，與《後漢書》卷四〇《班固傳》云"不爲章句，舉大義而已"，語意相類。

[2]【顏注】張晏曰：佚，音鐵。蕩，音讜。晉灼曰：佚蕩，緩也。【今注】佚蕩：灑脱曠達。案，《漢書考正》宋祁指出，"蕭該'蕩'亦作'傷'。韋'佚'爲'替'，'傷'爲'讜'。晉音鐵儻"。

[3]【顏注】鄭氏曰：劇，甚也。晉灼曰：或作"遽"。遽，疾也。口吃不能疾言。師古曰：劇亦疾也，無煩作"遽"也。【今注】案，《漢書考正》宋祁指出，"浙本無'吃'字"。

[4]【顏注】師古曰："湛"讀曰"沈"。【今注】深湛：精深。

[5]【顏注】師古曰："耆"讀曰"嗜"。

[6]【顏注】師古曰：汲汲，欲速之義，如井汲之爲也。【今注】戚戚：憂傷，憂懼。　案，《漢書考正》宋祁認爲注文"也"字當作"耳"。

[7]【顏注】師古曰：徼，要也，音工堯反。"徼"字或作"激"。激，發也，音工歷反。【今注】廉隅：比喻端方不苟的行爲、品性。　徼名：謀求名聲。

[8]【顏注】師古曰：儋石，解在《蒯通傳》（殿本此下有"韋昭曰儋音若擔戴也説文曰丁甘反"十五字）。【今注】儋石：指少量米粟。本書卷四五《蒯通傳》顏師古注："應劭曰：'齊人名小甖爲儋，受二斛。'晉灼曰：'石，斗石也。'師古曰：'儋音都濫反。或曰，儋者，一人之所負擔也。'"猶言量少。　案，《漢書考正》宋祁認爲"乏"字上疑有"至"字。

[9]【今注】大度：胸懷開闊，氣量寬宏。王先謙《漢書補注》引蘇輿：此語屬上爲義，與本書卷一上《高紀上》"常有大度，不事家人生産作業"意同。

[10]【顏注】師古曰：顧，反也。【今注】顧：但。周壽昌《漢書注校補》引《禮記·祭統》注："顧，但也。"顏訓非。

先是時，[1]蜀有司馬相如，[2]作賦甚弘麗温雅，雄心壯之，每作賦，常擬之以爲式。[3]又怪屈原文過相如，[4]至不容，[5]作《離騷》，[6]自投江而死，悲其文，讀之未嘗不流涕也。以爲君子得時則大行，不得則龍蛇，[7]遇不遇命也，何必湛身哉![8]迺作書，往往摭《離騷》文而反之，[9]自崏山投諸江流以弔屈原，名曰《反離騷》;[10]又旁《離騷》作重一篇，名曰《廣騷》;[11]又旁《惜誦》以下至《懷沙》一卷，名曰《畔牢愁》。[12]《畔牢愁》《廣騷》文多不載，獨載《反離騷》，[13]其辭曰：

[1]【今注】案，《漢書考正》宋祁指出，南本無"時"字。

[2]【今注】蜀：郡名。治成都縣（今四川成都市）。　司馬相如：傳見本書卷五七。

[3]【顏注】師古曰：擬，謂比象也。

[4]【今注】屈原：羋姓，屈氏，名平，字原。楚國貴族。楚懷王時任左官徒、三閭大夫等職。公元前 278 年，秦將白起攻破楚都郢（今湖北荆州市荆州區西北）。之後，屈原投汨羅江而死。著有《離騷》《九歌》等。傳見《史記》卷八四。

[5]【今注】不容：不被寬容。王先謙《漢書補注》認爲，不容指不爲世所容。

[6]【今注】離騷：辭賦篇名。《史記·屈原賈生列傳》云"離騷者，猶離憂也"，《索隱》引《離騷序》云："離，別也。騷，愁也。"

[7]【顏注】應劭曰：《易》曰"龍蛇之蟄，以存身也"。師古曰：大行，安步徐行。【今注】大行：廣爲推行自己的主張。王先謙《漢書補注》指出顏注有誤，引《孟子》"君子所性，雖大行不加焉"，認爲"行"謂行道。　龍蛇：指像龍與蛇一樣，在冬天

進入冬眠，以保全身體。沈欽韓《漢書疏證》引《莊子·山木》：
"一龍一蛇，與時俱化。"案，蔡琪本、大德本、殿本"不得"後
有"時"字。

[8]【顏注】師古曰："湛"讀曰"沈"。謂投水而死。

[9]【顏注】師古曰：攈，拾取也，音之亦反。

[10]【今注】反離騷：辭賦篇名。同下文《廣騷》《畔牢愁》，
作者均爲揚雄。王念孫《讀書雜志·漢書第十三》指出，"離"字
涉上下文而衍。《反騷》與《廣騷》的篇名皆省"離"字。《後漢
書》卷三四《梁竦傳》"感悼子胥、屈原以非辜沈身，乃作《悼騷
賦》"；《後漢書》卷四八《應奉傳》"追愍屈原，因以自傷，著
《感騷》三十篇"，篇名皆省一"離"字，義與此同。《文選》王巾
《頭陀寺碑文》李善注引作"《反離騷》"，"離"字亦是後人依本
書的誤本加之；《文選》左思《魏都賦》、嵇康《贈秀才入軍詩》、
李密《陳情表》、趙至《與嵇茂齊書》、李康《運命論》、劉峻《辯
命論》諸篇李善注皆引作"《反騷》"。又《水經注·江水》，《後
漢書》卷二八《馮衍傳》李賢注，舊本《北堂書鈔》卷一〇二
《藝文部八》（陳禹謨本加"離"字），《藝文類聚》卷五六《雜文
部二》，白居易、孔傳《白孔六帖》卷六五、八六，《太平御覽》
卷五九六《文部十二》、卷九九六《百卉部三》亦皆引作"《反
騷》"。吳仁傑《兩漢刊誤補遺》引此文作"《反騷》"，則吳所見
本尚無"離"字。

[11]【顏注】師古曰：旁，依也，音步浪反。其下類此
（下，蔡琪本作"不"）。重，直用反（蔡琪本、大德本、殿本
"直"前有"音"字）。

[12]【顏注】李奇曰：畔，離也。牢，聊也。與君相離，愁
而無聊也。師古曰：《惜誦》《懷沙》，皆屈原所作《九章》中之
名也。【今注】案，《惜誦》《懷沙》皆《楚辭》篇名，選自《九
章》，作者屈原。　畔牢愁：辭賦篇名。其中"牢"字，《漢書考

正》宋祁引蕭該，"'牢'字旁著水。晉直作'牢'。韋昭曰：'浑，騷也。'鄭氏愁音曹"。王念孫《讀書雜志·漢書第十三》認爲，如李奇説，則"畔牢愁"三字義不相屬；訓"牢"爲"聊"，而又言"無聊"，義尤不可通，"牢"當讀爲"憪"。《廣韻》："憪，力求切，恝也。"《廣雅》："恝恝，憂也。"是"憪"爲"憂"意。《集韻》："憪慄，憂也。"本書卷九七上《外戚傳上》"憪慄不言"，師古曰"憪慄，哀愴之意也"。義並相近。江永《古韻標準》"牢"字古讀若"劉"。故與"憪"通。"牢""愁"，疊韻字也。畔者，反也。或言《反騷》，或言《畔牢愁》，其義相似。

[13]【今注】獨：單獨。《漢書考正》宋祁認爲，"獨"字疑可删。

　　有周氏之蟬嫣兮，或鼻祖於汾隅，[1]靈宗初諜伯僑兮，流于末之揚侯。[2]淑周楚之豐烈兮，超既離虖皇波，[3]因江潭而涀記兮，欽弔楚之湘纍。[4]惟天軌之不辟兮，何純絜而離紛！[5]紛纍以其溷涊兮，暗纍以其繽紛。[6]

　　[1]【顏注】應劭曰：蟬嫣，連也。言與周氏親連也。劉德曰：鼻，始也。師古曰：雄自言系出周氏而食采於揚，故云始祖於汾隅也（始，蔡琪本誤作"妃"）。嫣，於連反（蔡琪本、大德本、殿本"於"前有"音"字）。【今注】鼻祖：始祖。《漢書考正》宋祁指出，注文姚本作"鼻，有始也"。沈欽韓《漢書疏證》引《方言》云："獸之初生謂之鼻，人之初生謂之首。梁益謂鼻爲初。"注云"鼻，始也"，非。

　　[2]【顏注】應劭曰：諜，譜也。言從伯僑以來可得而叙也。【今注】靈宗：有德的祖先。王先謙《漢書補注》認爲，以出自有周，爲神靈後裔，故曰靈宗。　諜：製作譜録。周壽昌《漢書注校

補》指出，《隋書·經籍志》有《揚雄家牒》。牒即諜也。

[3]【顏注】應劭曰：淑，善也。去汾隔從巫山得周楚之美
烈也（蔡琪本、大德本、殿本“去”前有“言”字）。超，速也。
晉灼曰：離，歷也。皇，大也。師古曰：言其先祖所居經河及江
也。河江，四瀆之水，故云大波也。虖，古“乎”字。其下並同
（並，蔡琪本作“亦”）。【今注】淑：美。　周楚之豐烈：在周封
侯、前往楚地成家的豐功偉業。王先謙《漢書補注》指出，周楚大
烈，謂衰周稱侯，至楚爲家。豐，大也。　超既離虖皇波：脫離大
浪。王先謙《漢書補注》謂遡江上處嵋山之陽也。超，遠也。離，
去也。

[4]【顏注】蘇林曰：潭，水邊也。鄧展曰：沍，往也。李奇
曰：諸不以罪死曰纍，苟息、仇牧皆是（蔡琪本、大德本、殿本
“是”後有“也”字）。屈原赴湘死，故曰湘纍也。師古曰：記，
書記也，謂弔文也。言因江水之邊而投書記以往弔也。欽，敬也。
潭，音尋。沍，于放反（蔡琪本、大德本、殿本“于”前有
“音”字；沍，大德本作“能”）。纍，力追反（大德本、殿本
“力”前有“音”字）。【今注】江潭：江水深處。《漢書考正》宋
祁曰，“潭”音“淫”。　沍：往。《漢書考正》宋祁引蕭該，“沍”
作“沍”。沍，音誑，韋音同。　湘纍：指屈原。《漢書考正》宋祁
引蕭該：“晉灼‘纍’作‘累’。此言累世承楚之族。”《字林》：
“纍，文索也。”

[5]【顏注】師古曰：天軌，猶言天路。辟，開也。離，遭
也。紛，難也。言天路不開，故使純善貞絜之人遭此難也。《易》
曰：“天地閉，賢人隱也（蔡琪本、大德本、殿本“隱”後無
“也”字）。”“辟”讀曰“闢”。【今注】天軌：天道。王念孫《讀
書雜志·漢書第十三》認爲“軌，道也”，天軌猶天道。　辟：
明。王念孫《讀書雜志·漢書第十三》認爲：“辟，明也。言天道
不明，故使純絜之人遭此難也。若云天路不開，則去遭難之意尚

遠。" 紛：亂，雜。

[6]【顏注】應劭曰：湞涊，穢濁也。師古曰：繽紛，交雜也。湞，吐典反（蔡琪本、大德本、殿本"吐"前有"音"字）。涊，乃典反（蔡琪本、大德本、殿本"乃"前有"音"字）。繽，匹人反（蔡琪本、大德本、殿本"匹"前有"音"字）。【今注】湞（tiǎn）涊（niǎn）：污濁，卑污。《漢書考正》宋祁引晉灼，認爲今俗謂水漿不寒而温爲湞涊，引《字林》曰"湞涊，垢濁也"。湞，蕭該音他本反。 繽紛：交錯雜亂的樣子，引申爲時局混亂。屈原《離騷》中亦有"時繽紛其變易兮，又何可以淹留"。王先謙《漢書補注》認爲，繽紛，謂讒慝交加，暗者身晦而不光也。

　　漢十世之陽朔兮，招摇紀于周正，[1]正皇天之清則兮，度后土之方貞。[2]圖纍承彼洪族兮，又覽纍之昌辭，[3]帶鉤矩而佩衡兮，履欃槍以爲綦。[4]素初貯厥麗服兮，何文肆而質䉣！[5]資娵娃之珍髢兮，鬻九戎而索賴。[6]

　　[1]【顏注】晉灼曰：十世，數高祖、呂后至成帝也。成帝八年迺稱陽朔。應劭曰：招摇，斗杓星也，主天時。周正，十一月也。蘇林曰：言己以此時弔屈原也。【今注】陽朔：漢成帝年號（前24—前21）。 紀：指向。

　　[2]【顏注】應劭曰：平正司法者莫過於天，養物均調者莫過於地也。父伯庸名我爲平以法天，字我爲原以法地（蔡琪本、大德本、殿本"地"後有"也"字）。晉灼曰：此雄取《離騷》辭反之。應説是也。師古曰：應、晉二説皆非也。自"漢十世"已下四句（已，蔡琪本、大德本、殿本作"以"，本注下同），不道屈原也。此乃自論己心所履行取法天地耳。自"圖纍"已下方

論屈原云也（蔡琪本、殿本此下有"如淳曰清正法則也十一月爲歲首天之正地稱方貞貞正也十一月坤體成故方貞音真爲是"三十七字）。【今注】清則：公平的法則。　后土：指土地神。　方貞：方正。案，何焯《義門讀書記》卷二〇認爲，師古注非。當謂遭漢之隆，天清地寧，非若屈原時天軌不辟也。

[3]【顏注】師古曰：圖，案其本系之圖書也。洪，大也。覽，省視也。昌，美也。【今注】圖：思，想。王先謙《漢書補注》認爲，圖，思也。顏訓非。　彼：《漢書考正》宋祁考作"破"。　昌辭：美妙之辭。指屈原所著《離騷》等。

[4]【顏注】應劭曰：鈞，規也。矩，方也。衡，平也。鄧展曰：欃槍，妖星也。晉灼曰：蹝，履跡也。此反屈原雖佩帶方平之行，而蹈惡人跡，以致放退也。師古曰：蹝，履下飾也。欃，初咸反（蔡琪本、大德本"初"前有"音"字；咸，蔡琪本作"行"，殿本作"減"）。槍，初行反（蔡琪本、大德本、殿本"初"前有"音"字）。蹝，音"其"（蔡琪本、殿本此後有"晉灼曰蹝路也"六字）。【今注】帶鈎矩：以束腰革帶上的鈎用以效法矩尺的方正。沈欽韓《漢書疏證》引《墨子·辭過》"鑄金以爲鈎，珠玉以爲佩"及《春秋繁露·服制》"鈎之在前，朱鳥之象也"，認爲鈎以繫革帶謂鈎，法矩之方也。應説非。　履：行走。《漢書考正》宋祁考作"治"。　欃槍：彗星的別名。古人以彗星爲凶星。

[5]【顏注】應劭曰：貯，積也。肆，放也。隘，狹也。如淳曰：文肆者，《楚辭》遠游乘龍之言也。質隘者，恨世不用己而自沈也。師古曰：麗服，謂"扈江離與辟芷，紉秋蘭以爲佩"之類是也。隘，音械。【今注】質隘（xiè）：性情狹隘。沈欽韓《漢書疏證》引《廣韻》曰："㑊，狹也"。

[6]【顏注】孟康曰：娵，閭娵也。娃，吳娃也。髢，髮也。賴，得也。九戎被髮髢，雖珱（珱，蔡琪本、殿本作"珍"）

好，無所用也。師古曰：嫭、娃，皆美女也。賴，利也。言屈原以高行仕楚，亦猶資美女之髢賣於九戎而求其利，必不得也。嫭，子踰反（蔡琪本、大德本、殿本“子”前有“音”字）。娃，烏佳反（蔡琪本、大德本、殿本“烏”前有“音”字）。髢，徒計反（蔡琪本、大德本、殿本“徒”前有“音”字。殿本此後有“韋昭曰嫭當作嫵梁王魏嬰之美女曰閭娵”十七字）。【今注】嫭（jū）：閭嫭，戰國時期美女。　娃：吳娃，戰國時期美女。　髢（dì）：假髮。　九戎：泛指少數民族。

鳳皇翔於蓬陼兮，豈駕鵝之能捷！[1]騁驊騮以曲艱兮，驢騾連蹇而齊足。[2]枳棘之榛榛兮，蝯狖擬而不敢下，[3]靈脩既信椒、蘭之唼佞兮，吾纍忽焉而不蚤睹？[4]袀芰茄之綠衣兮，被夫容之朱裳，[5]芳酷烈而莫聞兮，不如襞而幽之離房。[6]閨中容競淖約兮，相態以麗佳，[7]知衆嫭之嫉妒兮，何必颺纍之蚩眷？[8]懿神龍之淵潛，竢慶雲而將舉，亡春風之被離兮，孰焉知龍之所處？[9]愍吾纍之衆芬兮，颺燁燁之芳苓，遭季夏之凝霜兮，慶夭頜而喪榮。[10]

[1]【顏注】應劭曰：蓬陼，蓬萊之陼，在海中。晉灼曰：捷，及也。師古曰：駕鵝，鳥名也，解在《司馬相如傳》。駕，音加。【今注】蓬陼：蓬草叢生的小洲。何焯《義門讀書記》卷二〇認爲，蓬陼，蓬蘱雜生之洲渚。　駕（jiā）鵝（é）：鳥名。殿本引蕭該《漢書音義》曰，“駕”字亦作“舸”，音加。《漢書考正》宋祁引《字林》曰，“舸鵝，鳥，似鴈”。舸，音柯。　捷：迅速。何焯《義門讀書記》卷二〇認爲，捷，速也。當以上下語脈例之。

案，皇，蔡琪本作"凰"。

[2]【顏注】師古曰：驊騮，駿馬名也，其色如華而赤也。言使駿馬馳於屈曲艱阻之中，則與驢騾齊足也。驊，音華。連，力展反（蔡琪本、大德本、殿本"力"前有"音"字）。艱，古"艱"字。【今注】驊騮：周穆王的駿馬。王先謙《漢書補注》引蕭該《漢書音義》曰，騮，音留，俗作"騮"。案，殿本"騮"作"騮"。 以：《漢書考正》宋祁指出，"以"字疑作"於"。 曲艱：曲折艱險。 驢騾：驢子和騾子。周壽昌《漢書注校補》卷四八指出，"驢騾"字見文中始此。 連蹇（jiǎn）：行走艱難的樣子。 齊足：指以同樣的速度並駕。

[3]【顏注】師古曰：榛榛，梗穢皃也（皃，蔡琪本、殿本作"貌"）。蝯，善攀援。狖，似猴，印鼻而長尾（印，蔡琪本作"仰"，殿本作"卬"）。擬，疑也。榛，音臻，又士臻反。狖，弋授反（蔡琪本、大德本、殿本"弋"前有"音"字）。【今注】枳（zhǐ）棘：枳木與棘木，皆爲多刺的樹木。 榛榛：草木叢生的樣子。 蝯（yuán）狖（yòu）：猿猴。

[4]【顏注】服虔曰：靈脩，楚王也。蘇林曰：椒、蘭，令尹子椒、子蘭也。師古曰：蚤，古"早"字也。唼佞，譖言也。唼，音妾。【今注】靈脩：屈原在《離騷》中，以靈脩喻指楚懷王。 椒蘭：指楚懷王的寵臣，楚國最高執政官子椒、子蘭。 唼（qiè）佞：指讒言。《漢書考正》宋祁引韋昭曰，唼，音祖獵反，鄭音接，蘇音《詩經》"唼唼幡幡"之唼；引蕭該《漢書音義》曰，《詩經》作"捷"。王先謙《漢書補注》認爲蘇音是。"接""捷"字同，故"接""唼"通用也。 忽：輕視，忽略。

[5]【顏注】應劭曰：衿，音衿系之衿。衿，帶也。芰，蔆也。師古曰：衿，其禁反（大德本、殿本"其"前有"音"字）。"茄"亦"荷"字也，見張揖《古今字譜》。被，音披，又音皮義反。【今注】衿（jīn）：衣帶，用以束衣。 芰茄：指菱葉與荷葉。

沈欽韓《漢書疏證》引《爾雅·釋草》“荷，其莖茄”，認爲“茄”非“荷”字明矣。師古知《字詁》而忘《爾雅》。　被（pī）：同“披”。　夫容：芙蓉。荷花的別名。

[6]【顏注】師古曰：褻，疊衣也。離房，別房也。褻，音壁。【今注】酷烈：香氣濃烈。

[7]【顏注】應劭曰：衆士競善，猶女競容也。師古曰：淖約，善容止也。相態以麗佳，言競爲佳麗之態以相傾也。淖，音綽。【今注】容競：競賽容貌。　淖約：姿態柔美的樣子。錢大昭《漢書辨疑》指出，《莊子》“綽約若處子”，《廣雅》作“婥約”，《說文》作“嫋嬝”，司馬相如《子虛賦》作“便嬛嬈約”。案，《漢書考正》宋祁曰，監本并上二句“兮”字下皆有“固”字。

[8]【顏注】晉灼曰：《離騷》云“衆女嫉余之蛾眉”。師古曰：嫭，美皃也（皃，蔡琪本、殿本作“貌”。本卷顏注“皃”，他本多作“貌”，不再出注）。颺，古“楊”字也。蛾眉，形若蠶蛾眉也。此亦譏屈原自舉蛾眉今衆嫉之（今，蔡琪本、大德本、殿本作“令”；蔡琪本、殿本無“之”字）。嫭，胡故反（蔡琪本、大德本、殿本“胡”作“火”，前有“音”字）。眉，古“眉”字。【今注】嫭（hù）：美貌。《漢書考正》宋祁引韋昭曰“嫭，音呼。言其目如茱萸之拆也”。《刊誤》：“嫭，出故反”，當作“胡故反”。蕭該《漢書音義》下故反，淳化本火故反。　颺颭：因爲稱贊而使之受牽累。　蛾（é）眉：形容女子貌美。《漢書考正》宋祁指出，眉，一本作“眉”。

[9]【顏注】晉灼曰：龍竢風雲而後升，士須明君而後進。國無道則愚，誰知其所邪？師古曰：懿，美也。竢，待也。龍以潛居待雲爲美，以譏屈原不能隱德，自取禍也。“被”讀曰“披”。【今注】淵潛：潛伏深淵之中。案，《漢書考正》宋祁指出，“淵潛”字下當有“兮”字。　竢（sì）：等待。　慶（qiāng）：語氣助詞，同“羌”。《漢書考正》宋祁引蕭該《漢書音義》，“慶，音

羌，今《漢書》亦有作'羌'字者"。王念孫《讀書雜志·漢書第十三》認爲，龍潛於淵，得雲而舉，不必竢慶雲也。"竢慶雲而將舉"本作"慶竢雲而將舉"，此後人不知"慶"之讀爲"羌"而妄改。《離騷》王逸注曰："羌，楚人語辭也。""羌"與"慶"古字通。揚雄《甘泉賦》中有"厥高慶而不可虖疆度"；本書卷一〇〇《叙傳》載《幽通賦》中有"慶未得其云已"，師古注："'慶'，發語辭，讀與'羌'同。"晉灼曰"龍竢風雲而後升"，師古曰"龍潛居待雲"，皆但言"雲"，而不言"慶雲"，則"慶"爲語辭明矣。又下文"慶夭頟而喪榮"，張晏曰"慶，辭也"，師古曰"'慶'亦與'羌'同"，明汪文盛本如此。監本改"亦"爲"讀"，非是。"亦"者承上之辭，然則此注內本有"'慶'與'羌'同"之文，而後人妄刪之。宋祁引蕭該《漢書音義》曰"慶，音羌，今《漢書》亦有作'羌'字者"，可爲明證。　被離：分離的樣子。被，同"披"。《漢書考正》宋祁引韋昭曰，"被，讀如'光被'之'被'"。案，王先謙《漢書補注》指出，雲得風而飛揚，龍竢雲而騰舉，既無春風之披離，則龍當伏處而不令人知。

[10]【顔注】晉灼曰：雄愍屈原光香，奄先秋遇凋（凋，蔡琪本作"彫"），生亦不辰也。張晏曰：慶，辭也。師古曰：燁燁，光盛。苓，香草名，音零。"慶"讀與"羌"同。頟，古"悴"字。【今注】愍（mǐn）：憐憫，哀憐。　芳苓：芳香。苓，香草名。　案，凝，殿本作"疑"；犬，蔡琪本、大德本作"天"，殿本作"夭"。

　　橫江、湘以南涗兮，云走乎彼蒼吾，馳江潭之汜溢兮，將折衷虖重華。[1]舒中情之煩或兮，恐重華之不纍與，[2]陵陽侯之素波兮，豈吾纍之獨見許？[3]精瓊廳與秋菊兮，將以延夫天年；臨汨羅而自隕兮，恐日薄於西山。[4]解扶桑之總轡兮，縱令之遂奔馳，[5]鸞皇騰而不屬兮，豈獨飛廉與雲師![6]卷薜芷與若惠兮，臨湘淵而投之；棍申椒與菌桂兮，赴江湖而漚之。[7]費椒稰以要神兮，又勤索彼瓊茅，[8]違靈氛而不從兮，反湛身於江皋![9]

　　[1]【顏注】應劭曰：舜葬蒼梧，在湘之南（大德本、殿本"湘"前有"江"字），屈原欲啓質聖人，陳己情要也。師古曰：洀，往也。走，趣也。重華，舜名也。洀，于放反（大德本、殿本"于"前有"音"字）。走，音奏。潭，音尋。袤，竹仲反（大德本、殿本"竹"前有"音"字）。【今注】湘：湘水，源出今廣西海洋山西麓，東北流，至湖南湘陰縣注入洞庭湖。　蒼吾：今湖南寧遠縣南蒼梧山。王先謙《漢書補注》引《漢書考正》宋祁曰，蕭本作"蒼梧"，今作"蒼吾"，恐非。　云：句首語氣助詞。　重華：上古人物，指舜。有虞氏部落首領，又稱虞舜。在位時放逐四凶（鯀、共工、驩兜和三苗），命禹治水，后稷掌農業，契行教化，益管山林，皋陶治法律。後死於蒼梧之野。案，乎，蔡琪本作"虖"；汜，蔡琪本、大德本、殿本作"汎"。

　　[2]【顏注】張晏曰：舜聖，卒避父害以全身，資於事父以事君，恐不與屈原爲黨與。【今注】中情：内心真誠的思想感情。　煩或：煩悶，惑亂。　與：贊許。

　　[3]【顏注】應劭曰：陽侯，古之諸侯也，有罪自投江，其神爲大波。陵，乘也。言屈原襲陽侯之罪《漢書考正》宋祁曰："罪"當作"非"，而欲折中求舜，未必獨見然許之也。【今注】陽侯：古代傳説中的波濤之神。　案，蔡琪本無"見"字。

　　[4]【顏注】應劭曰：精，細；靡，屑也。瓊，玉之華也。晉灼曰：《離騷》云"精瓊靡以爲糧兮"，"予夕餐秋菊之落英"，又曰"老冉冉其將至"，"日忽忽其將暮"。師古曰：此又譏屈原，云瓊靡秋菊，將以延年，崦嵫忽迫，喜於未暮，何乃自投汨羅，

言行相反（殿本此後有"韋昭曰汨音冪"六字）！【今注】汨羅：古水名。分爲南北兩支，南支稱汨水，爲主源；北支稱羅水，至今湖南汨羅市屈潭（大丘灣）匯合稱汨羅江。汨，王先謙《漢書補注》引蕭該《漢書音義》曰，如淳音'河水浼浼'之'浼'。《詩經》浼，音莫罪反。《楚辭》曰"精瓊靡以爲糧"，讀《楚辭》者依字，不借音也。　案，《漢書考正》宋祁指出，"兮"字下疑有"何"字。

[5]【顔注】應劭曰：總，結也。扶桑，日所拂木也。晉灼曰：《離騒》云"總余轡於扶桑，聊消摇以相羊"。屈原言結我車轡於扶桑，以留日之入，人年得不老。日以喻君，而反離朝自沈，解轡縱君，使遂奔馳也。【今注】扶桑：神話傳說中的樹木。據言日出於扶桑樹下。　轡：駕馬的韁繩。

[6]【顔注】應劭曰：《楚辭》云"鸞皇爲余先戒兮"（皇，蔡琪本、殿本作"凰"，本注下同），"後飛廉使奔屬"，"雲師告余以未具"。飛廉，風伯也。雲師，豐隆也。鸞皇，俊鳥（大德本、殿本"鳥"後有"也"字）。晉灼曰：已縱其轡使之奔馳（蔡琪本、殿本無"已"字），鸞皇迅飛亦無所及，非獨飛廉、雲師，言莊嚴未具，使君不適道也。【今注】鸞皇：瑞鳥名。案，皇，蔡琪本、殿本作"凰"。　不屬：不依附。　飛廉：傳說中的風神。　雲師：傳說中的雲神。

[7]【顔注】師古曰：《離騒》云"貫薜荔之落蕊"，"雜杜衡與于芷"（于，大德本、殿本作"芳"），"又樹蕙之百畝"，"雜申椒與菌桂"，皆以自喻德行芬芳也。今何爲自投江湘而喪此芳乎？梱，大束也。漚，漬也（漬，蔡琪本作"濱"），今漚麻也。梱，下本反（大德本、殿本"下"前有"音"字）。漚，一構反（大德本、殿本"一"前有"音"字），又音一侯反（殿本此後有"韋昭曰薜芷若蕙四者皆是草也"十三字）。【今注】薜（bì）：薜荔，植物名。　芷：白芷，香草名。　若：杜若，香草

名。　　惠：蕙草，香草名。　　棍（hùn）：捆，束。《漢書考正》宋祁認爲，"棍"疑作"混"。錢大昭《漢書辨疑》引《方言》"捆，同也。宋、衞之間語"，認爲"棍"疑當作"捆"。　　申椒：香木名。即大椒。　　菌桂：香木名。即油桂。　　漚（òu）：長時間浸泡。

　　[8]【顏注】孟康曰：椒稰，以椒香米饊也（饊，蔡琪本、殿本作"饌"）。《離騷》曰"懷椒稰而要之"（曰，蔡琪本、殿本作"云"）。晉灼曰：《離騷》云"索瓊茅以筳篿"。師古曰：索，求也。瓊茅，靈草也。筳篿，析竹所用卜也（析，蔡本、殿本作"折"）。稰，音所，又音思呂反。筳，音廷。篿，音專。【今注】椒稰：以椒香拌精米製成的祭神的食物。錢大昭《漢書辨疑》認爲，"稰"與"糈"同。古者卜筮，先用精鑿之米以享神，謂之糈。《山海經·東山經》曰"糈用稌米"。《淮南子·說山訓》"巫用糈藉"，郭璞、高誘並云"祀神之米"。《楚辭》云"巫咸將夕降兮，懷椒糈而要之"，王逸解釋爲"言巫咸將下，願懷椒糈要之，使筮者占兹吉凶之事"。《史記》卷一二七《日者列傳》云："卜而有不審，不見奪糈。"王先謙《漢書補注》引蕭該《漢書音義》曰："糈從'米'。案，王逸曰：'精米也。'"　　瓊茅：靈草，用以占卜。

　　[9]【顏注】晉灼曰：靈氛，古之善占者。《離騷》曰"欲從靈氛之吉占兮，心猶豫而狐疑"。師古曰：既不從靈氛之占，何爲費椒稰而勤瓊茅也（爲，蔡琪本作"謂"）？"湛"讀曰"沈"。江皋，江水邊之游地（大德本、殿本句末有"也"字）。　　【今注】案，《漢書考正》宋祁指出，浙本"從"作"定"。

　　縈既氷夫傅說兮，奚不信而遂行？[1]徒恐鷤鴂之將鳴兮，顧先百草爲不芳！[2]初縈棄彼虙妃兮，更思瑤臺之逸女，[3]抨雄鳩以作媒兮，何百離而曾不壹耦！[4]乘雲蜺之旖柅兮，望崑侖以樛流，覽四荒而顧懷兮，奚必云女彼高丘？[5]

[1]【顏注】晉灼曰：氷（氷，殿本作"釆"，本注下同），慕也。《離騷》曰"説操築於傅巖兮，武丁用之而不疑"（曰，殿本作"云"）。師古曰：氷，古"攀"字。既攀援傅説，何不信其所行，自見用而遂去也（用，蔡琪本、殿本作"困"）？【今注】案，氷，殿本作"釆"。　傅説：殷商時期賢臣。事迹見《史記》卷三《殷本紀》。

[2]【顏注】師古曰：《離騷》云"鵜鴂之先鳴兮，使夫百草爲不芳"。雄言終以自沈，何惜芳草而憂鵜鴂也？鴂，"鴃"字也。鵜鴂鳥一名買鵖，一名子規，一名杜鵑，常以立夏鳴，鳴則衆芳皆歇。鵜，大系反（大德本、殿本"大"前有"音"字）。鴂，音桂。"鵜"字或作"鷤"，亦音題。鴂，又音決。鴂，音"詭"（殿本此後有"韋昭曰鵜鴂趣農鳥也"九字）。【今注】鵜鴂：鳥名。又名買鶬、子鴗等。錢大昭《漢書辨疑》引《廣雅》曰，"鵜鴂，鶗鶬，子鴗也"。《廣雅》曹憲音釋云，"鵜，音弟，又音啼。鴂，古惠反，又古二反。鴗，音規"。郭璞《爾雅注疏》釋"雟周"爲"子雟出蜀中"。《史記·律書》云"百艸奮興，秭鴗先鳴"，徐廣以爲子規也。顧野王《玉篇》以鶗鶬爲子雟。宋祁《宋景文公筆記》引蕭該《漢書音義》曰，"蘇林鵜鴂音殄絹"，子京據之以譏小顏之失，宋祁認爲"殄絹""杜鵑""鶗鴂"一聲之轉，其實是一物。王念孫《讀書雜志·漢書第十三》認爲，杜鵑，一名鵜鴂，一名買鶬，一名子鴗。鵜鴂，一作"鵜鴂"，一作"鶗鴂"。案，何焯《義門讀書記》卷二〇認爲師古注非，"言何爲畏其將鳴，先自隕吾芳耶"。

[3]【顏注】師古曰：《離騷》云"吾命豐隆乘雲兮，求虑妃之所在"，又曰"望瑶臺之偃蹇兮，見有娀之佚女"。此又譏其執心不定也（蔡琪本無"此"字）。虑妃，古神女。有娀女即簡狄

今注本二十四史　漢書

也（即，蔡琪本作"則"）。"慮"讀曰"伏"。【今注】逸女：佚女。超群之女。

[4]【顏注】師古曰：《離騷》云"吾令鴆爲媒兮，鴆告余以不好，雄鳩之鳴逝兮，余猶惡其佻巧"（云，蔡琪本作"去"；爲，蔡琪本作"作"；鴆，蔡琪本作"偄"），故云百離不一耦也。抨，使也（蔡琪本無"也"字）。耦，合也。抨，普耕反（大德本、殿本"普"前有"音"字）。【今注】抨（bēng）：使。沈欽韓《漢書疏證》指出，"抨"當爲"伻"。抨，擊也。伻，使也。　鴆：鳥名。《漢書考正》宋祁以江南本作"鳩"，監本作"鴆"，認爲應爲"鴆"。王念孫《讀書雜志·漢書第十三》認爲《離騷》本作"雄鳩"，此文及注亦本作"雄鳩"。《離騷》先言"鴆"，而後言"雄鳩"。此文但言"雄鳩"，又云"百離而曾不壹耦"，則不言"鴆"而"鴆"在其中，故注必兼引"鴆"與"雄鳩"而其義乃全。而監本作"雄鴆"，即因注內"鴆"字而誤。雄鳩善鳴，故曰"雄鳩之鳴逝兮"。《淮南子·天文訓》亦云"雄鳩長鳴"。若作"雄鴆"，則非其指。遍考諸書，亦無"雄鴆"之文。

百離：指久別。

[5]【顏注】蘇林曰：《離騷》云"登閬風而緤馬，忽反顧以流涕，哀高丘之無女"。女以喻士，高丘謂楚也。師古曰：《離騷》又云"楊雲蜺之腌藹"（藹，蔡琪本作"靄"）。閬風在昆侖山上，故云望昆侖也。旖柅（柅，蔡琪本、殿本作"旎"，本注下同），雲兒也。樛流猶周流也。女，仕也。何必要仕於楚也。旖，於綺反（大德本、殿本"於"前有"音"字）。柅，女綺反（大德本、殿本"女"前有"音"字）。樛，居虯反（虯，蔡琪本作"糾"，殿本作"蚪"；大德本、殿本"居"前有"音"字）。女，尼據反（大德本、殿本"尼"前有"音"字）。【今注】雲蜺：指彩虹。　樛流：周流。王先謙《漢書補注》據蕭該《漢書音義》，指出所見本"樛"作"嫪"，並指出嫪，應作手旁翏；今

卷八七上

揚雄傳第五十七上

6475

作心旁蓼者，亦是古字通用。案，蔡琪本、殿本"柂"作"旎"。《漢書考正》宋祁指出，景祐本作"旀旎"，越本"旎"作"柂"。

　　既亡鸞車之幽藹兮，駕八龍之委蛇？[1]臨江瀬而掩涕兮，何有《九招》與《九歌》？[2]夫聖哲之遭兮，固時命之所有；雖增欷以於邑兮，吾恐靈脩之不纍改。[3]昔仲尼之去魯兮，斐斐遲遲而周邁，[4]終回復於舊都兮，何必湘淵與濤瀬！[5]溷漁父之餔歠兮，絜沐浴之振衣，[6]棄由、聃之所珍兮，躩彭咸之所遺！[7]

　　[1]【顏注】晉灼曰：《離騷》云"駕八龍之蜿蜿兮，載雲旗之委蛇"（蜿蜿，蔡琪本作"琬琬"；載雲，蔡琪本作"戴龍"）。師古曰：言既無鸞車，則不得云駕八龍也。幽藹猶晻藹也。蛇，音移。【今注】鸞車：有鸞鈴的車乘，爲帝王和神仙所乘坐，亦爲送葬時用以載牲體的明器。　幽藹：幽深的樣子。　委蛇（yí）：蜿蜒曲折的樣子。

　　[2]【顏注】晉灼曰：《離騷》云"擥茹蕙以掩涕"，又曰"奏《九歌》以舞《韶》"。師古曰：此又譏其哀樂不相副也。"招"讀曰"韶"。【今注】九招（sháo）：又名九韶，相傳爲舜時樂曲名。　九歌：古代樂歌，相傳爲禹時所作。

　　[3]【顏注】師古曰：《離騷》云"曾歔欷余鬱邑兮，哀朕時之不當"（曾，蔡琪本、殿本作"增"）。增，重也。雄言自古聖哲，皆有不遇，屈原雖自欺於邑，而楚王終不改寤也。於邑，短氣也。於，音烏。邑，烏合反（大德本、殿本"烏"前有"音"字）。於邑（蔡琪本無"於"字），亦讀如本字。【今注】於邑：憂鬱煩悶。晉灼指出，"於"下當著心，作"愁"。浙本作"愁"。

　　[4]【顏注】師古曰：斐斐，往來皃也。音芳非反。【今注】仲尼：孔子的字。　魯：周代諸侯國名。故地在今山東西南部。周邁：周游，遠游四方。

　　[5]【顏注】師古曰：言孔子去其本邦（邦，蔡琪本作"都"），遲遲系戀，意在舊都，裴回反復。屈原何獨不懷鄢郢而赴江湘也？濤，大波也。瀨，急流也。濤，大高反（大德本、殿本"大"前有"音"字）。【今注】案，《漢書考正》劉奉世認爲，言何不若仲尼，不用於魯，歷聘外國，周邁天下，而歸舊都；反眷眷於楚，而自投於湘也。注非。何焯《義門讀書記》卷二〇指出，言進退去就，自有中道。孔子不用於季桓子則去，及康子召之則歸。屈子亦可去可歸，不當必期自沈也。與前"折衷重華"之語相應。

　　[6]【顏注】師古曰：漁父云："何不鋪其糟而歠其醨？"屈原以爲涸濁，不肯從之，乃云："新沐者必彈冠，新浴者必振衣也。"鋪，必胡反。歠，昌悅反。【今注】鋪歠（chuò）：吃喝。振衣：抖擻去塵，整衣。

　　[7]【顏注】師古曰：由，許由也。耼（耼，蔡琪本、殿本作"聃"，本注下同），老耼也。二人守道，不爲時俗所汙，然保己全身，無殘辱之醜。彭咸，殷之介士也，不得其志，投江而死。此又非屈原不慕由、耼高蹤，而遵彭咸遺蹟。蹠，蹈也，音之亦反。【今注】由：許由。堯讓天下於許由，許由不受也，隱於箕山。堯又欲官之，許由謂其言汙耳，乃洗耳於潁水之濱。　耼（dān）：老耼，指老子。　蹠：踩、踏。王先謙《漢書補注》引蕭該《漢書音義》曰："雄往往摭《離騷》文而反之。蹠，應作手旁庶。《說文》：'摭，拾也。'"《一切經音義》卷五引《蒼頡篇》云："蹠，躡也。"顏是蕭非。

　　孝成帝時，[1]客有薦雄文似相如者，[2]上方郊祠甘泉泰畤、汾陰后土，[3] 以求繼嗣，召雄待詔承明之庭。[4] 正月，從上甘泉，還奏《甘泉賦》以風。[5] 其辭曰：

[1]【今注】孝成帝：漢成帝劉驁。公元前 33 年至前 7 年在位。紀見本書卷一〇。

[2]【今注】客：薦雄文者，一般以爲是楊莊。《漢書考正》宋祁引劉良曰："客則楊莊也。"錢大昭《漢書辨疑》曰，"楊莊"，《華陽國志》作"尚書郎楊壯"。《文選》李周翰注亦作"莊"。作"壯"者，避漢明諱改。 雄文：在具體的篇名上衆説紛紜。《漢書考正》宋祁引劉良曰，"雄文則《綿竹頌》也"。王先謙《漢書補注》引殿本《考證》云："《線竹頌》當作《綿竹頌》。"《文選》李善注引揚雄《答劉歆書》曰，雄作《成都城四隅銘》，蜀人有楊莊者，爲郎，誦之於成帝，以爲似相如，雄遂以此得見。錢大昭《漢書辨疑》則引揚雄《答劉歆書》曰，雄作《縣邸銘》《王佴頌》《階闥銘》及《成都城四隅銘》。

[3]【今注】甘泉泰畤汾陰后土：從漢武帝時開始，於甘泉設泰畤祭祀天神泰一，於汾陰祭祀地祇后土。成帝建始元年（前32），設南北郊，甘泉、汾陰祀乃廢。永始元年（前16），因成帝無子嗣而復甘泉、汾陰祀。甘泉，左馮翊雲陽縣有甘泉山，在今陝西淳化縣西北，山上有甘泉宮。畤，秦漢時祭祀天地五帝的祭壇。汾陰，縣名。屬河東郡，治所在今山西静樂縣西。

[4]【顏注】師古曰：承明殿在未央宮。【今注】待詔：初指應漢朝皇帝徵召，以備諮詢顧問。有待詔公車、待詔金馬門、待詔博士等名目。後演變爲官名，有一技之長者，如太史、治曆、音律、本草、相工等皆置。 承明殿：據《三輔黄圖》卷三，此殿在未央宮，爲著述之所。

[5]【顏注】師古曰："風"讀曰"諷"。【今注】案，關於此

事，沈欽韓《漢書疏證》引《太平御覽》卷五八七引桓譚《新論》曰："予少時見楊子雲麗文高論，不量年少，猥欲逮及，業作小賦，用思大劇，而立感動發病。子雲亦言，成帝至甘泉，詔使作賦，爲之卒暴，倦卧，夢其五臟出地，以手收之。覺，大少氣，病一歲餘。"《甘泉賦》李善注亦引桓譚《新論》云："雄作《甘泉賦》，始成，夢腸出，收而内之，明日遂卒。"王先謙《漢書補注》指出："卒"蓋"病"之誤字。又，關於《甘泉賦》的成文時間，先是《文選》李善注引劉歆《七略》所載，"《甘泉賦》，永始三年正月，待詔臣雄上"，指出本書卷一〇《成紀》永始三年無幸甘泉之文，疑《七略》誤。後沈欽韓《漢書疏證》指出，《成帝紀》永始四年正月、元延二年（前11）正月、四年正月，俱有行幸甘泉事。又據本卷下云，"其三月，將祭后土"，"其十二月，羽獵"，不別年頭，則爲一年以内之事。奏《甘泉賦》當在元延二年，與紀文方合。

　　惟漢十世，[1]將郊上玄，[2]定泰畤，雍神休，尊明號，[3]同符三皇，[4]録功五帝，[5]卹胤錫羨，拓迹開統。[6]於是迺命群僚，歷吉日，協靈辰，[7]星陳而天行。[8]詔招搖與泰陰兮，伏鉤陳使當兵，[9]屬堪輿以壁壘兮，梢夔魖而抶獝狂。[10]八神奔而警蹕兮，振殷轔而軍裝；[11]蚩尤之倫帶干將而秉玉戚兮，飛蒙茸而走陸梁。[12]齊總總撙撙，其相膠葛兮，猋駭雲訊，奮以方攘；[13]駢羅列布，[14]鱗以雜沓兮，[15]柴虒參差，魚頡而鳥胻；[16]翕赫曶霍，霧集蒙合兮，半散照爛，粲以成章。[17]

[1]【今注】惟：《文選》李善注曰：“惟，有也。” 十世：指漢成帝。漢代自漢高祖始，到成帝爲十世。

[2]【今注】上玄：上天。王先謙《漢書補注》引《文選》李善注，認爲“上玄，天也”。

[3]【顏注】晉灼曰：雍，祐也。休，美也。言見祐護以休美之祥也。師古曰：雍，聚也。明號，謂摠三皇五帝之號而稱皇帝也。“雍”讀曰“擁”。【今注】雍：聚合。王先謙《漢書補注》引《文選》五臣注，曰“雍”作“擁”，訓聚，是。 明號：顯赫的名稱、稱號。王先謙《漢書補注》指出，明號者，明神之號，尊而祀之。顏謂皇帝之號，非也。下迺言三皇五帝耳。

[4]【今注】符：符命，上天預示帝王受命的徵兆。 三皇：說法不一。《史記》卷六《秦始皇本紀》：“古有天皇，有地皇，有泰皇，泰皇最貴。”《文選》李善注引文穎“符，合也”，認爲言同符契於三皇。

[5]【今注】錄：總領，概括。王先謙《漢書補注》引《後漢書》卷四《和帝紀》注，認爲“錄，謂總領之也”。言五帝之功並總而有之。 五帝：說法不一。《史記》卷一《五帝本紀》爲，黃帝、顓頊、帝嚳、帝堯、帝舜。

[6]【顏注】應劭曰：卹，憂也。胤，續也。錫，與也。美，饒也。拓，廣也。時成帝憂無繼嗣，故脩祠泰畤、后土，言神明饒與福祥，廣迹而開統也。師古曰：美，弋戰反（大德本、殿本“弋”前有“音”字；戰，蔡琪本作“見”）。拓，音託。

[7]【顏注】師古曰：歷選吉日而合善時也（時，蔡琪本、殿本作“辰”）。【今注】歷：選擇。《文選》李善注引《爾雅》曰“命，告也”，《楚辭》曰：“歷吉日吾將行”。郭璞《上林賦注》：“歷，選也。” 協：合，符合。 靈辰：吉祥的時刻。王先謙《漢書補注》認爲，靈，善也。

[8]【顏注】師古曰：如星之陳，象天之行也。【今注】星

陳：星象陳列。　天行：天體運行。王先謙《漢書補注》認爲，此句總領，故下文以星爲喻。

[9]【顏注】張晏曰：《禮記》云"招搖在上，急繕其怒"（繕，蔡琪本作"善"）。大陰（大，蔡琪本、殿本作"太"），歲後三辰也。服虔曰：鉤陳，紫宮外營陳星。【今注】招搖：星名。王先謙《漢書補注》引本書《天文志》"杓端有兩星，内爲矛，招搖"，孟康注："近北斗者招搖，招搖爲天矛。"　泰陰：星名。存在爭議。錢大昭《漢書辨疑》引蕭該《漢書音義》，認爲"泰陰"本作"泰壹"。王先謙《漢書補注》認爲，泰一星乃天帝之別名，不得言"詔"，蕭本誤。本書《天文志》云："房爲天駟，其陰，右驂。"《宋史・天文志》云，房南二星爲太陽道，北二星爲太陰道；又云，北二星爲右驂，次下爲右服。"詔招搖與泰陰"，猶云詔天矛與天駟耳。　鉤陳：星名。鉤陳之星在紫微垣，《步天歌》所云"句陳尾指北極顛，天皇猶在句陳裏"也，故云使主兵。案，王先謙《漢書補注》轉引李善注，"鉤陳"下有"神明也"三字。　當：主管，統領。王先謙《漢書補注》引《禮記》鄭玄注曰"當，主也"。主，謂典領也。

[10]【顏注】張晏曰：堪輿，天地總名也。孟康曰：堪輿，神名，造圖宅書者。木石之怪曰夔，夔神如龍，有角，人面。魖，耗鬼也（蔡琪本無"也"字）。獝狂亦惡鬼也。今皆梢而去之。師古曰：堪輿，張說是也。屬，委也。以壁壘委之。梢，擊也。挟，笞也。梢，山交反（大德本、殿本"山"前有"音"字）。魖，音虚。屬，之欲反（大德本、殿本"之"前有"音"字）。挟，丑乙反（大德本、殿本"丑"前有"音"字）。獝，挨聿反（大德本、殿本"挨"前有"音"字）。【今注】堪輿：天地之道。《漢書考正》引李善曰："許慎云：'堪，天道也。輿，地道也。'"

夔（kuí）魖（xū）：夔，傳說中的獸名。魖，能使人財務消耗的惡鬼。錢大昭《漢書辨疑》引《説文》曰，"夔，神魖也。如龍，一足，從夊；象有角、手、人面之形"。是夔、魖一物也。魖，《漢書考正》宋祁引韋昭曰，"魖，音昌慮反，一作熙慮反"。 獝狂：惡鬼名。《漢書考正》宋祁引蕭該《漢書音義》曰："獝狂，無頭鬼也。見《字林》。"

[11]【顏注】師古曰：自招搖至獝狂，凡八神也。殷轔，盛皃也。軍裝，爲軍戎之飾裝也。轔，來忍反（大德本、殿本"來"前有"音"字）。【今注】八神：對八神具體爲何，衆説紛紜。王念孫《讀書雜志·漢書第十三》引本書卷六《武紀》"用事八神"，文穎曰："八方之神也。"《史記》卷一〇三《萬石張叔列傳》"巡方州，禮嵩嶽，通八神，以合宣房"，亦謂八方之神。孟康曰："八神，《郊祀志》八神也。"師古曰："此説非也。自言致禮中岳，通敬八神耳。"《楚辭·九歎》"合五嶽與八靈"，王逸注亦云："八靈，八方之神。"

[12]【顏注】張晏曰：玉戚，以玉爲戚柲也。晉灼曰：飛者蒙茸而亂，走者陸梁而跳也（蔡琪本、殿本此後有"師古曰茸音人蒙反"八字）。柲，柄也，音祕。【今注】蚩尤之倫：蚩尤，傳説中的古代九黎族首領。倫，同類。王先謙《漢書補注》認爲，蚩尤之倫，謂武衛之士。 干將：人名。亦指代利劍。相傳春秋吳有干將、莫邪夫婦善鑄劍，爲吳國國君闔閭鑄陰陽劍，陽曰"干將"。 玉戚：玉柄或玉飾的斧。 蒙茸：雜亂的樣子。

[13]【顏注】晉灼曰：方攘，半散也。師古曰：總總摶摶，聚皃也。膠葛猶言膠加也。訊亦奮訊也。摶，音子本反（蔡琪本無"音"字；蔡琪本、殿本此後無"訊音信攘音人羊反"八字）。訊，音信。攘，人羊反（蔡琪本、大德本、殿本"人"前有"音"字）。【今注】總總摶摶：聚集的樣子。錢大昭《漢書辨疑》認爲，《廣雅》云："總總傳傳，聚也。""摶""傳"，古字通。 膠葛：交錯紛亂的樣子。王先謙《漢書補注》據顏注指出，"膠加"猶"交加"。 雲訊：像雲一樣飛馳，形容速度快。 方攘

(ráng)：離散紛亂的樣子。有兩種不同解釋。《漢書考正》宋祁認爲，韋昭曰："方攘，《周禮》方相氏。"蕭該《漢書音義》依韋昭，認爲"攘"讀作"相"。別本顏注"子本反"下，更有"訊，音信。攘，音人羊反"八字。然而，王先謙《漢書補注》認爲，注"半散"與"泮散"同。泮亦散也。言衛士先總聚而後奔離。案，王先謙《漢書補注》指出，《文選》"總總"下多"以"字；"訊"作"迅"，此借字。

[14]【今注】駢羅：並列。王先謙《漢書補注》引《文選》李善注曰，駢猶併也。

[15]【今注】鱗：像魚鱗一樣依次排列。王先謙《漢書補注》認爲，鱗，言其相次也。 雜沓：分離繁多的樣子。

[16]【顏注】師古曰：柴虒參差，不齊皃也（皃，蔡琪本、殿本作"貌"）。頡眄，上下也（上，大德本、殿本作"土"）。柴，初蟻反（大德本、殿本"初"前有"音"字）。虒，音豸。參，初林反（大德本、殿本"初"前有"音"字）。頡，胡結反（大德本、殿本"胡"前有"音"字）。眄，胡剛反（殿本"胡"前有"音"字）。【今注】柴虒：參差不齊的樣子。殿本引蕭該《漢書音義》曰，"柴，一本作'傂'"。褚詮《百賦音》認爲，"傂，音初綺反"。王先謙《漢書補注》認爲，司馬相如《上林賦》"柴池""虒虒"，音義並同"差池"；此賦"柴虒"，約文易字，其義同。 魚頡而鳥眄：魚往上游，而鳥飛高下。王先謙《漢書補注》認爲，頡眄猶頡頏。王念孫《讀書雜志・漢書第十三》認爲，"眄"者，"肮"之訛。"肮"古讀胡剛反。《史記》卷一二八《龜策列傳》"壯士斬其肮"，與"狂"爲韻。故借爲"頡頏"之"頏"。不知何時肉旁訛作目旁，而《集韻》遂收入"眄"字。《説文》《玉篇》《廣韻》皆無"眄"字。

[17]【顏注】師古曰：翕赫旾霍，開合之皃也。霧，地氣發也。蒙，天氣下也。如霧之集，如蒙之合也。半散照爛，言其分

布而光明也。"曶"讀與"忽"同。【今注】翕赫：盛大的樣子。
王先謙《漢書補注》引李善注，認爲翕赫指盛貌。　曶霍：形容迅
疾的樣子。王先謙《漢書補注》引李善注，認爲曶霍指疾貌。
霧：霧氣。王先謙《漢書補注》認爲，《爾雅》："天氣下地不應曰
雺。地氣發天不應曰霧。""蒙"與"雺"同。"霧"與"霿"同。
《文選》"霧集"下有"而"字。　半散：分布，分散。王先謙
《漢書補注》認爲，"半"與"泮"同。　照爛：燦爛。王先謙
《漢書補注》引司馬相如《子虛賦》曰"照爛龍鱗"，《文選》
"照"作"昭"。

　　　於是乘輿迺登夫鳳皇兮翳華芝,^[1]駟蒼螭兮六
素虬,^[2]蠖略蕤綏，灕虖幓纚。^[3]帥尒陰閉，霅然
陽開,^[4]騰清霄而軼浮景兮，夫何旍旐郅偈之旖柅
也!^[5]流星旄以電爥兮，咸翠蓋而鸞旗。^[6]敦萬騎
於中營兮，方玉車之千乘。^[7]聲駍隱以陸離兮，輕
先疾雷而馺遺風。^[8]陵高衍之嵱嵷兮，超紆譎之清
澄。^[9]登椽欒而羾天門兮，馳閶闔而入凌兢。^[10]

　　[1]【顏注】師古曰：鳳皇者（皇，蔡琪本、殿本作"凰"，
本注下同），車以鳳皇爲飾也。翳，蔽也。以華芝爲蔽也。【今
注】乘（shèng）輿：特指皇帝和諸侯所乘的轎子。　案，皇，蔡
琪本、殿本作"凰"。又，《漢書考正》宋祁認爲，"兮"字下疑有
"而"字。王先謙《漢書補注》引《文選》，贊同宋祁説。　華芝：
華麗的傘蓋。王先謙《漢書補注》轉引李善注曰，華芝，華蓋也。
言以華蓋自翳也。

　　[2]【顏注】師古曰：四、六，駕數也，言或四或六也。螭，
似龍，一名螻（大德本、殿本"螻"前有"地"字）。虬即龍之

無角者。【今注】螭（chī）：古代傳説中無角的龍。《漢書考正》宋祁引韋昭曰：“螭，似虎而鱗。”鄭氏曰，螭，虎類也，龍形。李奇認爲：“螭，雌龍也。”《字林》曰：“螭，若龍而黄，北方之地螻。”余靖《刊誤》據今《説文》作“一名地螻”，當有“地”字。王先謙《漢書補注》引李善注曰，宋玉《高唐賦》：“乘玉輿兮馭蒼螭”，司馬相如《上林賦》：“乘鏤象，六玉虯。” 虯（qiú）：傳説中的無角龍。《文選》李善注引《説文》曰，虯，龍無角者；引《春秋命曆序》曰，皇伯駕六龍。

[3]【顔注】師古曰：蠖略蕤綏，虯螭皃也。漓虖慘纚（漓，蔡琪本、大德本、殿本作“灕”），車飾皃也。蠖，於鑊反（大德本、殿本“於”前有“音”字）。灕，音離。慘，音森，其字從巾。纚，所宜反（大德本、殿本“所”前有“音”字）。【今注】蠖（yuè）略：行步進止的樣子。《漢書考正》宋祁指出，蠖，於鑊反，一作於郭反。 蕤（ruí）綏：盤曲升騰的樣子。《漢書考正》宋祁認爲，綏，先佳反。 慘纚：車飾下垂的樣子。王先謙《漢書補注》指出，李善本《文選》“慘”作“摻”，六臣本與此同，皆圖寫聲貌，假借用之，無定字也。司馬相如《大人賦》“駕應龍象輿之蠖略委麗兮”，又云“滂濞泱軋麗以林離”，張揖注：“林離，摻攡也。”“灕虖慘纚”與“麗以林離”音義俱合，皆衆盛意也。《文選》揚雄《羽獵賦》中“慘纚”“摻攡”，“林離”“淋離”，揚雄《河東賦》“滲灕”，並字異而訓同。案，王先謙《漢書補注》引《文選》李善注曰“蠖略蕤綏，龍行之貌。灕乎摻纚，龍翰下垂之貌也”。

[4]【顔注】晉灼曰：帥，聚也。霅，散也。師古曰：霅，所甲反（大德本、殿本“所”前有“音”字），又先合反（大德本、殿本“先”前有“音”字）。【今注】帥尒：又作“帥爾”，疾遽的樣子。王先謙《漢書補注》認爲，“帥”與“率”同。帥爾即率爾，猶言倏爾也。 霅（shà）然：散開的樣子。王先謙《漢

書補注》曰，雪然猶颯然。

　　[5]【顏注】師古曰：騰，升也。霄，日旁氣也。軼，過也。畫鳥隼曰旟，龜蛇曰旐。郅偈，竿杠之狀（大德本、殿本"狀"後有"也"字）。旖柅（柅，蔡琪本、殿本作"旎"，本注下同），旒縿之形也。郅，音吉，又音質。偈，居桀反。旖，音猗。柅，女支反（大德本、殿本"女"前有"音"字；支，蔡琪本、殿本作"倚"；殿本此後有"韋昭曰偈音桀"六字）。【今注】軼：《文選》李善注引何休《公羊傳》注曰，軼，過也。　浮景：流動的霞光。《文選》李善注引服虔曰："浮景，流景也。"　旟旐：泛指旌旗。《文選》李善注引《周禮》曰："鳥隼爲旟，龜蛇爲旐。"郅：《文選》李善注曰："偈竿之貌也。"案，王先謙《漢書補注》認爲，"郅偈""旖柅"並形容之詞，中加"之"字，則文不成義。"之"字當在"旟旐"下，各本誤倒也。　旖柅：旌旗隨風飄揚的樣子。《文選》李善注引服虔曰："旖旎，從風柔弱貌。"案，柅，蔡琪本、殿本作"旎"。

　　[6]【顏注】師古曰：如星之流，如電之照也。咸，皆也（也，蔡琪本作"反"）。【今注】星旄（máo）：繪有星辰的旗。亦泛指旌旗。《文選》李善注曰："言星旄之流，如電之光也。《周書》曰：樓煩星旄者，羽旄也。鄭玄曰：可以爲旌旗也。"《文選》宋玉《高唐賦》曰霓爲旌。　翠蓋：帝王的乘輿有翠羽爲飾的華蓋。《文選》李善注認爲，"翠蓋"即"翠爲蓋"。　鸞旗：天子儀仗中的旗子，上面繡有鸞鳥。蔡邕《獨斷》曰：天子出，前驅有鸞旗者，編羽毛，列繫橦傍。

　　[7]【顏注】師古曰："敦"讀曰"屯"。屯，聚也。方，並也。【今注】中營：天子駐蹕的地方。　玉車：天子的車，以玉作爲裝飾。　乘（shèng）：量詞，用以計算車子。

　　[8]【顏注】師古曰：馺然，疾意也。駓，普萌反（大德本、殿本"普"前有"音"字）。馺，先合反（大德本、殿本"先"

前有"音"字。殿本此後有"韋昭駁蘇及反"六字)。【今注】駍
(pēng)隱：用以形容盛大的車馬聲。王先謙《漢書補注》指出：
"駍隱，車聲大而盛也。" 陸離：參差錯綜的樣子。王先謙《漢
書補注》引《文選》李善注曰："陸離，參差也。" 案，而，蔡琪
本、殿本作"以"。 駁（sà）：奔馳追趕。王先謙《漢書補注》
指出，《説文》曰："駁，馬相及也。" 遺風：疾風。

[9]【顏注】孟康曰：衍（衍，蔡琪本作"愆"），無厓也。
紆譎，曲折也。李奇曰：嶸，音踊。嵷，音竦。如淳曰：嶸嵷，
上下衆多兒。師古曰：衍，即所謂墳衍也（蔡琪本無"謂"字）。
【今注】高衍：隆起而平坦。王先謙《漢書補注》認爲，高衍猶高
平，亦猶墳衍。顏以衍爲墳衍，即水邊和低下平坦的土地。非。
案，蔡琪本"衍"作"愆"。 嶸（yǒng）嵷（sǒng）：高低衆多
的樣子。 紆（yū）譎（jué）：曲折。 清澄：清澈。

[10]【顏注】服虔曰：橡欒，甘泉南山也。李奇曰：肛，音
貢。蘇林曰：肛，至也。師古曰：入陵兢者（陵，蔡琪本、殿本
作"凌"；兢，蔡琪本作"競"），言寒涼戰栗之處也。兢，鉅陵
反（大德本、殿本"鉅"前有"音"字）。【今注】橡欒：山名。
在甘泉宮之南。 閶（chāng）閭：天門。

　　是時未臻夫甘泉也，迺望通天之繹繹。[1]下陰
潛以慘廩兮，上洪紛而相錯；[2]直嶢嶢以造天兮，
厥高慶而不可虖疆度。[3]平原唐其壇曼兮，列新雉
於林薄；[4]攢并閭與茇葀兮，紛被麗其亡鄂。[5]崇
丘陵之駊騀兮，深溝嶔巖而爲谷；[6]迤迤離宮般以
相爥兮，封巒石關施靡虖延屬。[7]

[1]【顏注】師古曰："臻"與"臻"同。臻，至也。通天，

臺名也。言雖未至甘泉，則遙望見通天臺也。繹繹，相連皃。【今注】繹繹：相連的樣子。《文選》李善注引薛君《韓詩章句》："繹繹，盛貌。"

[2]【顏注】師古曰：慘懔，亦寒涼之意也。洪，大也。紛，亂雜也。錯，互也。懔，讀如本字，又音來感反。【今注】陰潛：幽深的樣子。

[3]【顏注】師古曰：嶢嶢，高皃。造，至也。慶，發語辭也。疆，境也。度，量也。言此臺至天，其高不可究竟而量度也。嶢，音堯。造，千到反（大德本、殿本"千"前有"音"字；反，殿本作"又"）。"慶"讀曰"羌"。度，大各反（大德本、殿本"大"前有"音"字）。【今注】造天：到達天上。　案，王先謙《漢書補注》認爲，"慶"下"而"字當爲衍字。　疆度：度量境界。王先謙《漢書補注》指出，《文選》"疆"作"彌"。

[4]【顏注】鄧展曰：唐，道也。服虔曰：新雉，香草也。"雉""夷"聲相近。師古曰：言平原之道壇曼然廣大，又列樹辛夷於林薄之間也。草叢生曰薄。新雉即辛夷耳，爲樹甚大，非香草也。其木枝葉皆芳，一名新矧。壇，徒旦反（大德本、殿本"徒"前有"音"字）。曼，莫旦反（大德本、殿本"莫"前有"音"字）。【今注】唐：廣大的樣子。王念孫《讀書雜志·漢書第十三》認爲，將"唐"訓爲"道"，雖然出自《爾雅》，但"平原道其壇曼"不詞。唐者，廣大之貌。"唐其"者，形容之詞。既言"唐"，而又言"壇曼"者，言重詞複以形容之，如上文言"灕虖慘纚"。《説文》："唐，大言也。"班固《白虎通》："唐，蕩蕩也。蕩蕩者，道德至大之貌也。"是"唐"爲廣大之名。　壇曼：平坦而寬廣。　新雉：香草名。即辛夷。《漢書考正》宋祁認爲，"雉"當作"夷"。王觀國《學林》云，《周禮·薙氏》"掌殺草"，鄭玄注云"薙"或作"夷"，引胡安國《春秋傳》曰"如農夫之務去草，芟夷蘊崇之"，又音鬀。然則揚雄賦本用"薙"爲"夷"，而

又省"薤"之"草"，止用"雉"字。沈欽韓《漢書疏證》認爲，李時珍《本草綱目》"辛夷"，本經名"新雉"，趙學敏《本草綱目拾遺》名"木筆"。　林薄：交錯叢生的草木。

　　[5]【顏注】如淳曰：并閭，其葉隨時政（政，殿本作"改"），政平則平，政不平則傾也。師古曰：如氏所説自是平慮耳。此并閭，謂椶樹也。茇苦，草名也。鄂，垠也。茇，步末反（大德本、殿本"步"前有"音"字）。苦，音括。被，皮義反（大德本、殿本"皮"前有"音"字）。麗，讀如本字。被麗，又音披離。【今注】并閭：木名。即棕櫚。　茇苦：草名。即薄荷。沈欽韓《漢書疏證》引《集韻》曰："茇菇，瑞草也。"蘇敬《唐本草》作"菝蕳"，寇宗奭《本草》作"薄荷"。　被麗：分散的樣子。王先謙《漢書補注》引李善注"被麗，分散貌也"，認爲"被麗"即"披離"之同音變字，顏又音是，故《風賦》云"被麗披離"。　亡鄂：沒有邊界。王先謙《漢書補注》引李善注"鄂，垠鄂也"。認爲亡鄂猶無垠，言其多不可涯際。

　　[6]【顏注】蘇林曰：駊騀，音叵我。師古曰：駊騀，高大狀也。嶔巖，深險皃也。嶔，已衡反（已，蔡琪本、大德本、殿本作"口"中；大德本、殿本"口"前有"音"字）。

　　[7]【顏注】應劭曰：言秦離宮三百，武帝復往往脩治之。師古曰：逴，古"往"字。往往，言所往之處則有之。般，連皃也。燭，照也。封巒、石關，皆宮名也。施靡，相及皃。屬，連也。般，音盤。施，弋爾反（大德本、殿本"弋"前有"音"字）。屬，之欲反（大德本、殿本"之"前有"音"字）。【今注】逴逴：處處。　離宮：帝王出巡時居住的宮室。　般：分布，散布。王先謙《漢書補注》引李善注："般，布也，與'班'同。"　封巒石關：兩觀名。位於甘泉宮。王先謙《漢書補注》引《三輔黃圖》，甘泉有石關觀、封巒觀。漢鐃歌《遠如期曲》"遊石關，望諸國"謂此。　施靡：連綿不斷的樣子。　延屬：相連。

於是大夏雲譎波詭，摧嶉而成觀，[1]仰撟首以
高視兮，目冥眴而亡見。[2]正瀏濫以弘惝兮，指東
西之漫漫。[3]徒回回以徨徨兮，魂固眇眇而昏
亂。[4]據輄軒而周流兮，忽軮軋而亡垠。[5]翠玉樹
之青葱兮，璧馬犀之瞵瑂。[6]金人仡仡其承鍾虡
兮，嵌巖巖其龍鱗，[7]揚光曜之燎燭兮，乘景炎之
忻忻，[8]配帝居之縣圃兮，象泰壹之威神。[9]洪臺
掘其獨出兮，撠北極之嶵嶻，[10]列宿乃施於上榮
兮，日月纔經於柍桭，[11]雷鬱律而巖突兮，電倏
忽於牆藩。[12]鬼魅不能自還兮，半長途而下
顛。[13]歷倒景而絕飛梁兮，浮蔑蠓而撇天。[14]

[1]【顏注】孟康曰：言夏屋變巧，迤爲雲氣水波相譎詭也。
摧嶉，材木之崇積皃也（材，殿本作“林”）。晉灼曰：摧，經
水反（大德本、殿本“經”前有“音”字）。師古曰：嶉，子水
反（大德本、殿本“子”前有“音”字）。觀，謂形也，音工喚
反。經，丑成反（大德本、殿本“丑”前有“音”字）。【今注】
大夏：大屋，大廈。　摧嶉：高聳的樣子。王先謙《漢書補注》認
爲，“摧嶉”即“崔嵳”同聲變字，若“崔巍”。　觀：樓臺宮闕
的泛稱。王先謙《漢書補注》引《文選》李善注“言大廈之高，
而成觀闕也”，認爲顏訓觀爲形，非。

[2]【顏注】師古曰：撟，舉也。冥眴，視不諦也。“撟”與
“矯”同，字從手（大德本、殿本“字”前有“其”字）。冥，
莫見反（大德本、殿本“莫”前有“音”字）。眴，音州縣之縣。
【今注】撟（jiǎo）：伸舉。王先謙《漢書補注》指出《文選》五臣
本“撟”作“矯”。《文選》李善注引王逸《楚辭章句》曰，撟，
舉也。與“矯”同。　冥眴（xuàn）：目光昏亂。《文選》李善注

認爲，昏亂之貌。

　　[3]【顏注】服虔曰：悩，音敞。師古曰：瀏灆猶汎灆。弘倘，高大也。漫漫，長也。瀏，音劉（殿本此後有"韋昭瀏劉又反灆音灣"九字）。【今注】瀏（liú）灆：清净而泛灆。王先謙《漢書補注》認爲，以上下文推之，"瀏灆"即"瀏攬"，"攬"同"攬"。今作"流覽"。《文選》李善注認爲，瀏灆，猶言清净而泛灆。　弘悩（chǎng）：高大寬敞。王先謙《漢書補注》認爲"弘悩"即"弘敞"。"灆""悩"爲借字。　漫漫：廣遠無邊際的樣子。

　　[4]【顏注】師古曰：言駭其深博。【今注】案，王先謙《漢書補注》指出，《文選》無"固"字。

　　[5]【顏注】師古曰：軨軒，謂前軒之軨（大德本、殿本"軨"後有"也"字）。軨者，軒間小木也，字與"欞"同。周流，周視（大德本、殿本"視"後有"也"字）。軮軋，遠相映也。軨，音零。軮，烏朗反（大德本、殿本"烏"前有"音"字）。軋，於黠反（大德本、殿本"於"前有"音"字）。【今注】軨（líng）軒：有窗的車。軨、軒，都是車名。　軮（yǎng）軋：廣大的樣子。王先謙《漢書補注》認爲，《文選》"軮軋"作"坱圠"，李善注"廣大貌也"。

　　[6]【顏注】應劭曰：瓅，音鄰。晉灼曰：瑀，音齒。師古曰：玉樹者，武帝所作，集衆寶爲之，用供神也，非謂自然生之。而左思不曉其意，以爲非本土所出，蓋失之矣。馬犀者，馬腦及犀角也。以此二種飭殿之壁（二，蔡琪本作"三"；蔡琪本、大德本、殿本"飭"作"飾"）。瓅瑀，文貌。【今注】玉樹：關於玉樹有兩種解釋。一爲劉禹錫《嘉話》中所説爲槐樹。二是，顏師古認爲玉樹是武帝集合了珍寶所打造，用來供神。　壁：説法不一。顏師古認爲壁是裝飾。而《文選》作"璧"，五臣訓爲璧玉；其義迥不同。案，《漢書考正》宋祁指出本賦中"抑矯首以高視

分”至“嵌巖巖其龍鱗”，皆以下句釋上句。其曰“據軩軒而周流兮，忽軨軋而亡垠”，然後言“玉樹”“金人”者，謂依欄檻而四顧，見其廣大而無際畔，但見庭中玉樹之青蔥，金人之巖巖耳。玉樹植於殿庭，金人捧露盤亦在殿庭，皆言望見殿庭中物，不應反言殿壁也。　瞵（lín）瑉：玉色彩斑爛的樣子。王先謙《漢書補注》引蕭該《漢書音義》曰：“瞵瑉，采色也，當從玉旁舜。”璘瑉，若今言爛斑。

[7]【顏注】師古曰：仡仡，勇健狀。嵌，開張皃，言其鱗甲開張，若真龍之形也。仡，魚乙反（蔡琪本、大德本、殿本“魚”前有“音”字），又其乞反（蔡琪本、大德本、殿本“其”前有“音”字）。嵌，火敢反（蔡琪本、大德本、殿本“火”前有“音”字）。【今注】金人：銅鑄的人像。　鍾虡（jù）：懸鐘的架子。　案，嵌、巖巖，都形容鱗甲張開的樣子。

[8]【顏注】師古曰：忻忻（忻忻，蔡琪本、大德本、殿本作“炘炘”），光盛皃也。炎，弋贍反（蔡琪本、大德本、殿本“弋”前有“音”字）。忻，音欣。【今注】景炎：光芒，光焰。案，忻，蔡琪本、殿本作“炘”。

[9]【顏注】服虔曰：會城、縣圃、閬風（會，蔡琪本作“魯”，大德本、殿本作“曾”），昆侖之山三重也，天帝神在其上。【今注】泰壹：也作“太一”，古代的最高天神。案，王先謙《漢書補注》曰，以上六句皆賦金人。

[10]【顏注】應劭曰：掘，特皃也。撮，至也。晉灼曰：嶟嶟，概撮也。師古曰：言高臺特出乃至北極，其狀竦峭，嶟嶟然也。掘，其勿反（蔡琪本、大德本、殿本“其”前有“音”字）。撮，竹指反（指，蔡琪本、大德本、殿本作“旨”；蔡琪本、大德本、殿本“竹”前有“音”字）。嶟，音千旬反，又音遵。【今注】洪臺：高大的樓臺。　掘：崛起的樣子。王先謙《漢書補注》指出《文選》“掘”作“崛”，是此借字。　獨出：突出。　撮：

至。　嶻嶭：形容山高峻陡峭的樣子。

[11]【顏注】服虔曰：柍，中央也。桭（桭，蔡琪本誤作"人"），屋梠也。師古曰：施，延也。榮，屋翼也。凡此者言屋宇高大之甚。施，弋豉反（蔡琪本、大德本、殿本"弋"前有"音"字）。柍，音央。桭，音辰。一曰，施，直謂安施之耳（殿本"施"後有"音"字），讀如本字。【今注】纔（cái）：方始，剛剛。　柍（yāng）桭（chén）：屋檐。王念孫《讀書雜志·漢書第十三》認爲"柍"當作"央"。作"柍"者，因"桭"字而誤加木旁。凡字有上下相同而誤者，如"璿璣"之爲"璿璣"，"鳳皇"之爲"鳳凰"，"窀夕"之爲"窀穸"，"展轉"之爲"輾轉"，"蓑笠"之爲"簑笠"，"猌猌"之爲"猌猌"，皆"柍桭"之類。"央桭"與"上榮"相對爲文，則"央"字不當作"柍"。服虔訓"柍"爲中央，則所見本亦必作"央"也。蕭該《漢書音義》曰"柍，於兩反"，則所見本已訛作"柍"。張衡《西京賦》"消霧埃於中宸，集重陽之清澂"，言"中宸"，猶此言"央桭"，則"央"之不當作"柍"益明。左思《魏都賦》"旅楹閑列，暉鑒柍桭"，張載曰"柍，中央也"，則其字亦必作"央"，"柍"是傳寫之誤。桭，王念孫《讀書雜志·漢書第十三》認爲"桭"與"宸"同。《說文》"宸，屋宇也"，即服虔注所謂屋梠。《儀禮·士喪禮》鄭玄注曰："宇，梠也。"即今人所謂屋檐。央桭，謂半檐。日月纔經於半檐，極言臺之高。

[12]【顏注】師古曰：鬱律，雷聲也。倏忽，電光也。藩，藩籬也。倏，式六反（蔡琪本、大德本、殿本"式"前有"音"字）。藩，甫元反（蔡琪本、大德本、殿本"甫"前有"音"字）。【今注】而：於。《漢書考正》宋祁認爲"而"字當作"於"。王先謙《漢書補注》指出《文選》作"於"。　巖突：山的深處。王先謙《漢書補注》引司馬相如《上林賦》李善注認爲"巖突洞房"。《釋名》："突，幽也。""突"是誤字。　倏忽：指極

短的時間，一會兒。王先謙《漢書補注》引《釋名》釋爲，倏忽，疾貌。

[13]【顏注】師古曰：言屋之高深，雖鬼魅亦不能至其極而反，故於長途之半而顛墜也（殿本無“於”字）。“還”讀曰“旋”，或作“逮”。逮，及也。【今注】還：達到。王先謙《漢書補注》指出《文選》“還”作“逮”。

[14]【顏注】晉灼曰：飛梁，浮道之橋也。薎蠓，疾也（疾，蔡琪本、殿本作“蚊”）。師古曰：撇猶拂也。蠓，莫孔反（蔡琪本、大德本、殿本“莫”前有“音”字）。撇，匹列反（蔡琪本、大德本、殿本“匹”前有“音”字），又音普結反。【今注】倒景：亦作“倒影”，倒映的影子。　薎蠓：具體爲何有爭議。一是指風雲霧氣等浮游輕揚之物。如《文選》呂向注：“蠛蠓，浮氣也。”《後漢書》卷五九《張衡傳》“浮蔑蒙而上征”，李賢注引此賦作“蔑蒙”。二是《文選》李善注認爲：“蠛蠓，蟲，小於蚊。”王先謙《漢書補注》指出，《文選》作“蠛蠓”，爲借字。

左欃槍右玄冥兮，前熛闕後應門；[1]陰西海與幽都兮，涌醴汩以生川。[2]蛟龍連蜷於東厓兮，白虎敦圉虖昆侖。[3]覽樛流於高光兮，溶方皇於西清。[4]前殿崔巍兮，和氏瓏玲，[5]炕浮柱之飛榱兮，神莫莫而扶傾，[6]閌閬閬其廖廓兮，似紫宮之崢嶸。[7]駢交錯而曼衍兮，嶓嵲隗虖其相嬰。[8]乘雲閣而上下兮，紛蒙籠以棍成。[9]曳紅采之流離兮，颺翠氣之冤延。[10]襲琁室與傾宮兮，若登高妙遠，肅虖臨淵。[11]

[1]【顏注】晉灼曰：《大人賦》“攬欃槍以爲旌”，又曰“左

玄冥而右黔雷"。雄擬相如，故云介。燡闕，赤色之闕，南方之帝曰赤燡怒，應門正在燡闕之內也。師古曰：燡，匹遥反（大德本、殿本"匹"前有"音"字）。【今注】玄冥：神名。北方之神。案，《漢書考正》宋祁指出，浙本"右"字、"後"字上皆有"而"字。

[2]【顏注】如淳曰：言闕之高迺陰西海也。師古曰：蔭映西海也，以及幽都。幽都，北方絕遠之地（蔡琪本、大德本、殿本"地"後有"也"字）。涌醴，醴泉涌出汩汩然也。汩，于筆反（蔡琪本、大德本"于"前有"音"字）。【今注】案，王先謙《漢書補注》指出《文選》"陰"作"蔭"。　西海：傳說中西方的神海。　幽都：北方極其遼遠的地方。《文選》李善注引《山海經》："北海之內有山，名曰幽都。黑水出焉，涌醴，醴泉涌出也。"

[3]【顏注】師古曰：連蜷，卷曲兒。敦圍，盛怒也。言甘泉宮中皆有此象也。蜷，音拳。敦，音屯。【今注】厓：同"崖"，陡立的山邊。　白虎：王先謙《漢書補注》引《文選》李善注："天一之帝居，左青龍，右白虎。"

[4]【顏注】服虔曰：高光，宮名也。師古曰：樛流，屈折也。溶然，閑暇兒（蔡琪本、大德本、殿本"兒"後有"也"字）。方皇，彷徨也。西清，西箱清閑之處也（閑，殿本作"閒"）。溶，音容。【今注】樛流：曲曲折折的樣子。　溶：閑暇的樣子。　方皇：彷徨。王先謙《漢書補注》認爲，"方皇"猶"旁皇"。李善注以方皇爲觀名，文義不通。六臣本作"彷徨"。西清：西厢清净的住所。王先謙《漢書補注》引司馬相如《上林賦》曰"象輿偓佺於西清"。

[5]【顏注】孟康曰：以和氏璧爲梁壁帶也，其聲玲瓏也。晉灼曰：以黃金爲壁帶，合藍田璧（合，大德本作"含"）。瓏玲，明也（蔡琪本、大德本、殿本"也"前有"見貌"二字）。師古曰：崔巍（巍，大德本、殿本作"嵬"），高兒。瓏玲，晉

説是也。崔，才回反（蔡琪本、大德本、殿本"才"前有"音"字）。巍，五回反（大德本、殿本"五"前有"音"字）。瓏，音聾。玲，音零。【今注】崔巍：高大雄偉的樣子。 瓏玲：玉聲。清越的聲音。《漢書考正》宋祁認爲，《字林》曰"瓏，禱旱玉"，爲瓏，又音龍。《吕氏春秋》曰"大旱用瓏玲"。王先謙《漢書補注》引梁章鉅《文選旁證》卷九引揚雄《法言》云，"瓏瓆其聲者，其質玉乎"，認爲"瓆"與"玲"同。

[6]【顏注】師古曰："炕"與"抗"同。抗，舉也。榱，屋椽也。言舉立浮柱而駕飛榱，其形危竦，有神於闇莫之中扶持（闇，蔡琪本、殿本作"冥"），故不傾也。【今注】莫莫：清净的樣子。《漢書考正》宋祁引李善，《毛詩》"君婦莫莫"，毛萇云"莫莫，清净也"。

[7]【顏注】師古曰：閌，高門皃。閬閬，空虛也。寥廓，宏遠也。紫宫，天帝之室也（室，蔡琪本、大德本、殿本作"宫"）。崢嶸，深邃也。閌，音抗。閬，音浪。寥，音僚。崢，仕耕反（仕，蔡琪本作"士"，"士"前有"音"字；大德本、殿本"仕"前有"音"字）。嶸，音宏。

[8]【顏注】師古曰：言宫室臺觀相連不絶也。駊，安施之皃。嶵隗猶崔嵬也。衍，亦戰反（蔡琪本、大德本、殿本"亦"前有"音"字）。峩，它賄反（蔡琪本、大德本、殿本"它"前有"音"字）。嶵，音皋。隗，五賄反（蔡琪本、大德本"五"前有"音"字）。【今注】駊：並列。《文選》李善注曰，駊，列也。 曼衍：散漫流衍，延伸變化。但《文選》李善注認爲，曼衍意爲分布。 峩：山脈綿延的樣子。王先謙《漢書補注》引李善注引張揖《埤蒼》，"峩，山長貌"。 嶵隗：崔巍。高大的樣子。嬰：纏繞。王先謙《漢書補注》指出，李善注引張揖《埤蒼》，嬰，繞也。

[9]【顏注】師古曰：乘，登也。雲閣，亦言其高入於雲也。

蒙籠，深通皃。棍成，言其有若自然也。棍，胡本反（蔡琪本、大德本、殿本“胡”前有“音”字）。【今注】蒙籠：草木茂盛的樣子。王先謙《漢書補注》指出，李善注引服虔曰：“蒙籠，膠葛貌。” 棍成：渾然一體，自然天成。王先謙《漢書補注》指出，《老子》曰：“有物混成。”“棍”與“混”同。今字作“渾成”。

[10]【顏注】師古曰：言官室曠大（官，蔡琪本、大德本、殿本作“宮”，是），自然有紅翠之氣。【今注】流離：光彩紛繁的樣子。 冤延：蜿蜒，長曲的樣子。錢大昭《漢書辨疑》認爲，“冤延”與“蜿蜒”同。

[11]【顏注】服虔曰：襲，繼也。桀作琁室，紂作傾宮，以此微諫也。應劭曰：登高遠望，當以亡國爲戒，若臨深淵也。【今注】琁室與傾宮：夏桀的宮殿名爲琁室，商紂的宮殿名爲傾宮。均窮極奢侈。王先謙《漢書補注》指出，琁室傾宮，見《晏子春秋》。 妙遠：深遠。《漢書考正》宋祁認爲，“妙”一作“眇”。王先謙《漢書補注》指出，《文選》“妙”作“眇”。眇遠猶言望遠，“妙”借字。

　　回猋肆其碭駭兮，翍桂椒，鬱栘楊。[1]香芬茀以窮隆兮，擊薄櫨而將榮。[2]蘜咇帉以掍根兮，聲駍隱而歷鍾，[3]排玉户而颺金鋪兮，發蘭蕙與穹窮。[4]惟彌彌其拂汨兮，稍暗暗而靚深。[5]陰陽清濁穆羽相和兮，若夔、牙之調琴。[6]般、倕棄其剞劂兮，王爾投其鈎繩。[7]雖方征僑與偓佺兮，猶仿佛其若夢。[8]

[1]【顏注】師古曰：回猋，回風也。肆，放也。碭，過也。駭，動也。翍，古“披”字。鬱，聚也。栘，唐棣也。楊，楊樹

也。言回風放起，過動衆樹，則桂椒披散而杉楊鬱聚也（披，大德本誤作“披”）。碭，徒浪反（蔡琪本、大德本、殿本“徒”前有“音”字）。杉，音移。【今注】碭駭：搖動。王先謙《漢書補注》指出，《文選》六臣本“碭”作“盪”，是。碭，借字。顏訓碭爲過，則“過駭”二字義不相屬。案，《漢書考正》宋祁指出，淅本“椒”字下有“而”字。王先謙《漢書補注》認爲，《文選》有“而”字。

[2]【顏注】師古曰：言桂椒香氣乃擊薄櫨及屋翼也。薄，枅也。櫨，音盧。【今注】芬茀（fú）：芬馥。王先謙《漢書補注》認爲“茀”即“馥”字。　窮隆：充溢騰湧的樣子。王先謙《漢書補注》指出《文選》“窮”作“穹”。穹隆，謂高也。　擊：拂過。王先謙《漢書補注》引李善注，以擊爲拂擊，是。　薄櫨：又稱斗拱，一種墊在立柱頂上用以承接橫梁的建築結構。王先謙《漢書補注》認爲，言香風之高飄上送屋翼。　將：送。王先謙《漢書補注》引李善注認爲，將，送也。

[3]【顏注】師古曰：又言風之動樹，聲響振起衆根合（振，蔡琪本、殿本作“棍”），駍隱而盛，歷入殿上之鍾也。根猶株也。“薌”讀與“響”同。呎，丑乙反（蔡琪本、大德本、殿本“丑”前有“音”字）。肸，許乙反（蔡琪本、大德本、殿本“許”前有“音”字）。捆，下本反（蔡琪本、大德本、殿本“捆”作“棍”，“下”前有“音”字）。駍，普耕反（蔡琪本、大德本、殿本“普”前有“音”字）。【今注】薌：顏師古認爲，“薌”是“響”字。徐鍇引此賦“肸響豐融”亦作“響”。王先謙《漢書補注》引《文選》李善注認爲，“薌”亦“香”字。　呎（chì）肸（xī）：聲音震動而傳播。王先謙《漢書補注》指出，“肸”別本作“盻”。本書“盻”或作“肸”者，傳寫之誤。據《文選》李善注：“肸蠁，布也。”　捆（hùn）根：同時搖動根株。王先謙《漢書補注》認爲，《文選》“根”作“批”。批亦擊也，較

"捱根"爲合。振根拔木似不宜施於此文。案,捱,蔡琪本作
"棍"。

[4]【顏注】李奇曰:鋪,門首也。師古曰:言風之所至,
又排門揚鋪,擊動鍰鈕,回旋入宮,發奮衆芳。【今注】發蘭蕙:
啓發香草的芬芳。蕙,通"蕙"。蘭與蕙皆香草。王先謙《漢書補
注》認爲"發蘭蕙"句,言衆芳隨風,雜不可辨。案,蕙,蔡琪
本、殿本作"蕙"。 穹窮:草本名。即川穹。王先謙《漢書補
注》引王先慎指出,《文選》及《藝文類聚》卷三九引"穹窮"作
"藭",字通用。

[5]【顏注】蘇林曰:弸,音石壂井弸爾之弸(壂,蔡琪本、
大德本、殿本作"墮")。彋,音宏。孟康曰:弸彋,風吹帷帳
鼓貌(帷帳,蔡琪本、殿本作"帷帳",大德本作"惟帳")。師
古曰:拂汩亦風動皃。暗暗,幽隱。"靚"即"靜"字耳。弸,普
萌反(蔡琪本、殿本"普"前有"音"字)。拂,普密反(蔡琪
本、大德本、殿本"普"前有"音"字)。汩,于密反(蔡琪本、
大德本、殿本"于"前有"音"字)。暗,烏感反(蔡琪本、大
德本、殿本"烏"前有"音"字)。 【今注】弸(péng)彋
(hóng):風吹帷帳鼓起的樣子。王先謙《漢書補注》引《文選》
李善注:"弸彋,風吹帷帳之聲。" 拂汩:風吹動的樣子。王先謙
《漢書補注》引《文選》李善注:"拂汩,鼓動之貌。"

[6]【顏注】張晏曰:聲細不過羽,穆然相和也。師古曰:
夔,舜典樂也。牙,伯牙也。【今注】穆羽相和:變聲和正聲互相
配合協調。王念孫《讀書雜志·漢書第十三》認爲,應鐘生蕤賓,
不比於正音,故爲繆。"繆"與"穆"同。和穆,謂變宮、變徵。
穆在變音之末,言穆而和可知。羽在正音之末,言羽而宮、商、
角、徵可知。變聲與正聲相應,故曰"穆羽相和",唱和之和。以
律管言之,則變宮爲和,變徵爲穆。以琴弦言之,則當以少宮爲
和,少商爲穆。琴有和、穆二音,而風聲似之,故曰"穆羽相和,

若夔、牙之調琴”。　夔（kuí）：人名。相傳爲舜時的樂官。　牙：人名。指伯牙。春秋時精於琴藝的人。作《水仙操》《高山流水》。

　　[7]【顏注】應劭曰：剞，曲刀也（刀，殿本作“刃”）。劂，曲鑿也。師古曰：般，公輸般也。倕，共工也。王爾亦巧人也，見《淮南子》。言土木之功窮極巧麗，故令般、倕之徒棄其常法也。“般”讀與“班”同。倕，音垂。剞，居爾反（蔡琪本、大德本、殿本“居”前有“音”字）。劂，居衞反（蔡琪本、大德本、殿本“居”前有“音”字）。【今注】般：指公輸班，又名魯班。春秋時期魯國人，爲傑出的工匠，技藝絕倫。　倕（chuí）：古代傳説中的巧匠名。關於其所處的年代，有兩種説法，分別爲唐堯時期和黃帝時期。　剞（jī）劂（jué）：雕刻的刀具。《漢書考正》宋祁認爲，“剞劂”當作“掎劂”。

　　[8]【顏注】晉灼曰：方，常也。征，行也。言宮觀之高峻，雖使仙人常行其上，恐遽不識其形觀，猶仿佛若夢也。師古曰：方，謂並行（蔡琪本、大德本、殿本“行”後有“也”字）。僑（蔡琪本、大德本“僑”前有“征”字），姓征名伯僑，仙人也。偓佺亦仙人名。偓，音渥。佺，音銓。“仿佛”即“髣髴”字也。征，《郊祀志》作“正”字，其音同。【今注】征僑：仙人名。指征伯僑。　偓佺：仙人名。　仿佛：好像。《漢書考正》宋祁認爲，《字林》曰“仿，相似也。佛，見不審也”。

　　於是事變物化，目駭耳回，[1]蓋天子穆然珍臺閒館琁題玉英蜩蜎蠼濩之中，[2]惟夫所以澄心清魂，儲精垂思，[3]感動天地，逆釐三神者。[4]迺搜逑索耦皋、伊之徒，冠倫魁[5]能函甘棠之惠，挾東征之意，[6]相與齊虖陽靈之宮。[7]靡薛荔而爲席兮，折瓊枝以爲芳，[8]噏清雲之流瑕兮，飲若木之露英，^[9]集虖禮神之囿，登乎頌祇之堂。^[10]建光燿之長旓兮，昭華覆之威威，^[11]攀琁璣而下視兮，行遊目虖三危，陳衆車於東阬兮，肆玉釱而下馳，漂龍淵而遠九垠兮，窺地底而上回。^[12]風傱傱而扶轄兮，鸞鳳紛其御蕤，^[13]梁弱水之濎濙兮，躡不周之逶蛇，^[14]想西王母欣然而上壽兮，屏玉女而卻虙妃。^[15]玉女欣眺其清盧兮，虙妃曾不得施其蛾眉。^[16]方攙道德之精剛兮，侔神明與之爲資。^[17]

[1]【顏注】師古曰：言驚視聽也。【今注】駭：驚駭。《文選》李善注引李斯《倉頡篇》曰：“駭，驚也。” 回：畏避。《文選》李善注認爲：“回，謂回皇也。”

[2]【顏注】應劭曰：題，頭也。榱橑之頭，皆以玉飾，言其英華相燭也。張晏曰：蜎蜎蠖濩（濩，蔡琪本、大德本、殿本作“濩”），刻鏤之形。師古曰：穆然，天子之容也。蜎蜎蠖濩，言屋中之深廣也。“閒”讀曰“閑”。蜎，一兗反（蔡琪本、大德本、殿本“一”前有“音”字）。蜎，下兗反（蔡琪本、大德本、殿本“下”前有“音”字）。蠖，烏郭反（蔡琪本、大德本、殿本“烏”前有“音”字）。濩，胡郭反（蔡琪本、大德本、殿本“胡”前有“音”字）。【今注】琁題：玉飾的架屋承瓦的圓木。

玉英：美玉的精英華彩。王先謙《漢書補注》引《文選》李善注引范蠡《范子計然》曰：“玉英出藍田。”引《孝經援神契》曰：“玉英，玉有英華之色。” 蜎（yuān）蜎（yuān）：屋中深廣的樣子。

[3]【顏注】師古曰：言絜精以待，冀神降福。【今注】垂思：有兩種說法，一是王先謙《漢書補注》引《文選》李善認爲，

"思"作"恩"，冀神垂恩；一爲"垂思"，則爲傾注思緒的意思。

　　[4]【顔注】師古曰："釐"讀曰"禧"。禧，福也。【今注】逆釐（xī）：迎福，受福。王先謙《漢書補注》引《文選》李善注引韋昭曰："逆，迎也。迎受福釐也。"　　三神：指天、地、人。《漢書考正》宋祁認爲指天、地、神。王先慎指出，宋説"神"字當作"人"。

　　[5]【顔注】應劭曰：冠其群倫魁桀也（群，大德本作"郡"）。師古曰：言選擇賢臣，可霸於古賢皐繇、伊尹之類（霸於，蔡琪本、大德本、殿本作"匹耦"，是；皐繇，蔡琪本、殿本作"皐陶"），冠等倫而魁桀。【今注】皐（gāo）：《文選》李善注認爲："皐，皐繇，堯臣也。"即皐陶，偃姓，又作"皐繇""咎陶"。傳説爲掌管刑法的"理官"。　　伊：指伊尹。《文選》李善注認爲："伊，伊尹，湯臣也。"名伊，一説名摯。尹爲官名。輔助湯攻滅夏桀，被尊爲"阿衡"。

　　[6]【顔注】師古曰：甘棠之惠，邵公奭也。東征之意，周公旦也。【今注】案，《漢書考正》劉攽認爲"能"屬上句。劉敞認爲"能"屬"魁"字。殿本《漢書考證》齊召南認爲，《文選》以"冠倫魁能"爲句，則劉攽説是。師古誤以"魁"字斷句，而以"能"字下連"函甘棠之惠"，牽強。王先謙《漢書補注》認爲，此應劭誤讀，而師古從之。又案，《漢書考正》宋祁認爲，"函"當作"含"。

　　[7]【顔注】師古曰：齊，同也，同集於此也。祭天之處，故曰陽靈之宫也。【今注】齊（zhāi）：齋戒。《漢書考正》宋祁認爲，"齊，側皆反"。褚詮云"齊，沮諧反"。《文選》李善注引韓康伯《周易注解》曰："洗心曰齊。"王先謙《漢書補注》認爲李善注是。

　　[8]【顔注】師古曰：靡，纖密也，謂纖纖之也。一曰，靡，謂偃而靡之藉地也。【今注】瓊枝：傳説中的玉樹。王先謙《漢書

補注》引《文選》李善注引《楚辭》曰"折瓊枝以繼佩"。

[9]【顏注】師古曰：言其齋戒自新，居處飲食皆芳絜也。瑕，謂日旁赤氣也。露英，言其英華之露。【今注】噏：吸。王先謙《漢書補注》認爲《文選》"噏"作"吸"。　流瑕：浮動的彩雲。王先謙《漢書補注》認爲"瑕"爲"霞"借字。司馬相如《大人賦》"呼吸沆瀣餐朝霞"。案，清，殿本作"青"。　若木：古代神話中的神樹，生長在日落處。《文選》李善注引《山海經》："灰野之山有赤樹。青葉，名曰若木。"　露英：露水。《文選》李善注曰："露英，英之含露者。"王先謙《漢書補注》認爲其較顏訓爲優。

[10]【顏注】師古曰：頌，歌也，登以祭也。地神曰祇。【今注】禮神：祭神。《文選》李善注認爲："禮神，謂祭天也。"　囿：古代帝王畜養禽獸以供觀賞的園林。

[11]【顏注】服虔曰：昭，明也。華覆，華蓋也。師古曰：威威猶威蕤也。旓，旗之疏也，一曰燕尾。旓，所交反（蔡琪本、大德本、殿本"所"前有"音"字）。【今注】旓（shāo）：旌旗的飄帶。也泛指旌旗。

[12]【顏注】張晏曰：三危，山名也。晉灼曰：軑，車轄也。九垠，九垓也。師古曰：假設言周流曠遠，升降天地，爲神通一也。肆，放也。阬，大阜也，讀與"岡"同。軑音大，又音弟。"還"讀曰"旋"。【今注】琁璣：指北斗。《漢書考正》宋祁指出，張銑曰："琁璣，北斗也。"　東阬：東邊的大土山。《文選》李善注引如淳曰："東阬，東海也。"王先謙《漢書補注》認爲，海非陳車之所，又自高而下馳，明所云東阬非東海也。故顏讀"阬"爲"岡"。詳文意，從北望南，自東徂西，乃至禮神之所。　玉軑：玉飾的車轄。借指華麗的車。王先謙《漢書補注》引《楚辭》曰："齊玉軑而並馳。"　漂：漂浮。王先謙《漢書補注》引《説文》曰："漂，浮也。"　龍淵：《文選》李善注引應劭曰："龍淵，在張

掖。"張掖，郡名。治䮣得（今甘肅張掖市西北）。 九垠：九重天，指天空極高遠的地方。《文選》李善注引服虔曰："九垠，九重也。"

［13］【顏注】師古曰：傱傱，前進之意也。御猶乘也。蕤，車之垂飾纓蕤也。傱，音竦。今書"御"字或作"衘"者，俗妄改也。【今注】傱（sǒng）傱：疾進的樣子。王先謙《漢書補注》認爲，《文選》"傱傱"作"漎漎"，李善注曰："漎漎，疾貌。"御：王先謙《漢書補注》認爲，"御"作"衘"。 蕤：指車飾上纓綬等下垂的飾件。

［14］【顏注】服虔曰：昆侖之東有弱水，度之若漇漾耳。師古曰：漇漾，小水之兒。不周，山名。逶蛇亦言不艱難也。漇，吐定反（蔡琪本、大德本、殿本"吐"前有"音"字）。漾，音熒，又胡鎣反（蔡琪本、大德本、殿本"胡"前有"音"字）。蛇，音移。【今注】不周：傳說中的山名，據說在昆侖西北。王先謙《漢書補注》引《文選》李善注引《山海經》曰："西海之外，有山不合，名曰不周。"

［15］【顏注】師古曰：西王母在西方，周穆王所見者也。玉女、宓妃，皆神女也。"宓"讀曰"伏"。【今注】西王母：神女名。中國古代神話中的仙人，爲長生不老的象徵。《山海經》曰："玉山，是西王母所居也。" 玉女：仙女。《神異經》曰，東荒中有大石室，東王公居之，常與玉女共投壺。 宓妃：又作"宓妃"，神女名。相傳是伏羲氏之女，溺死洛水，遂爲洛水之神。案，《文選》李善認爲，言既臻西極，故想王母而上壽。乃悟好色之敗德，故屏除玉女，而及宓妃。亦以此微諫也。

［16］【顏注】服虔曰：盧，目童子也。【今注】案，欣，蔡琪本、大德本、殿本作"無所"。 清盧：指眼珠明亮，黑白分明。王先謙《漢書補注》指出，《文選》"盧"作"矑"。

［17］【顏注】晉灼曰：等天地之忖量也（忖，蔡琪本、殿本

作"瓚")。師古曰：攣，揔也，音覽，其字從手。【今注】攣
(lǎn)：總持。王先謙《漢書補注》指出《文選》"攣"作"攬"。

於是欽柴宗祈。燎熏皇天，[1]招繇泰壹。舉洪
頤，樹靈旗。[2]樵蒸焜上，配藜四施，[3]東燭倉海，
西燿流沙，北爌幽都，南煬丹厓。[4]玄瓚觩鰼，秬
鬯汁淡，[5]肸蠁豐融，懿懿芬芬。[6]炎感黃龍兮，
熛訛碩麟，[7]選巫咸兮叫帝閽，開天庭兮延群
神。[8]儐暗藹兮降清壇，瑞穰穰兮委如山。[9]

[1]【顏注】師古曰：欽，敬也。柴，積柴也。宗，尊也。
祈，求福也。【今注】柴：古指燒柴生煙以祭天。王先謙《漢書補
注》認爲注"積柴"之"柴"當作"柴"。 燎熏：指焚燒牲玉使
煙氣上騰以祭天。

[2]【顏注】張晏曰：招搖、泰壹（搖，蔡琪本作"繇"），
皆神名也。服虔曰：洪頤，旗名也。李奇曰：欲伐南越，告祈太
一，畫旗樹太一壇上（太一，蔡琪本作"泰壹"），名靈旗，以
指所伐之國也。見《郊祀志》。【今注】招繇（yáo）：有兩種説
法。一是神明，指皋陶。《漢書考正》宋祁認爲，"招繇"，一作
"皋陶"。二是作爲祭神方式。"樵"作桔槔的意思。在桔槔上放置
柴薪和犧牲玉器焚燒。見晉灼引蕭該《漢書音義》曰："如淳作
'皋搖'，云：'皋，楔槔，積柴於招搖頭，致牲玉於其上，舉而燒
之，欲其近天也，故曰皋搖。'"王先謙《漢書補注》認爲，《文
選》作"皋搖"。"於是欽柴宗祈"單句領起，"燎熏皇天"與"招
搖泰壹"對舉。如説是。 靈旗：戰旗。武帝伐南越告禱泰一時所
用。見本書《郊祀志》。又有王先謙《漢書補注》引《文選》李善
注引服虔，"旗"作"旌"。

　　[3]【顏注】張晏曰：配藜，披離也。師古曰：樵，木薪也。蒸，麻幹也。焜，同也。言以樵及蒸燒火，炎上於天，又披離四出。【今注】焜（kūn）：光耀。王先謙《漢書補注》指出，蕭該《漢書音義》曰"焜，音昆，火貌也。配藜。"如淳曰："黎爲火正，能使火氣施四裔也。"　配藜：分散的樣子。王先謙《漢書補注》引王先慎指出，《藝文類聚》卷三九"藜"作"黎"，認爲如注所見本亦作"黎"。後人加"艸"作"藜"。

　　[4]【顏注】服虔曰：丹厓，丹水之厓也。師古曰："爌"，古"晃"字。煬，熱也。言崇燎之光遠及四表也。煬，弋向反（蔡琪本、大德本、殿本"弋"前有"音"字）。【今注】倉海：大海。　流沙：指西域地區。《文選》李善注曰引《尚書》曰："弱水餘波入于流沙。"　爌（huǎng）：照明。王先謙《漢書補注》指出，《文選》作"爌"。

　　[5]【顏注】服虔曰：以玄玉飾之，故曰玄瓚。張晏曰：瓚受五升，口徑八寸，以圭爲柄，用灌鬯。觖缪，其皃（蔡琪本、大德本、殿本句末有"也"字）。應劭曰：泔淡，滿也。師古曰：觖，音蚗。缪，力幽反（蔡琪本、大德本、殿本"力"前有"音"字）。泔，胡感反（蔡琪本、殿本"胡"前有"音"字）。淡，大敢反（蔡琪本、大德本、殿本"大"前有"音"字）。【今注】秬（jù）鬯（chàng）：用黑黍和鬱金香草釀造的酒，用於祭祀、降神及賞賜有功的諸侯。《文選》李善注引《尚書》孔安國傳認爲："黑黍曰秬，釀以鬯草。"　泔（hàn）淡：有兩種解釋。一是盛滿、充滿，見應劭注；一是美味，《漢書考正》宋祁認爲，泔淡，美味也。

　　[6]【顏注】師古曰：言秬鬯之芬烈也。【今注】肸（xī）蠁：氣味散布、瀰漫。　豐融：盛美的樣子。

　　[7]【顏注】師古曰：言光炎熛盛，感神物也。訛，化也。碩，大也。熛，必遙反（蔡琪本、大德本、殿本"必"前有

“音”字）。【今注】炎：火光。《漢書考正》宋祁指出，蕭該《漢書音義》本“炎”字作“煙”。王念孫《讀書雜志·漢書第十三》指出，《文選》“炎”作“焱”，《字林》：“焱，火光也。” 熛（biāo）：火焰。王念孫《讀書雜志·漢書第十三》引《說文》曰：“熛，火飛也。” 訛：震動。王念孫《讀書雜志·漢書第十三》引《詩·小雅·無羊》《毛傳》曰：“訛，動也。”案，《文選》李善注曰：“言焱熛熾盛，感動神物也。”

［8］【顏注】服虔曰：令巫祝叫呼天門也。師古曰：巫咸，古神巫之名。【今注】巫咸：古代傳說的人名，爲神巫。《文選》李善注曰，大荒中有靈山，巫咸從此升降。 帝閽（hūn）：天帝的宮門。

［9］【顏注】張晏曰：儐，贊也。師古曰：暗藹，神之形影也。穰穰，多也。委，積也。暗，烏感反（蔡琪本、大德本“烏”前有“音”字）。【今注】儐（bìn）：指侍從。

於是事畢功弘，回車而歸，度三巒兮偈棠梨。[1]天閾決兮地垠開，八荒協兮萬國諧。[2]登長平兮雷鼓磕，天聲起兮勇士厲，[3]雲飛揚兮雨滂沛，于胥德兮麗萬世。[4]

［1］【顏注】師古曰：三巒即封（蔡琪本、大德本、殿本“封”後有“巒”字），觀名也。棠黎（黎，殿本作“梨”），宮名。“偈”讀曰“憩”。

［2］【顏注】師古曰：天閾，天門之閾也。決亦開也。言德澤普洽無極限也。

［3］【顏注】師古曰：長平，涇水上坂名也。磕，擊鼓聲也。天聲，聲至天也。“聲”字或作“嚴”，言擊嚴鼓也。厲，奮也。【今注】長平：阪名。上有宮觀。 磕：指鼓聲大。

[4]【顏注】師古曰：于，曰也。胥，皆也。麗，美也。沛，普大反（蔡琪本、大德本、殿本"普"前有"音"字）。【今注】案，《文選》李善注認爲，言恩澤之多，若雲行雨施。君臣皆有盛德。故華麗至於萬世。

亂曰：[1]崇崇圜丘，隆隱天兮，[2]登降峛崺，單埢垣兮。[3]增宮嵾差，駢嵯峨兮，[4]岭嶒嶙峋，洞亡厓兮。[5]上天之緯，杳旭卉兮，[6]聖皇穆穆，信厥對兮。[7]倈祇郊禋，神所依兮，[8]俳佪招搖，靈遲迡兮。[9]煇光眩燿，隆厥福兮，[10]子子孫孫，長亡極兮。

[1]【顏注】師古曰：亂者，理也，揔理一賦之終（大德本、殿本"終"後有"也"字）。【今注】亂：辭賦篇末概括全文的一節，整理之意。《文選》李善注引《楚辭》王逸注曰："亂，理也。所以發理辭指，總撮所要也。"

[2]【顏注】師古曰：言其高。【今注】圜丘：古代帝王冬至祭天的地方。後亦用以祭天地。

[3]【顏注】師古曰：峛崺，上下之道也。單，周（蔡琪本、大德本、殿本"周"後有"也"字）。埢垣，圜皃也。峛，力尒反（蔡琪本、大德本、殿本"力"前有"音"字）。崺，弋尒反（蔡琪本、殿本"弋"前有"音"字）。單，音蟬。埢，音拳。【今注】峛崺：供上下行走的斜道。《文選》李善注："峛崺，邪道也。"或曰土丘，見蕭該《漢書音義》引《字林》曰："峛崺，沙邱也。"

[4]【顏注】師古曰：增，重也。嵾差，不齊也。駢，並也。嵾，初林反（蔡琪本、大德本、殿本"初"前有"音"字）。駢，

步千反（步，蔡琪本作"少"，"少"前有"音"字；大德本、殿本"步"前有"音"字）。嵳，材何反（蔡琪本、大德本、殿本"材"前有"音"字）。峨，音娥。

[5]【顔注】師古曰：岭嶒，深邃兒。嶙峋，節級兒。岭，音零。嶒，音營。嶙，音鄰。峋，音荀。【今注】岭嶒嶙峋：深遠而無厓的樣子。《漢書考正》宋祁引李善注引《埤蒼》曰："岭嶒嶙峋，深無厓之貌。"

[6]【顔注】師古曰：縡，事也。杳，高遠也。旭卉，疾速也（蔡琪本、大德本、殿本"疾速"作"速疾"）。"縡"讀與"載"同。【今注】縡（zài）：指事情。　旭卉：王先謙《漢書補注》指出，《文選》李善注曰："旭卉，幽昧之貌。"《文選》六臣注曰："旭卉，難知也。"王先謙認爲，"卉"疑"晦"之借字。

[7]【顔注】李奇曰：對，配也。能與天地相配也。《詩》云"帝作邦作對"。師古曰：穆穆，美也。信，實也。

[8]【顔注】師古曰：言以祇敬而來郊祭禋饗，則神祇依附。【今注】禋：祭名。升烟祭天以求福。《漢書考正》宋祁認爲是潔浄之祭，指誠心祭祀。案，《漢書考正》宋祁認爲，"祇"一本作"祇"。

[9]【顔注】師古曰：言神久留安處，不即去也。招，上遙反（蔡琪本、大德本、殿本"上"前有"音"字；遙，大德本作"還"）。遲（遲，殿本作"犀"），音栖。迡，丈夷反（蔡琪本、大德本、殿本"丈"前有"音"字）。【今注】遲迡：行止。王先謙《漢書補注》認爲，《文選》作"靈迉迡兮"，李善注曰："迉迡，即棲遲。"案，殿本"遲"作"犀"。

[10]【顔注】師古曰：昡，音州縣之縣。【今注】案，王先謙《漢書補注》指出，《文選》"隆"作"降"。

　　甘泉本因秦離宮，既奢泰，[1]而武帝復增通天、高光、迎風。宮外近則洪厓、旁皇、儲胥、弩陆，遠則石關、封巒、枝鵲、露寒、棠棃、師得，遊觀屈奇瑰偉，[2]非木摩而不彫，牆塗而不畫，周宣所考，殷庚所遷，夏卑宮室，唐虞採椽三等之制也。[3]且其爲已久矣，非成帝所造，[4]欲諫則非時，欲默則不能已，故遂推而隆之，[5]迺上比於帝室紫宮，[6]若曰此非人力之所能，[7]黨鬼神可也。[8]又是時趙昭儀方大幸，[9]每上甘泉，常法從，[10]在屬車間豹尾中。[11]故雄聊盛言車騎之衆，參麗之駕，非所以感動天地，逆釐三神。[12]又言“屏玉女，郤虙妃”，以微戒齋肅之事。賦成奏之，天子異焉。

[1]【顏注】師古曰：本秦之林光宮也。【今注】奢泰：奢侈。

[2]【顏注】師古曰：棠棃宮在甘泉苑垣外，師得宮在櫟陽界，其餘皆甘泉苑垣內之宮觀也（蔡琪本“皆”後有“在”字）。陆，音祛。【今注】枝鵲：甘泉宮的宮觀之一。殿本《漢書考證》云，“枝鵲”應作“鳷鵲”。 屈奇：奇異。王先謙《漢書補注》認爲，“屈”與“崛”同。言游觀之所皆崛奇瑰偉也。 瑰偉：珍美、奇異、雄偉。

[3]【顏注】師古曰：《小雅·斯干》之詩序曰（斯，殿本誤作“師”）：“宣王考室也。”考，謂成也。殷庚（殷，蔡琪本、大德本、殿本作“般”，是），殷王名也。遷，謂遷都亳也。唐虞，謂堯舜也。椽，柞木也。三等，土階三等，言不過也。椽，音采，又音菜，其字從木。【今注】周宣：周宣王。事迹見《史記》卷四《周本紀》。 殷庚：商朝君主，繼位後遷都於殷。事迹見《史記》卷三《殷本紀》。 唐虞：唐堯和虞舜。唐堯，高唐氏部落首領，在位命羲和定曆法，設諫言之鼓，置四嶽（四方諸侯），

命鯀治水患。後禪讓於舜。虞舜，上古人物。媯姓，名重華。　採（cǎi）椽：以柞木作屋椽。詳見本書卷六二《司馬遷傳》。

[4]【今注】成帝：漢成帝劉驁。

[5]【今注】案，隆，蔡琪本作"降"。

[6]【顏注】師古曰：帝，謂天也。【今注】紫宮：太一的居所。

[7]【今注】案，能，蔡琪本、大德本、殿本作"爲"。

[8]【顏注】師古曰：黨，它莽反（蔡琪本、大德本、殿本"它"前有"音"字）。

[9]【今注】趙昭儀：漢成帝寵妃。事迹見本書卷九七下《外戚傳下》。　案，蔡琪本"大"作"太"。

[10]【顏注】師古曰：法從者，以言法當從耳，非失禮（蔡琪本、大德本、殿本"禮"後有"也"字）。一曰，從法駕也。

[11]【顏注】服虔曰：大駕屬車八十一乘，作三行，尚書御史乘之。冣後一乘縣豹尾（冣，蔡琪本、大德本、殿本作"最"），豹尾以前皆爲省中。

[12]【顏注】師古曰：參，三神也。麗，偶也。【今注】參麗之駕：參乘並駕。《漢書考正》劉敞曰："麗，茲也。所以參乘茲駕者，非其人也。"沈欽韓《漢書疏證》據《晉書·輿服志》認爲，大駕有從官中道左右道並驅者，爲參駕；有但分左右道者，爲麗駕。

　　其三月，將祭后土，上迺帥群臣橫大河，湊汾陰。[1]既祭，行遊介山，回安邑，[2]顧龍門，覽鹽池，[3]登歷觀，[4]陟西岳以望八荒，迹殷周之虛，眇然以思唐虞之風。[5]雄以爲臨川羨魚不如歸而結罔，[6]還，上《河東賦》以勸，其辭曰：

[1]【顏注】師古曰：横，横度之也。湊，趣也。【今注】案，帥，蔡琪本作"率"。

[2]【顏注】師古曰：介山在汾陰東北。回，謂繞過。【今注】介山：山名。在今山西萬榮縣西南。 安邑：縣名。治所在今山西夏縣西北。

[3]【顏注】師古曰：龍門山在今蒲州龍門縣北。鹽池在今虞州安邑縣南（南，蔡琪本作"北"）。【今注】龍門：龍門山，在今陝西韓城市東南，東臨黄河。 鹽池：在今山西運城市西南。《説文》説河東鹽池袤五十一里，廣七里，周百十六里。

[4]【顏注】師古曰：歷山上有觀也（殿本"山"後有"之"字）。晉灼曰：在河東蒲阪縣。【今注】歷觀：沈欽韓《漢書疏證》引《一統志》："歷山在蒲州府永濟縣東南三十里。其東爲神嶺。"位於今山西南部垣曲縣、翼城縣、陽城縣、沁水縣交界處。

[5]【顏注】師古曰：陟，升也。西岳華山之上高峻，故言"以望八荒"。殷都河内，周在岐豐，堯都平陽，舜都蒲坂（坂，蔡琪本、大德本、殿本作"阪"），皆可相見（相，蔡琪本、殿本作"想"），故云"迹殷周之墟，思唐虞之風"也。"虚"讀曰"墟"。

[6]【顏注】師古曰：言成帝追觀先代遺迹，思欲齊其德號，故雄勸令自興至治，以儗帝皇之風。【今注】臨川：面對川流。

伊年暮春，將瘞后土，[1]禮靈祇，謁汾陰于東郊，[2]因兹以勒崇垂鴻，發祥隤祉，欽若神明者，盛哉鑠乎，越不可載已！[3]於是命群臣，齊法服，整靈輿，迺撫翠鳳之駕六，先景之乘，[4]掉犇星之流旃，彏天狼之威弧。[5]張燿日之玄旄，揚左纛，被雲梢。[6]奮電鞭，騄雷輜，[7]鳴洪鍾，建五旗。^[8]羲和司日，顔倫奉輿，^[9]風發颮拂，神騰鬼趡；^[10]千乘霆亂，萬騎屈橋，^[11]嘻嘻旭旭，天地稠𪸩。^[12]簸丘跳巒，涌渭躍涇。^[13]秦神下讋，跖䖟負沴；^[14]河靈矍踢，爪華蹈衰。^[15]遂臻陰宮，穆穆肅肅，蹲蹲如也。^[16]

[1]【顔注】師古曰：伊，是也，謂是祠甘泉之年也。祭地曰瘞薶，故云瘞后土（云，蔡琪本、殿本作"曰"）。瘞，乙例反（蔡琪本、大德本、殿本"乙"前有"音"字）。【今注】暮春：晚春，指農曆三月。

[2]【顔注】師古曰：京師之東，故曰東郊也。

[3]【顔注】師古曰：勒崇垂鴻，勒崇名而垂鴻業也。隤，降也。祉，福也。欽，敬也。若，順也。鑠，美也。越，曰也。已，辭也。言發祥降福，敬順神明，其事盛美，不可盡載。

[4]【顔注】師古曰：翠鳳之駕，天子乘車，爲鳳形而飾以翠羽也。先景，爲馬行速疾，常在景前也。【今注】靈輿：天子乘坐的車。《文選》揚雄《羽獵賦》李善注引服虔："靈輿，天子輿也。" 六：駕六匹馬。

[5]【顔注】晉灼曰：有狼、弧之星也。師古曰：彏，急張也，音钁。【今注】犇（bēn）星：流星。 流旃（zhān）：飄拂的旌旗。

[6]【顔注】張晏曰：雲梢，梢雲也。師古曰："梢"與"旓"同。旓者，旌旗之流（流，大德本、殿本作"旒"），以雲爲旓也。被，音皮義反。【今注】案，玄，殿本作"立"。 左纛（dào）：古代皇帝乘輿上的飾物，以犛牛尾或雉尾製成。

[7]【顔注】師古曰：輴，衣車也（蔡琪本無"車"字）。《淮南子》云"電以爲鞭策，雷以爲車輪"，故雄用此言也。

[8]【顔注】師古曰：洪，大也。《尚書大傳》云："天子左

右五鍾，天子將出則撞黃鍾之鍾，左五鍾皆應，入則撞蕤賓之鍾，右五鍾皆應。"《漢舊儀》云："皇帝車駕建五旗。蓋謂五色之旗也。以木牛丞其下，取其負重致遠。"【今注】建五旗：將五色彩旗豎立在牛背上，出行時使人運載它。沈欽韓《漢書疏證》引《漢舊儀》"清道建五旗"，又引《晉書·輿服志》"以五牛建旗，車設五牛，青赤在左，黃在中，白黑在右"，又云"豎旗於牛背，行則使人輿之。牛之爲義，蓋取其負重致遠而安穩也"。《宋書·禮志》則云"木牛"。《宋史·儀衛志》熙寧七年，太常寺言"五牛旗，蓋古之五時副車也。以木牛載旗，用人輿之，失其本制，宜省去"。

[9]【顏注】師古曰：倫，古善御者也。羲和，日御名。【今注】羲和：古代神話傳說中駕御日車的神。　顏倫：古代傳說中善於駕車的人。

[10]【顏注】師古曰：飈，回風也。趡，走也。飈，必遙反（蔡琪本、大德本、殿本"必"前有"音"字）。趡，子笑反（蔡琪本、大德本、殿本"子"前有"音"字），又作才笑反（蔡琪本、大德本、殿本無"作"字；大德本、殿本"才"前有"音"字）。【今注】趡（cuǐ）：走。《漢書考正》宋祁認爲其有騰躍、躍過的意思。一本作"躈"。蕭該《漢書音義》曰："今《漢書》'鬼趡'或作'躈'字。韋昭'慈昭反'，云'趡，超也'。《字林》音才召反。"錢大昭《漢書辨疑》引《廣雅》曰："騰、趡，犇也。"

[11]【顏注】師古曰：霆亂，言如雷霆之盛而亂動也。屈橋，壯捷皃。屈，其勿反（蔡琪本、大德本、殿本"其"前有"音"字）。橋，其召反（蔡琪本、大德本、殿本"其"前有"音"字）。【今注】屈橋：壯捷的樣子。王先謙《漢書補注》據蕭該《漢書音義》"橋，音嶺嶠之嶠"認爲，"橋""矯"借字。此爲馬抬頭器宇軒昂之狀。

[12]【顏注】服虔曰：稠嶽，動搖皃。師古曰：嘻嘻旭旭，

自得之皃。嘻，許其反（大德本、殿本"許"前有"音"字）。稠，徒弔反（大德本、殿本"徒"前有"音"字）。巀，五到反（大德本、殿本"五"前有"音"字）。

[13]【顏注】師古曰：山小而銳曰巀。言車騎之威，旬隱之盛，至於涌躍涇、渭（躍，蔡琪本作"濯"），跳簸丘山者也。

[14]【顏注】蘇林曰：秦文公時庭中有怪化爲牛，走到南山梓樹中，伐梓樹，後化入豐水。文公惡之，故作其象以厭焉。今之葦頭是也，故曰秦神。服虔曰：沴，河岸之坻也。晉灼曰：沴，渚也。師古曰：跖，蹈也。言此神怖巀，下入水中自蹈其蒐而負沴渚，蓋戚懼之甚也。跖，之亦反（蔡琪本、大德本、殿本"之"前有"音"字）。坻，直尸反（蔡琪本、大德本、殿本"直"前有"音"字）。【今注】秦神：指怒特祠。見王先謙《漢書補注》。 跖（zhí）：跳躍。王先謙《漢書補注》認爲，"跖"與"蹠"同字。《說文》："楚人謂跳躍曰蹠。"言秦神蒐懼其靈魂跳躍遠避，而負倚坻岸也。

[15]【顏注】蘇林曰：河靈，巨靈也。華，華山也。衰，衰山也。掌據之，足蹈之也。踢，試郎反（蔡琪本、大德本、殿本"試"前有"音"字；郎，蔡琪本、殿本作"即"）。服虔曰：踢，石爰反（蔡琪本、大德本、殿本"石"前有"音"字）。師古曰：矍踢，驚動之皃。矍，音鑊（矍音鑊，蔡琪本作"鑊音矍"）。踢，二音並通。刃（刃，蔡琪本、殿本作"𠂹"），古"掌"字。凡言此者，以車騎之衆，羽旄之盛，故秦神、河靈莫不恐懼而自放之（蔡琪本、殿本"之"作"也"）。【今注】河靈：神話傳說中劈開華山的河神巨靈。王先謙《漢書補注》引《水經注·河水》云："華岳本一山當河，河水過而曲行，河神巨靈，手盪腳蹋，開而爲兩，今掌足之跡仍存。《華嶽開山圖》曰，有巨靈胡者，徧得坤元之道，能造山川，出江河，所謂巨靈贔屭，首冠靈山者也。" 矍（jué）踢（táng）：驚動的樣子。王先謙《漢書補

注》指出，踢，當作足旁易。從"易"、從"易"之字多相亂，"踢"之誤"踢"，猶"碭"之誤"碭"。　刌：用手掌按住。但王先謙《漢書補注》引《説文》"不亦丮也，從反爪"，認爲該字不是"掌"。案，蔡琪本、殿本"刌"作"不"，同。　衰：山名。有三種説法，一種是"衰"是"襄"之誤。見《漢書考正》宋祁引江休復《江鄰幾雜志》："趙師民指中條山曰：此所謂襄山"，認爲又據本書《郊祀志》，"自華以西，名山七。華山，薄山。薄山者，襄山也"。一種是作"嵘"，蕭該《漢書音義》曰："《説文》《字林》並無'嵘'字，未詳其音，請俟來哲。"最後一種認爲它即是"衰"字。王念孫《讀書雜志·漢書第十三》認爲本書《郊祀志》中的"襄"是傳寫之誤，不能引以爲據。"襄"字是後人據本書《郊祀志》所改。

[16]【顏注】師古曰：陰宮，汾陰之宮也。穆穆，靜也。肅肅，敬也。蹲蹲，行有節也。蹲，千旬反（蔡琪本、大德本、殿本"千"前有"音"字）。【今注】陰宮：指汾陽的行宮。

　　靈祇既鄉，五位時叙，[1]絪縕玄黃，將紹厥後。[2]於是靈輿安步，周流容與，[3]以覽虖介山。[4]嗟文公而愍推兮，勤大禹於龍門，[5]灑沈菑於豁瀆兮，播九河於東瀕。[6]登歷觀而遥望兮，[7]聊浮游以經營。[8]樂往昔之遺風兮，喜虞氏之所耕。[9]瞰帝唐之嵩高兮，眽隆周之大寧。[10]汨低回而不能去兮，行睨陔下與彭城。[11]濊南巢之坎坷兮，易豳岐之夷平。[12]乘翠龍而超河兮，陟西岳之嶢崝。[13]雲霏霏而來迎兮，澤滲灕而下降，[14]鬱蕭條其幽藹兮，滃汎沛以豐隆。[15]叱風伯於南北兮，呵雨師於西東，[16]參天地而獨立兮，廓盪盪其亡雙。[17]

[1]【顏注】師古曰："鄉"讀曰"嚮"。服虔曰：位（蔡琪本、大德本、殿本"位"前有"五"字），五方之神（殿本"神"後有"也"字）。【今注】鄉：祭獻。　叙：次序，次第。

[2]【顏注】師古曰：絪縕，天地合氣也（合，蔡琪本、殿本作"含"）。玄黄，天地色也。《易·下繫辭》曰："天地絪縕，萬物化淳。"《坤文言》曰："玄黄者，天地之雜色也。天玄而地黄。"將，大也。言天地之氣大興發於祭祀之後。絪，音因。縕，於云反。

[3]【顏注】師古曰：靈輿，天子之輿也。容暇而安豫也。"與"讀曰"豫"。

[4]【今注】介山：王先謙《漢書補注》引本書《地理志》曰："汾陰縣有介山。"引《水經注·汾水》曰："介山即汾山也。其山特立，周七十里，高十餘里。"在今山西萬榮縣西南。

[5]【顏注】師古曰：龍門山，禹鑿之以通河水，故勤勞也。【今注】龍門：王先謙《漢書補注》指出，《水經·河水》"河水南出龍門口，汾水從東來注之"，酈道元注引《魏土地記》曰："梁山北有龍門山，大禹所鑿，通孟津河口，廣八十步。巖際鐫跡，遺功尚存。"

[6]【顏注】師古曰：灑，分也。"菑"，古"災"字也（菑，蔡琪本、殿本作"蕾"）。沈災，洪水也。豁，開也。瀆，謂江、河、淮、濟也。播，布也。九河名在《地理志》。東瀕，東海之瀕也。禹分治洪水之災，通之四瀆，布散九河於東海之瀕也。灑，所宜反（大德本、殿本"所"前有"音"字）。瀕，音頻，又音賓。【今注】灑：把水分散開來。《漢書考正》宋祁指出，韋昭《音義》作酉旁麗，云"音疏佳反"。　案，菑，蔡琪本、殿本作"蕾"。

　　[7]【今注】歷觀：歷山，在今江蘇無錫市西北惠山。王先謙《漢書補注》引《水經注·河水》：“蒲阪縣南有歷山，謂之歷觀，舜所耕處也。有舜井。媯、汭二水出焉。”

　　[8]【今注】浮游：漫游。　經營：周旋，往來。

　　[9]【顏注】師古曰：舜耕歷山，故云然。【今注】喜：游戲，玩賞。《漢書考正》宋祁認爲，“喜”，古本作“娭”。

　　[10]【顏注】師古曰：瞅、眽，皆視也。帝唐（帝唐，蔡琪本作“唐帝”），堯也。嵩亦高也。嵩高者，謂孔子云“巍巍乎唯天爲大，唯堯則之”也。一曰，堯曾遊於陽城，故嵩山瞅其遺蹟也（大德本、殿本“嵩”前有“於”字，“山”前有“高”字）。大寧者，《詩·大雅》云“濟濟多士，文王以寧”。瞅，苦濫反（蔡琪本、大德本、殿本“苦”前有“音”字）。“眽”即“覓”字。【今注】嵩高：崇高。王先謙《漢書補注》認爲，“嵩”即“崇”字，謂觀唐帝之崇高，與“大寧”爲對。　眽（mò）：視。《漢書考正》宋祁指出，“眽”，別本作“眿”，《爾雅》曰“相視也”。

　　[11]【顏注】應劭曰：睨，不正視也。彭城，項羽所都也。晉灼曰：陔下，項羽敗處也。師古曰：汩，往意也。低佪猶言徘佪也（低佪，蔡琪本、大德本、殿本作“低回”）。行，且也（且，蔡琪本誤作“因”），意且欲往覩也。汩，于筆反（大德本、殿本“于”前有“音”字）。睨，五系反（大德本、殿本“五”前有“音”字）。【今注】陔下：地名。在今安徽靈璧縣東南，爲楚漢戰爭項羽戰敗的地方。　彭城：縣名。治所在今江蘇徐州市。楚漢之際爲項羽西楚國都城。

　　[12]【顏注】李奇曰：南巢，桀敗處也。易，樂也。師古曰：“瀎”與“穢”同。坎坷，不平兒。坎，口紺反（大德本、殿本“口”前有“音”字）。坷，口賀反（大德本、殿本“口”前有“音”字）。易，弋豉反（大德本、殿本“弋”前有“音”

字）。【今注】南巢：地名。在今安徽巢湖市西南，爲桀被流放的地方，而不是李奇所説"桀敗處也"。　豳（bīn）：地名。在今陝西旬邑縣。周文王的祖先公劉曾遷居到此。　岐：岐山。在今陝西岐山縣北。

[13]【顏注】師古曰：翠龍，穆天子所乘馬也。西岳即華山也。嶢崝謂嶕嶢而崝嶸也。嶢，音堯。崝，士耕反（大德本、殿本"士"前有"音"字）。【今注】嶢（yáo）崝（zhēng）：高峻的樣子。王先謙《漢書補注》認爲，"崝"與"峥"同。崝嶸，即"峥嶸"。

[14]【顏注】師古曰："霝"，古"霏"字。霝，雲起皃。澤，雨露也。滲灕（灕，大德本作"灘"），流皃（大德本、殿本"皃"後有"也"字）。降，下也。滲，音淋。灘，音離。降，湖江反（湖，蔡琪本、殿本作"湘"，"湘"前有"音"字）。【今注】滲灘：水下流的樣子。王先謙《漢書補注》認爲"灘"與"漓"同字。

[15]【顏注】師古曰：皆雲雨之皃。滃，烏孔反（大德本、殿本"烏"前有"音"字）。汎，敷劍反（大德本、殿本"敷"前有"音"字）。沛，普蓋反（大德本、殿本"普"前有"音"字）。【今注】滃（wěng）：雲氣騰湧的樣子。

[16]【顏注】師古曰：言皆從命也。

[17]【顏注】師古曰：天地曰二儀，王者大位，與之合德，故曰參天地。參之言三也。盪盪，大皃也（蔡琪本、大德本、殿本"皃"後無"也"字）。【今注】案，何焯《義門讀書記》二〇認爲，此狀登華之峻，非如師古注所云合德。

　　遵逝虖歸來，[1]以函夏之大漢兮，彼曾何足與比功？[2]建乾坤之貞兆兮，將悉總之以群龍。[3]麗鉤芒與驂蓐收兮，服玄冥及祝融。[4]敦衆神使式道分，奮六經以攄頌。[5]隃於穆之緝熙兮，過清廟之雝雝；[6]軼五帝之遐迹兮，躡三皇之高蹤。[7]既發軔於平盈兮，誰謂路遠而不能從？[8]

[1]【顏注】師古曰：遵路而旋京師也（旋，蔡琪本作"從"）。

[2]【顏注】服虔曰：函夏，函諸夏也。師古曰：函，包容也。彼謂堯、舜、殷、周也。"函"讀與"含"同。

[3]【顏注】張晏曰：乾六爻悉稱龍也。

[4]【顏注】師古曰：鉤芒，東方神。蓐收，西方神。玄冥，北方神。祝融，南方神。麗，並駕也。驂，三馬也。言皆役服（蔡琪本、大德本"服"後有"也"字）。【今注】麗：並駕。《漢書考正》宋祁指出，蕭該《漢書音義》曰："'麗'，案韋昭作'儷'。儷，偶也。"　驂（cān）：顏師古認爲驂爲三馬，《漢書考正》宋祁與王念孫《讀書雜志·漢書第十三》認爲"驂"字爲衍文。

[5]【顏注】師古曰：敦，勉也。式，表也。六經，謂《易》《詩》《書》《春秋》《禮》《樂》也。攄，散也。頌，謂《詩》頌（頌，大德本誤作"項"），所以美盛德之形容也，言發其志而爲歌頌也。攄，丑於反（大德本、殿本"丑"前有"音"字）。"頌"讀曰"容"。【今注】式道：式道候。爲執金吾屬官。皇帝車駕出行，掌清道，還，持麾至宮門，宮門乃開。

[6]【顏注】師古曰：《周頌·清廟》之詩云"於穆清廟，肅雝顯相"，《昊天有成命》之詩曰"於緝熙"，言漢德之盛，皆過之也。"隃"讀"踰"同。"於"讀曰"烏"。

[7]【顏注】師古曰：軼亦過也，音逸。

[8]【顏注】服虔曰：軔，止車之木，將行，故發去。平盈之地無高下也。師古曰：軔，音刃。【今注】發軔：指出發、啓

程。錢大昭《漢書辨疑》引《楚辭》云"朝發軔於蒼梧",王逸注:"軔,止輪木也。"《説文》:"軔,礙車也。"

　　其十二月羽獵,[1]雄從。以爲昔在二帝三王,[2]宮館臺榭沼池苑囿林麓藪澤財足以奉郊廟,御賓客,充庖厨而已,[3]不奪百姓膏腴穀土桑柘之地。女有餘布,男有餘粟,國家殷富,上下交足,故甘露零其庭,醴泉流其唐,[4]鳳皇巢其樹,[5]黄龍游其沼,麒麟臻其囿,神爵棲其林。昔者禹任益虞而上下和,中木茂;[6]成湯好田而天下用足;[7]文王囿百里,民以爲尚小;齊宣王囿四十里,民以爲大,[8]裕民之與奪民也。[9]武帝廣開上林,南至宜春、鼎胡、御宿、昆吾,[10]旁南山而西,至長楊、五柞,[11]北繞黄山,瀕渭而東,[12]周袤數百里。[13]穿昆明池象滇河,[14]營建章、鳳闕、神明、駊娑,[15]漸臺、泰液,[16]象海水周流方丈、瀛洲、蓬萊。[17]游觀侈靡,窮妙極麗。雖頗割其三垂以贍齊民,[18]然至羽獵田車戎馬器械儲偫禁禦所營,[19]尚泰奢麗誇詡,[20]非堯、舜、成湯、文王三驅之意也。[21]又恐後世復脩前好,不折中以泉臺,[22]故聊因《校獵賦》以風,[23]其辭曰:

　　[1]【顏注】服虔曰:士負羽。【今注】羽獵:帝王出獵,士卒負羽箭隨從,稱"羽獵"。

　　[2]【顏注】應劭曰:二帝,堯、舜。三王,夏、殷、周。

　　[3]【顏注】師古曰:"財"讀與"纔"同。御,侍也。充,當也。【今注】林麓:指山林。　藪(sǒu)澤:指水草茂密的沼

澤湖泊地帶。 御：招待。案，王先謙《漢書補注》引《禮記·王制》：“天子無事，歲三田，一爲乾豆，二爲賓客，三爲充君之庖。”

[4]【顏注】應劭曰：《爾雅》“廟中路謂之唐”。【今注】唐：庭堂前或宗廟內的大路。

[5]【今注】案，皇，蔡琪本、殿本作“凰”。

[6]【顏注】師古曰：益，臣名也，任以爲虞。虞，主山澤之官也。上，山也。下，平地也。中，古“草”字。【今注】益：指伯益。相傳伯益助禹治水有功，禹欲讓位於益，益避居箕山之北。 虞：古代掌管山林川澤之官。

[7]【今注】案，王先謙《漢書補注》引《文選》李善注引《呂氏春秋》曰：“湯見綱置四面，湯拔其三面也。”

[8]【今注】案，王先謙《漢書補注》引王先慎指出，《孟子》作“文王之囿，方七十里。齊宣王之囿，方四十里”。袁宏《後漢紀》載樂松云“宣王之囿五十里，民以爲大。文王百里，民以爲小”，《後漢書》卷五四《楊震傳》同。《詩·大雅·靈臺》“王在靈囿”，《毛傳》云“囿，所以域養禽獸也，天子百里，諸侯四十里”，即據此而言，是文王之囿古固有百里之説。陸贄《奏罷瓊林庫狀》云“周文王之囿百里，時患其尚小。齊宣王之囿四十里，時病其太大”，猶本百里之文，明相傳有百里、七十里之異。至宣王囿，袁、范書言“五十里”，疑“五”爲“四”之誤。《周禮·天官·閽人》賈公彥疏引《白虎通》云“天子百里，大國四十里，次國三十里，小國二十里”，若漢有五十里之文，則班氏不應言“大國四十里”也。樂松説當依此訂正。

[9]【顏注】師古曰：裕，饒也。

[10]【顏注】晉灼曰：鼎胡，宮也，《黃圖》以爲在藍田。昆吾，地名也，有亭。師古曰：宜春近下杜，御宿在樊川西也（川，蔡琪本、殿本作“囿”）。

［11］【顏注】師古曰：旁，步浪反（蔡琪本、大德本、殿本“步”前有“音”字）。

［12］【顏注】師古曰：循，渭水涯而東也。瀕，音頻，又音賓。

［13］【顏注】師古曰：裒，長也，音茂。

［14］【顏注】師古曰：滇，丁賢反（蔡琪本、大德本、殿本“丁”前有“音”字）。【今注】案，《文選》李善注引臣瓚曰：“西南夷有昆明國，又有滇池。故作昆明池以象之，以習水戰。”

［15］【顏注】師古曰：殿名也。馺，先合反（蔡琪本、大德本、殿本“先”前有“音”字）。娑，先河反（蔡琪本、大德本、殿本“先”前有“音”字）。【今注】神明馺娑：建章宮內殿臺名。《文選》李善注引孟康曰：“馺娑，殿名。”李善認爲，“神明，臺名”。

［16］【顏注】師古曰：漸臺在泰液池中。漸，漬也，言爲池水所漬也。

［17］【顏注】服虔曰：海中三山名。法效象之。

［18］【顏注】師古曰：贍，給也。齊人（人，殿本作“民”），解在《食貨志》。【今注】三垂：指邊緣地帶。

［19］【顏注】師古曰：營，謂圍守也。【今注】儲偫（zhì）：特指存儲物資以備需用。王先謙《漢書補注》指出，《說文》云：“儲，偫也。偫，待也。” 禁禦（yù）：禁苑周圍的藩籬，指禁苑。《漢書考正》宋祁認爲，“禦”當作“籞”。

［20］【顏注】師古曰：訏，大也，音許羽反。【今注】尚：猶，還。王先謙《漢書補注》認爲，尚，猶也。 泰：太，過甚。王先謙《漢書補注》認爲：“泰，猶言過也。”

［21］【顏注】師古曰：三驅，古射獵之等也。一爲籩豆，二爲賓客，三爲充君之庖也。【今注】三驅：有兩說。一是顏師古注中所認爲的古代射獵等級。二是《漢書考正》宋祁指出的田獵之

制，須讓開一面，三面驅趕，以示好生之德，《禮記・王制》所謂"天子不合圍"者。

[22]【顏注】服虔曰：魯莊公築泉臺，非禮也，至文公毀之，《公羊》譏云："先祖爲之而毀之，勿脩而已。"今揚雄以宮觀之盛，非成帝所造，勿脩而已，當以泉臺折中也。

[23]【顏注】師古曰：校獵，謂圍守禽獸而大獵也。"風"讀曰"諷"。【今注】案，關於《校獵賦》的寫作時間，沈欽韓《漢書疏證》指出，劉歆《七略》曰："《羽獵賦》，永始三年十二月上。"據本書卷一〇《成紀》，當在元延二年（前11）。

　　或稱戲農，豈或帝王之彌文哉？[1]論者云否，各亦竝時而得宜，奚必同條而共貫？[2]則泰山之封，烏得七十而有二儀？[3]是以創業垂統者俱不見其爽，遐邇五三孰知其是非？[4]遂作頌曰：麗哉神聖，處於玄宮，富既與地虖侔訾，貴正與天虖比崇。[5]齊桓曾不足使扶轂，[6]楚嚴未足以爲騑乘；[7]陋三王之阸薜，嶠高舉而大興；[8]歷五帝之寥廓，涉三皇之登閎；[9]建道德以爲師，友仁義與爲朋。

[1]【顏注】師古曰：設或人云，言儉質者皆舉伏戲、神農爲之首，是則豈謂後代帝王彌加文飾乎？故論者答之於下也。論者，雄自謂也。彌猶稍稍也。諸家之釋，皆不當意，徒爲煩雜，故無所取。【今注】戲農：伏羲、神農。伏羲，傳說爲上古東夷族首領，教民結網漁獵。神農，傳說中的太古帝王名，始教民爲耒耜，務農業。　豈或：有兩種解釋。一是顏師古認爲的"豈謂"。二是王先謙《漢書補注》認爲，"或"爲"有"的意思。因爲

"或"與"有"聲相近,字亦相通。言伏羲、神農豈有後世帝王之彌文!

[2]【顏注】師古曰:所尚不必同也。

[3]【顏注】孟康曰:言封禪各異也。師古曰:若不如是,於何得七十二儀也?

[4]【顏注】師古曰:爽,差也。創業垂統,皆無差忒。五帝三王,誰是誰非,言文質政教各不同也(政教,大德本誤作"故殺")。

[5]【顏注】師古曰:頌漢德也。玄宮,言清靜也。"訾"與"貲"同。【今注】玄宮:有兩種解釋。一爲顏師古所説的,清净的宮殿。一爲王先謙《漢書補注》引《文選》李善注引《莊子》,以爲顓頊所居。　侔:齊同,等同。

[6]【今注】齊桓:齊桓公。姜姓,名小白。公元前685年至前643年在位。春秋五霸之首。　扶轂:扶持車輪。

[7]【今注】楚嚴:即楚莊王熊旅(一作"熊侣")。春秋時期楚國君主,春秋五霸之一。公元前614年即位,在位二十三年。東漢避明帝劉莊名諱,改"莊王"爲"嚴王"。　驂乘:陪乘。

[8]【顏注】師古曰:"薜"亦"僻"字也。嶠,舉步兒也,去昭反(蔡琪本、大德本、殿本"去"前有"音"字)。【今注】陁:阻礙。　薜:僻陋。王先謙《漢書補注》認爲"薜"爲"僻"借字。《文選》作"狹三王之陁僻"。　嶠:舉步的樣子。

[9]【顏注】師古曰:寥廓,空曠也。登閎,高遠也。寥,音聊。【今注】登閎(hóng):高大,高遠。

於是玄冬季月,天地隆烈,[1]萬物權輿於內,徂落於外,[2]帝將惟田于靈之囿,[3]開北垠,受不周之制,[4]以終始顓頊、玄冥之統。[5]迺詔虞人典澤,東延昆鄰,西馳閭闔。[6]儲積共偫,戍卒夾道，[7]斬叢棘，夷野草，[8]禦自汧、渭，經營酆、鎬，[9]章皇周流，出入日月，天與地沓。[10]

[1]【顏注】師古曰：北方色黑，故曰玄冬。隆烈者，陰氣盛。

[2]【顏注】師古曰：權輿，始也。徂落，死也。言草木萌牙始生於內，而枝葉凋毀死傷於外也。【今注】權輿：起始，萌芽。

[3]【顏注】師古曰：靈囿，靈德之苑囿也（蔡琪本、大德本、殿本“靈德”前有“有”字）。《詩·大雅·靈臺》之篇曰“王在靈囿”。【今注】囿（yòu）：古代畜養禽獸供帝王玩樂的園林。

[4]【顏注】孟康曰：西北爲不周風，謂冬時也。師古曰：垠，厓也，音銀。

[5]【顏注】應劭曰：顓頊、玄冥，皆北方神（大德本、殿本“方”後有“之”字），主殺戮也。【今注】案，王先謙《漢書補注》引《文選》指出，“以”下有“奉”字。　顓頊：五帝之一。生於若水，居於帝丘（今河南濮陽市），號高陽氏。古神話中的北方天帝，又稱黑帝或玄帝。　玄冥：北方之神。

[6]【顏注】張晏曰：東至昆明之邊也。師古曰：昆明池邊也。閶闔，門名也。“閶”讀與“昌”同也，又吐郎反（蔡琪本、大德本、殿本“吐”前有“音”字）。【今注】虞人：古時掌山澤苑囿之官。　閶（chāng）闔（hé）：天門，此處指宮門。王先謙《漢書補注》指出，“閶”《文選》作“閶”。《說文》曰“閶闔，盛兒”。此假“閶”爲“閶”。《周禮·夏官·大司馬》鄭玄注“鼓聲不過閶”，又假“閶”爲“閶”。

[7]【顏注】師古曰：“共”讀曰“供”。侟，丈紀反（蔡琪本、大德本、殿本“丈”前有“音”字）。【今注】共（gōng）

偫（zhì）：備用，儲備。 戍卒：戍守邊疆的士兵。 夾道：在道路兩旁。

[8]【顏注】師古曰：夷，平也。【今注】叢棘：叢生的荆棘。

[9]【顏注】應劭曰：禦，禁也。師古曰：將獵其中，故止禁不得人行及獸出也。汧、渭以東，酆、鎬以西，皆爲獵圍也。【今注】汧（qiān）：此指汧山。在今陝西隴縣西南，漢代稱"吳山"。 渭：水名。即今渭河。 酆：酆水，一作"灃水"。源出終南山，北流經今陝西西安市西匯入渭河。 鎬：又稱鎬京。西周都城。在今陝西西安市長安區西北鎬京村附近。周武王滅殷之後，將都城從豐遷至鎬。

[10]【顏注】師古曰：章皇周流，言帀徧也（帀，蔡琪本、殿本作"匝"），謂苑圍之大，遙望日月皆從中出入，而天地之際杳然縣遠也。說者反以"杳"爲"沓"，解云重沓，非唯乖理（唯，蔡琪本、殿本作"惟"），蓋以失韻（以，殿本作"已"）。【今注】章皇：彷徨。 杳：深遠，高遠，沒有邊界。孫志祖《文選考異》卷一認爲，屈原《楚辭·天問》"天何所沓"，王逸注："沓，合也。言天與地會合何所。"揚雄應以屈原的話爲原本。又，《漢書考正》宋祁指出"杳"舊作"者"，《刊誤》改"者"作"杳"，景本無"然"字。二是"杳"當作"沓"。王先謙《漢書補注》指出，《文選》"杳"作"沓"，應劭曰："沓，合也。"王先謙認爲，據應說，則所見本作"沓"。

　　爾廼虎路三嵏以爲司馬，圍經百里而爲殿門。[1]外則正南極海，[2]邪界虞淵，[3]鴻濛沆茫，碣以崇山。[4]營合圍會，然后先置虖白楊之南，昆明靈沼之東。[5]賁育之倫，蒙盾負羽，杖鏌邪而羅者以萬計，[6]其餘荷垂天之畢，張竟壄之罘，靡日月之朱竿，曳彗星之飛旗。[7]青雲爲紛，紅蜺爲纚，屬之虖昆侖之虛，^[8]渙若天星之羅，浩如濤水之波，^[9]淫淫與與，前後要遮。^[10]欃槍爲闉，明月爲候，^[11]熒惑司命，天弧發射，^[12]鮮扁陸離，駢衍佖路。^[13]徽車輕武，鴻絧緁獵，^[14]殷殷軫軫，被陵緣阪，窮冥極遠者，相與迿虖高原之上；^[15]羽騎營營，昈分殊事，^[16]繽紛往來，輜軒不絕，若光若滅者，布虖青林之下。^[17]

[1]【顏注】晉灼曰：路，音落。服虔曰：以竹虎落此山也。應劭曰：外門爲司馬門，殿門在内也。師古曰：落，纍也，以繩周繞之也。三嵏，三峯聚之山也。嵏，子公反（蔡琪本、大德本、殿本“子”前有“音”字）。【今注】虎路（luò）：古代用以遮護城邑或營寨的竹籬，亦用以作爲邊塞分界的標志。王先謙《漢書補注》引蕭該《漢書音義》曰：“該案，《晁錯傳》‘中周虎落’。韋昭曰：‘於城中爲藩落，如落虎矣，謂之虎落。’”　司馬：司馬門。皇帝宫、王宫、軍營、帝陵均有司馬門，先秦時已有。司馬門是不止車門。臣子入宫不得走司馬門，袛能走掖門。過司馬門須下車（參見楊鴻年《漢魏司馬門雜考》，《中華文史論叢》1981年第3、4輯）。　圍經：周長，邊長。王先謙《漢書補注》指出，“經”讀與“徑”同。

[2]【今注】極海：至海。極意爲至、到。

[3]【顏注】應劭曰：虞淵，日所入。【今注】邪界：左邊的接界。錢大昭《漢書辨疑》指出，“邪”古與“左”通。《禮記·王制》中“執左道以亂政”，盧植曰：“左道，謂邪道。”司馬相如《子虚賦》云“邪與肅慎爲鄰”，師古曰，“邪”讀爲“左”。揚雄《長楊賦》“回戈邪指”，亦謂“左指”。

[4]【顏注】師古曰：鴻濛沆茫，廣大皃。碣，山特立皃。

鴻，胡孔反（蔡琪本、大德本“胡”前有“音”字）。濛，莫孔反（蔡琪本、大德本、殿本“莫”前有“音”字）。沆，胡浪反（蔡琪本、大德本、殿本“胡”前有“音”字）。芒，音荒。碣，音竭。

[5]【顏注】張晏曰：先置供具於前。服虔曰：白楊，觀名。【今注】靈沼：池沼名。《漢書考正》宋祁指出，李善注引《三秦記》曰：“昆明池中有靈沼神池。”

[6]【顏注】師古曰：賁，孟賁也。育，夏育也。皆古之勇士也。鏌邪，大戟也。羅，列遮禽獸。鏌，音莫。邪，弋奢反（蔡琪本、大德本、殿本“弋”前有“音”字）。【今注】賁育：指孟賁和夏育，均爲戰國時衛國勇士。

[7]【顏注】如淳曰：垂天，言長大如天之垂也。師古曰：畢，田罔也。罘，幡車罔也。【今注】垂天：蔽天，籠罩天空。王先謙《漢書補注》引李善云：“言畢之大，垂天邊也。” 畢：古時田獵用的長柄網。 日月之朱竿：太常旗的紅色旗竿。王先謙《漢書補注》引《文選》李善注云：“朱竿，太常之竿也。日月爲太常。” 彗星之飛旗：古人認爲彗星是天地的旗幟。王先謙《漢書補注》引李善注引《河圖》曰：“彗星者，天地之旗也。”引《楚辭》曰：“攬彗星以爲旗。”

[8]【顏注】師古曰：紛，旄也。繘，系也。屬，綴也。昆侖，西極之山也。繘，下犬反（蔡琪本、大德本、殿本“下”前有“音”字）。屬，之欲反（蔡琪本、大德本、殿本“之”前有“音”字）。“虛”讀曰“墟”。【今注】紛：旗上的飄帶。王先謙《漢書補注》引蕭該《漢書音義》曰：“紛，張晏曰‘紛，燕尾也’，韋昭曰‘紛，旗旒也，音邠’。” 繘：旗上的結帶。王先謙《漢書補注》引姜皋云：“《方言》：‘胡以縣樠，宋、魏、陳、楚、江淮之間謂之繘，或謂之環。’故《玉篇》云‘繘，環也’，《說文》‘繘，落也’，均作維系解。惟韋昭以爲旗上繫。”

[9]【顏注】師古曰：天星之羅，言布列也。濤水之波，言廣大（殿本"大"後有"也"字）。

[10]【顏注】師古曰：淫淫與與（淫淫，殿本作"遙遙"），往來皃。

[11]【顏注】孟康曰：闉，鬭戰自障蔽，如城門外女垣也。【今注】闉（yīn）：古代城門外的瓮城。　候：邊境守望、報警的官吏。王先謙《漢書補注》引《文選》李善注曰："候，望敵者。"

[12]【顏注】張晏曰：熒惑，法使，司不祥。天弧，虛、危上二星也。【今注】熒惑：古指火星。因隱現不定，令人迷惑，故名。　天弧：星名。屬於南方七宿中的井宿。古人以爲主兵盜。

[13]【顏注】師古曰：鮮扁，輕疾皃。駢衍，言其並廣大也。似，次比也，一曰，滿也。扁，音篇。駢，步千反（蔡琪本、大德本、殿本"步"前有"音"字）。似，頻一反（蔡琪本、大德本、殿本"頻"前有"音"字），又步結反（蔡琪本、大德本、殿本"步"前有"音"字）。【今注】鮮扁：有兩種解釋。一是輕疾的樣子，如顏注。二是鮮明斑斕。王先謙《漢書補注》認爲"扁"與"翩"同。鮮扁，言鮮明而翩斕，與"陸離"對文。

[14]【顏注】師古曰：徽車，有徽幟（幟，蔡琪本、大德本作"熾"；蔡琪本、大德本"熾"後有"之車也鴻絧直馳貌綀獵相差次也"十四字）。鴻，胡孔反（蔡琪本、大德本、殿本"胡"前有"音"字）。絧，徒孔反（蔡琪本、大德本、殿本"徒"前有"音"字）。綀，音捷。【今注】輕武：輕捷勇健的兵卒。王先謙《漢書補注》引李善注："《廣雅》：武，健也。"　鴻絧（dòng）：有兩種解釋，存在爭議。一是直馳的樣子。如顏師古注。二是相連的樣子，王先謙《漢書補注》引李善注引《廣雅》曰："鴻絧，相連貌"。

[15]【顏注】師古曰：殷軫，盛也。冥，幽深也。"殷"讀曰"隱"。

[16]【顏注】蘇林曰：旴，明也。師古曰：營營，周旋皃也。言其服飾分明，各殊異也。旴，音户。

[17]【顏注】孟康曰：轠轤，連屬皃。如淳曰：轠，音雷。轤，音盧。師古曰：繽紛，衆疾也。轠轤，環轉也。繽，匹人反（蔡琪本、大德本、殿本"匹"前有"音"字）。【今注】轠（léi）轤（lú）：連屬的樣子。王先謙《漢書補注》指出，若光若滅，猶乍明乍暗。

　　於是天子迺以陽朣始出虖玄宫，[1]撞鴻鍾，建九旒，六白虎，載靈輿，蚩尤並轂，蒙公先驅。[2]立歷天之旂，曳捎星之旗，[3]辟歷列缺，吐火施鞭。[4]萃傱沇溶，淋離廓落，戲八鎮而開關；[5]飛廉、雲師，吸嚊潚率，鱗羅布列，攢以龍翰。[6]秋秋蹌蹌，入西園，切神光；[7]望平樂，徑竹林，[8]蹂蕙圃，踐蘭唐。[9]舉烽烈火，譬者施披，[10]方馳千駟，校騎萬師。[11]虓虎之陳，從橫膠輵，猋泣雷厲，驥騄駤磕，[12]洶洶旭旭，天動地呿。[13]羨漫半散，蕭條數千萬里外。[14]

　　[1]【顏注】師古曰：陽朝，日出之後也。北方之宫，故曰玄宫。

　　[2]【顏注】服虔曰：蒙公，蒙恬也。孟康曰：神名也。師古曰：服說是也。並，步浪反（蔡琪本、大德本、殿本"步"前有"音"字）。【今注】蒙公：有兩種說法。一是指蒙恬，如服虔注。二是古代帝王大駕出宫時，武士披髮前驅者。何焯《義門讀書記》卷二〇引《文選》李善注："如淳曰：'蒙公，髦頭也。'晉灼曰：'此多說天子事。如說是。'"則顏注中孟說之意。

[3]【顏注】師古曰：歷，經也。捎猶拂也。歷天捎雲，言其高也。捎，所交反（蔡琪本、大德本、殿本“所”前有“音”字）。

[4]【顏注】應劭曰：辟歷，雷也。列缺，天隙電照也。師古曰：言獵火之燿，及馳騎奮鞭，如電吐光，及象其疾。【今注】施鞭：揚鞭。

[5]【顏注】應劭曰：四方四隅爲八鎮。如淳曰：不言九者，一鎮在中，天子居之故也。師古曰：“戲”讀曰“麾”，謂指麾八鎮使之開關也。㹦，先勇反（蔡琪本、大德本、殿本“先”前有“音”字），又音叢。溶，音容。【今注】萃㹦（sǒng）：聚集的樣子。王先謙《漢書補注》引蕭該《漢書音義》云：“㹦，案《字林》及《埤蒼》云，㹦㹦，走貌也。” 沇溶：盛多的樣子。

[6]【顏注】師古曰：吸嚊，開張也。瀟率，聚斂也。言布列則如魚鱗之羅，攢聚則如龍之豪翰。嚊，許冀反（蔡琪本、大德本、殿本“許”前有“音”字）。瀟，音肅。翰，合韻音韓。【今注】吸嚊瀟率：張開，收攏。王先謙《漢書補注》引《文選》李善注：“《説文》：‘吸，内息也。’《埤蒼》曰：‘嚊，喘息聲也。’”王先謙認爲，瀟率即蕭索，是風聲的意思。 龍翰：指龍毛、龍鱗。

[7]【顏注】師古曰：秋秋蹌蹌，騰驤之兒。切神光者，言車之衆飭相切靡而光起（飭，大德本、殿本作“飾”），有若神也。蹌，千羊反（蔡琪本、大德本、殿本“千”前有“音”字）。【今注】秋秋蹌蹌：奔騰的樣子。《漢書考正》宋祁認爲“秋秋”，淳化本作“啾啾”，《刊誤》據本書《禮樂志》“龍秋游”改“啾”爲“秋”。據蕭該説，“啾”舊作“愁”，今書或作口旁“啾”。蕭該引《埤蒼》“啾啾，衆聲也”，又引《楚辭》“鳴玉鸞之啾啾”“猿啾啾兮又夜鳴”爲據。 切：接近。《文選》李善注引張晏曰：“切，近也。” 神光：有兩種解釋。一是車聚集在一起，車上的裝

飾相切，散發出的光。二是宮名。如王先謙《漢書補注》認爲，以上下文律之，神光爲宮名無疑。

　　[8]【顏注】張晏曰：平樂，館名（蔡琪本、大德本、殿本“名”後有“也”字）。晉灼曰：在上林中。【今注】竹林：王先謙《漢書補注》指出，盧文弨云，本書卷六五《東方朔傳》“長門園有萩竹，竇太主獻爲宮，即竹林也”。

　　[9]【顏注】師古曰：蕙圃，蕙草之圃也。蘭唐，陂唐之上多生蘭也。

　　[10]【顏注】師古曰：轡者，御人執轡也。【今注】披：《漢書考正》宋祁認爲當作“技”。

　　[11]【顏注】師古曰：方馳，並驅也。校騎，騎而爲部校者也。【今注】校騎：騎兵部隊。

　　[12]【顏注】服虔曰：虓，音哮。鄧展曰：泣，音粒。師古曰：哮虓之陳（哮，蔡琪本、殿本作“虓”），謂勇士奮怒，狀如猛獸而爲行陳也。泣，猋風疾皃（泣猋風疾皃，殿本作“猋泣風疾貌”）。驈駍駖磕，皆聲響衆盛也。哮，火交反（蔡琪本、大德本、殿本“火”前有“音”字）。輵，音葛。驈，匹人反（蔡琪本、大德本、殿本“匹”前有“音”字）。駍，普萌反（蔡琪本、大德本、殿本“普”前有“音”字）。駖，力莖反（蔡琪本、大德本、殿本“力”前有“音”字）。磕（磕，蔡琪本、大德本、殿本作“礚”），音口盍反。【今注】膠輵：交錯紛亂的樣子。王先謙《漢書補注》引蕭該《漢書音義》曰，“輵”，舊作“鶡”，又作“謁”。《文選》“膠輵”作“轇轕”。　泣：風聲。王先謙《漢書補注》引《文選》李善注：“拉，風聲也。鄧展曰：‘拉，音獵。’”認爲，“猋”不能以“泣”言，顏據所見本以疾貌訓之，是亦知泣之不可通。作“拉”爲是。

　　[13]【顏注】蘇林曰：趿，音趿趿動搖之趿。師古曰：洶，音匈。趿，五合反（蔡琪本、大德本、殿本“五”前有“音”

字）。【今注】扱：動搖的樣子。

　　[14]【顏注】師古曰：羨，弋戰反（蔡琪本、大德本、殿本"弋"前有"音"字）。【今注】羨漫：曼衍，散漫。　半散：分布，分散。王先謙《漢書補注》認爲，"半"與"泮"同。案，王念孫《讀書雜志·漢書第十三》指出，"萬"字後人所加，《文選》無。

　　　　若夫壯士忼慨，殊鄉別趣，[1]東西南北，騁耆奔欲。[2]拕蒼豨，跋犀犛，蹶浮麋。[3]斮巨狿，搏玄蝯，[4]騰空虛，距連卷。[5]踔夭蟜，娭澗門，[6]莫莫紛紛，山谷爲之風猋，林叢爲之生塵。[7]及至獲夷之徒，蹶松柏，掌疾棃；[8]獵蒙蘢，轔輕飛；[9]履般首，帶脩蛇；[10]鉤赤豹，摼象犀；[11]跐蠻阬，超唐陂。[12]車騎雲會，登降闒蒿，[13]泰華爲旒，熊耳爲綴。[14]木仆山還，漫若天外，[15]儲與虖大溥，聊浪乎宇内。[16]

　　[1]【顏注】師古曰："鄉"讀曰"嚮"。

　　[2]【顏注】師古曰：言隨其所欲而各馳騁取之也。"耆"讀曰"嗜"。欲，合韻音弋樹反。【今注】耆（shì）：嗜好。

　　[3]【顏注】張晏曰：跋，蹕也。鄭氏曰：蹶，音馬蹄蹶之蹶。師古曰：拕，曳也。跋，反戾也。蹶，蹴也。浮麋，水上浮者也。拕（拕，大德本作"㐌"），音佗。跋，步末反（蔡琪本、大德本、殿本"步"前有"音"字）。【今注】豨（xī）：指豬。王先謙《漢書補注》引蕭該《漢書音義》認爲，豨，《字林》曰"東方名豕曰豨，語豈反"。案，蔡琪本、殿本作"狶"。　犀犛：犀牛和犛牛。　蹶：踢，踩。

［4］【顏注】師古曰：斳，斬也。狿，獸名也。解在《司馬相如傳》。斳，側略反（蔡琪本、大德本、殿本“側”前有“音”字）【今注】狿（yán）：獸名。　玄蝯：黑色的猿。

［5］【顏注】張晏曰：連卷之木也。師古曰：“岠”即“距”字也（岠，蔡琪本、殿本作“距”；距，蔡琪本、殿本作“拒”）。卷，音拳。【今注】案，岠，蔡琪本、殿本作“距”。

［6］【顏注】師古曰：踔，走也。天蟜亦木枝曲也。娭，戲也。踔，丑孝反（蔡琪本、大德本、殿本“丑”前有“音”字），又音徒釣反。蟜，音矯。娭，許其反（蔡琪本、大德本、殿本“許”前有“音”字）。【今注】踔：跑，經過。王先謙《漢書補注》引李善注引《三蒼詁訓》曰：“踔，踰也。”騰、距、踔、娭，皆謂壯士。　娭（xī）：同“嬉”。嬉戲。　澗門：澗谷的入口處。

［7］【顏注】師古曰：莫莫，塵埃皃。紛紛，亂起皃。

［8］【顏注】服虔曰：獲夷，能獲夷狄者也。師古曰：掌，以掌擊也。【今注】獲夷：有兩種説法。一爲烏獲和夷羿。《漢書考正》劉敞曰：“獲，烏獲；夷，夷羿；皆有力者。”一爲漢代兵名。周壽昌《漢書注校補》：“疑漢兵卒之設此名，説如射聲、伎飛之類。”

［9］【顏注】師古曰：蒙籠，草木所蒙蔽處也。轔，轢也。輕飛猶言輕禽也。轔，音吝。

［10］【顏注】如淳曰：般，音班。班首，虎之類也。師古曰：履，謂踐履之也。脩，長也。【今注】般首：泛指老虎一類猛獸。　脩蛇：長蛇、大蛇。

［11］【顏注】師古曰：“摰”，古牽反（反，大德本、殿本誤作“字”）。

［12］【顏注】師古曰：趾，渡也。蠻阬，並解於上。唐陂，陂之有隄唐者也。阬，音剛。趾，弋制反（蔡琪本、大德本、殿本“弋”前有“音”字）。【今注】趾：渡過。　唐陂：堤岸。王

先謙《漢書補注》認爲，"唐"近字作"塘"。"塘陂"與"巒阮"對文。

[13]【顔注】師古曰：闇，烏感反（蔡琪本、殿本"烏"前有"音"字）。【今注】闇藹：衆多的樣子。王先謙《漢書補注》認爲，闇藹，不分明貌。或作"晻藹"。

[14]【顔注】師古曰：旒，旌旗之旒也。綴，所以縣旌也。

[15]【顔注】如淳曰：還，音旋。言山爲之回旋也。【今注】仆：向前跌倒。

[16]【顔注】師古曰（師古，蔡琪本、大德本、殿本作"服虔"）：儲與，相羊也。薄，水崖也。師古曰：聊浪，言游放也。與，音餘。薄，音普，浪，音琅。【今注】儲與：徜徉。 大薄：大海。王先謙《漢書補注》指出，《文選》"薄"作"浦"，"薄"爲借字。 案，乎，蔡琪本、殿本作"虖"。

於是天清日晏，[1]逢蒙列眥，羿氏控弦。[2]皇車幽輵，光純天地，[3]望舒彌轡，[4]翼乎徐至於上蘭。[5]移圍徙陳，浸淫蹵部，[6]曲隊堅重，各案行伍。[7]壁壘天旋，神抶電擊，[8]逢之則碎，近之則破，鳥不及飛，獸不得過，軍驚師駭，刮野掃地。[9]及至罕車飛揚，武騎聿皇；[10]蹈飛豹，絹嗥陽；[11]追天寶，出一方；[12]應駍聲，擊流光。攣盡山窮，囊括其雌雄，[13]沈沈容容，[14]遥噱虖紘中。[15]三軍芒然，窮尤閼與，[16]亶觀夫票禽之絏隃，犀兕之抵觸，熊羆之挐攫，虎豹之凌遽，[17]徒角搶題注，蹶辣彗怖，魂亡魄失，觸輻關脰。[18]妄發期中，進退履獲，[19]創淫輪夷，丘累陵聚。[20]

[1]【顏注】師古曰：晏，無雲也。

[2]【顏注】師古曰：逢蒙及羿，皆古善射者。列，整也。控，引也。【今注】逢蒙：人名。善射。相傳學射於后羿，盡羿之道。思天下唯羿勝己，於是殺羿。 列眥（zì）：瞋眼注視。列，同"裂"。眥，泛指眼睛。 羿氏：后羿。善射，相傳夏太康沉湎於游樂，羿推翻其統治，自立爲君，號有窮氏。不久因喜狩獵，不理民事，爲其臣寒浞所殺。

[3]【顏注】李奇曰：純，緣也。師古曰：幽輵，車聲也。輵，一轄反（蔡琪本、大德本、殿本"一"前有"音"字）。純，之允反（蔡琪本、大德本、殿本"之"前有"音"字）。【今注】皇車：君主的車子。王先謙《漢書補注》引《文選》李善注引服虔曰："皇車，君車也。" 幽輵：有兩種說法。一爲車聲，如顏師古注。一爲廣大的樣子。王先謙《漢書補注》引王先慎指出，即轇輵，又引《文選·東京賦》李善注："轇輵，廣大貌。" 純：照耀。王念孫《讀書雜志·漢書第十三》引李善引《方言》曰："純，文也。"以爲李奇、李善說皆非。"純"讀曰"焞"。焞，明也。光焞天地，猶言光燿天地。《說文》："焞，明也。"引《國語·鄭語》"焞燿天地"，今本"焞"作"淳"，云"夫黎爲高辛氏火正，以淳燿敦大，天明地德，光昭四海，故命之曰祝融"。韋昭注曰："祝，始也。融，明也。""焞""淳"純古通用。本書卷一〇〇《敘傳》"黎淳燿于高辛"，義與《鄭語》同；應劭訓淳爲美，亦誤。揚雄《太玄·測序》"盛哉日乎，丙明離章，五色淳光"，范望亦曰"淳，明也"。

[4]【顏注】師古曰：望舒，月御也。彌，斂也。言天子之車斂轡徐行，故假望舒爲言耳。彌，音莫爾反（爾，蔡琪本作"耳"）。【今注】望舒：神話中爲月駕車的神。 彌轡：按轡徐行。王先謙《漢書補注》指出，"彌轡"即弭轡。

[5]【顏注】晉灼曰：上蘭觀在上林中。

[6]【顏注】師古曰：部，軍之部校也，言稍聚逼而重。薿，千欲反（蔡琪本、大德本、殿本“千”前有“音”字。）【今注】薿：促，靠近。王先謙《漢書補注》引《文選》李善注曰“《毛傳》：‘薿，促也。’薿，古字通”。

[7]【顏注】師古曰：隊亦部也。案，依也。隊，徒内反（蔡琪本、大德本、殿本“徒”前有“音”字）。行，胡郎反（蔡琪本、大德本、殿本“胡”前有“音”字）。【今注】堅重：堅定而從容。

[8]【顏注】師古曰：言所扶擊如鬼神雷電也。扶，丑乙反（蔡琪本、大德本、殿本“丑”前有“音”字）。

[9]【顏注】師古曰：言殺獲皆盡，無遺餘也。掃，先早反（蔡琪本、大德本、殿本“先”前有“音”字）。

[10]【顏注】師古曰：畢車，畢畢之車也。聿皇，疾皃。【今注】聿（yù）皇：輕捷的樣子。王先謙《漢書補注》認爲“聿皇”，字或作“矞皇”。“聿”“遹”“矞”字通用。

[11]【顏注】師古曰：嚊陽，費費也，人面黑身，有毛，反踵，見人則笑，脣蔽其目。絹，工犬反（蔡琪本、大德本、殿本“工”前有“音”字）。嚊，工聊反（蔡琪本、大德本、殿本“工”前有“音”字）。費，扶味反（蔡琪本、大德本、殿本“扶”前有“音”字）。【今注】絹：羅網。王先謙《漢書補注》指出《文選》“絹”作“羂”。

[12]【顏注】應劭曰：天寶，陳寶也。晉灼曰：天寶，雞頭而人身。

[13]【顏注】如淳曰：陳寶神來下時，駍然有聲，又有光精也。應劭曰：下時窮極山川天地之間，然後得其雌雄也。師古曰：雄在陳倉，雌在南陽也。故云“野盡山窮”也。駍，普萌反（蔡琪本、大德本、殿本“普”前有“音”字）。

[14]【今注】沈沈容容：野獸衆多的樣子。《漢書考正》宋祁

指出，蕭該本“沈”作“沇”。《文選》亦作“沇沇”。王念孫《讀書雜志·漢書第十三》認爲“沇”“容”雙聲字，謂禽獸衆多之貌。

　　[15]【顏注】師古曰：口内之上下名爲噱，言禽獸奔走倦極，皆遙張噱吐舌於紭罔之中也。師古曰：噱，其略反（蔡琪本、大德本、殿本“其”前有“音”字）。紭，古“紘”字。【今注】噱（jué）虖紭：有兩種説法。一爲張口吐舌，如顏師古注。二爲疲憊的意思。王念孫《讀書雜志·漢書第十三》：“噱”讀爲“窮極倦𩒳”之“𩒳”，字本作“𠵵”，又作“𠲿”。《方言》：“𠲿，偄也。”《説文》作“𠵵”。《廣雅》：“疲、羸、券、𠵵，極也。”

　　[16]【顏注】孟康曰：尢，行也。閼，止也。言三軍之盛，窮閼禽獸，使不得逸漏也。晉灼曰：閼與，容兒也。師古曰：閼與，容暇之兒也。芒，莫郎反（蔡琪本、大德本、殿本“莫”前有“音”字）。尢，音淫。閼，於庶反（蔡琪本、大德本、殿本“於”前有“音”字）。與，音豫。　【今注】窮：窮追。　尢（yín）：前進。　與：通“豫”。猶豫。

　　[17]【顏注】師古曰：“亶”讀曰“但”。票禽，輕疾之禽也。“紲”與“跇”同（跇，蔡琪本作“綫”）。紲，度也。“隃”與“踰”同。挐，牽引也。攫，搏持之也。凌，戰栗也。遽，惶也。票，頻妙反（蔡琪本、大德本、殿本“頻”前有“音”字）。紲，弋制反（蔡琪本、大德本、殿本“弋”前有“音”字）。觸，合韻音昌樹反。挐，女居反（蔡琪本、大德本、殿本“女”前有“音”字）。攫，音钁。遽，音詎。【今注】亶：通“但”。僅，祇。　票禽：輕捷的野獸。《文選》“票”作“剽”。

　　[18]【顏注】師古曰：徒亦但也。搶猶刺也。題，額也。胘，頸也。言衆獸迫急，以角搶地，以額注地，或自觸車輻，關頸而死也。搶，千羊反（蔡琪本、大德本、殿本“千”前有“音”字）。瘱，子育反（蔡琪本、大德本、殿本“子”前有

"音"字)。脰，音豆。

[19]【顏注】師古曰：言矢雖妄發而必有中，進則履之，退則獲之。

[20]【顏注】師古曰：淫，過也。夷，平也。言創過大（大，蔡琪本、殿本作"長"），血流平於車輪也。丘累陵聚，言其積多。【今注】創淫：指野獸受傷。 輪夷：（獵到的野獸）與車輪齊平。胡克家《文選考異》："與輪平也，解'輪夷'二字。即謂獲獸平輪耳。"

於是禽殫中衰，[1]相與集於靖冥之館，[2]以臨珍池。灌以岐梁，溢以江河，[3]東暘目盡，西暢亡厓，[4]隨珠和氏，焯爍其陂，[5]玉石嶜崟，眩燿青熒，[6]漢女水潛，怪物暗冥，不可殫形。[7]玄鸞孔雀，翡翠垂榮，[8]王雎關關，鴻鴈嚶嚶，[9]群娭虖其中，嘲嘲昆鳴；[10]鳧鷖振鷺，上下砰磕，聲若雷霆。[11]乃使文身之技，水格鱗蟲，[12]凌堅冰，犯嚴淵，探巖排碕，薄索蛟螭，[13]蹈獖獺，據黿鼉，[14]拔靈蠵。[15]入洞穴，出蒼梧，[16]乘鉅鱗，騎京魚。[17]浮彭蠡，目有虞。[18]方椎夜光之流離，剖明月之珠胎，[19]鞭洛水之虙妃，餉屈原與彭胥。[20]

[1]【顏注】師古曰：殫，盡也。中，射中也，音竹仲反。

[2]【顏注】晉灼曰：靖冥，深閑之館。【今注】靖冥：寧靜幽深。

[3]【顏注】晉灼曰：梁，梁山也。服虔曰：珍池，山下之流也。【今注】珍池：指琳池。王先謙《漢書補注》引梁章鉅《文

選旁證》卷一二云："《黄圖》：'昭帝始元元年，穿琳池，廣千步，池南起桂臺以望遠，東引太液之水。'昭帝有《淋池歌》，《玉海》以爲臨珍池，即此。"　岐梁：岐山，即狐岐之山，在今山西介休市境。一説即今岐山，在今陝西岐山縣北。梁山，即吕梁山，在今山西吕梁市離石區東北。一説在今陝西韓城市西，爲黄河西岸大山。王先謙《漢書補注》認爲，岐、梁二山之水下注池中，故曰"灌以岐梁"。

　　[4]【顔注】師古曰：瞰，視也。目盡，極望無厓（蔡琪本、殿本"望"後有"也"字，"無"作"亡"），言廣遠也。

　　[5]【顔注】師古曰：焯，古"灼"字也。焯爍，光皃。爍，式藥反（蔡琪本、大德本、殿本"式"前有"音"字）。

　　[6]【顔注】師古曰：玉石，石之似玉者也。礜嶜，高鋭皃。青熒，言其色青而有光熒也。礜，仕金反（蔡琪本、大德本、殿本"仕"前有"音"字）。嶜，牛林反（蔡琪本、大德本、殿本"牛"前有"音"字）。【今注】礜（jīn）嶜（yín）：高而尖的樣子。王先謙《漢書補注》指出，"礜"，古文"岑"字。

　　[7]【顔注】應劭曰：漢女，鄭交甫所逢二女，弄大珠，大如荆雞子。師古曰：不可殫形，不能盡其形皃之狀。【今注】漢女：神話傳説中漢水的神女。

　　[8]【顔注】師古曰：言其毛羽有光華。

　　[9]【顔注】師古曰：王雎，雎鳩也。關關，和聲也。嚶嚶，相命聲也。嚶，於行反（蔡琪本、大德本、殿本"於"前有"音"字；行，殿本作"耕"）。

　　[10]【顔注】師古曰：娭，戲也。昆，同也。娭，許其反（蔡琪本、大德本、殿本"許"前有"音"字）。噍，子由反（蔡琪本、大德本、殿本"子"前有"音"字）。【今注】娭：同"嬉"。嬉戲。　噍噍：鳥鳴的聲音。王先謙《漢書補注》引《文選》李善注曰："'噍'與'啾'同。"

[11]【顏注】師古曰：鳧，水鳥，即今之野鴨也。鷖，鳧屬也。鷺，白鳥也。振者，言振羽翼而飛也。《詩·大雅》曰“鳧鷖在涇”，《周頌》曰“振鷺于飛”，三者皆水鳥也。言其群飛上下，翅翼之聲若雷霆也。鷖，烏奚反（蔡琪本、大德本、殿本“烏”前有“音”字）。硑，普萌反（蔡琪本、大德本、殿本“普”前有“音”字）。【今注】案，硑，蔡琪本、殿本作“礚”。

[12]【顏注】服虔曰：文身，越人也，能入水取物。【今注】案，王先謙《漢書補注》指出，司馬相如《子虛賦》“乃使專諸之倫手格此獸”，此二句祖之。

[13]【顏注】師古曰：嚴，言不可犯也。巖，水岸嶔巖之處也。碕，曲岸也。薄，迫也。索，搜求也。碕，鉅依反（蔡琪本、大德本、殿本“鉅”前有“音”字）。嶔，口銜反（蔡琪本、大德本、殿本“口”前有“音”字）。【今注】探：遠取。 薄索：逼迫搜求。

[14]【顏注】蘇林曰：獱，音賓。師古曰：獺，形如狗，在水中食魚。獱，小獺也。獺，它曷反（蔡琪本、大德本、殿本“它”前有“音”字）。

[15]【顏注】鄭氏曰：扷，音怯。應劭曰：蠵，大龜也。雄曰毒冒，雌曰觜蠵。師古曰：扷，挹取也，又音祛。蠵，弋隨反（蔡琪本、大德本、殿本“弋”前有“音”字），又音攜。【今注】扷：撈取。《文選》李善注曰，“韋昭：‘扷，捧也。’” 靈蠵（xī）：即蠵，大龜。其甲用以占卜。

[16]【顏注】晉灼曰：洞穴，禹穴也。師古曰：洞，通也。【今注】洞穴：地脈。《漢書考正》宋祁引李善：“郭璞《山海經注》曰：‘吳縣南太湖中有包山，山下有洞庭道也。言潛行水底，無所不通也。’”何焯《義門讀書記》卷二〇曰：“洞穴，即具區之洞庭穴，謂之地脈。”

[17]【顏注】師古曰：京，大也，或讀爲鯨。鯨，大魚也。

[18]【顏注】應劭曰：彭蠡，大澤，在豫章。師古曰：目猶視也，望也。有虞謂舜陟方在江南，言遙望也。【今注】彭蠡：澤名。古彭蠡澤在今湖北黃梅縣、安徽宿州市以南、望江縣西境長江北岸尤感湖、大官湖、泊湖一帶。後人以爲長江以南的鄱陽湖爲彭蠡澤。

[19]【顏注】師古曰：珠在蛤中，若懷妊然，故謂之胎也。椎，直隹反（蔡琪本、大德本“直”前有“音”字），其字從木。【今注】流離：美玉名。王先謙《漢書補注》引梁章鉅《文選旁證》卷一二：“五臣注：‘流離，玉也。’左思《吳都賦》：‘流離與珂珹。’凡此言‘流離’本用‘琉璃’耳，《晉書音義》‘瑠璃’，《字林》云火齊珠也。”

[20]【顏注】師古曰：彭，彭咸；胥，伍子胥。皆水死者。“處”讀曰“伏”。【今注】餉：進用。朱一新《漢書管見》認爲，“言當求賢以自輔也”。　彭：彭咸。王逸《楚辭章句》說：“彭咸，殷賢大夫，諫其君不聽，自投水而死。”屈原赴水，即效法彭咸。

胥：伍子胥。即伍員。春秋時期吳國大夫。本爲楚人，後因父兄爲楚平王所殺，逃至吳國，助闔閭奪取王位，又佐闔閭率吳軍攻入楚都郢，以功封於申，故又稱申胥。後屢諫不從，被吳王夫差賜死。傳見《史記》卷六六。

於兹虖鴻生鉅儒，俄軒冕，雜衣裳，[1]脩唐典，匡雅頌，揖讓於前。[2]昭光振燿，鬱詘如神，[3]仁聲惠於北狄，武義動於南鄰。[4]是以旃裘之王，胡貉之長，移珍來享，抗手稱臣。[5]前入圍口，後陳盧山。[6]群公常伯楊朱、墨翟之徒，[7]喟然稱曰：[8]“崇哉乎德，雖有唐、虞、大夏、成周之隆，何以侈兹！太古之觀東嶽，[9]禪梁基，[10]舍此世也，其誰與哉？"

[1]【顏注】師古曰：俄俄，陳舉之兒。雜者，言衣與裳皆雜色也。【今注】軒冕：古時大夫以上官員的車乘和冕服。　雜：雜色，彩色。

[2]【顏注】師古曰：匡，正也。

[3]【顏注】師古曰："鑋"與"鏘"同。"智"與"忽"同。

[4]【顏注】師古曰：南方有金鄰之國，極遠也，故云南鄰。一曰，鄰邑也。

[5]【顏注】如淳曰：以物與人曰移。師古曰：貉，東北夷也。享，獻也。抗，舉手也，言其肅恭合掌而拜也。貉，莫百反（蔡琪本、大德本、殿本"莫"前有"音"字）。

[6]【顏注】孟康曰：單于南庭山也。【今注】廬山：山名。一說在匈奴境內。一說在單于南庭附近。

[7]【顏注】師古曰：常伯，侍中也。解在《谷永傳》。楊朱、墨翟，取古賢以爲喻也。【今注】常伯：周官名。君主左右管理民事的大臣。以從諸伯中選拔，故名。　楊朱：戰國初思想家、哲學家。　墨翟：一般指墨子，名翟，春秋戰國時期思想家。

[8]【顏注】師古曰：喟，歎息也，音丘位反。【今注】案，王先謙《漢書補注》指出，《文選》"稱"上有"並"字。

[9]【今注】案，太，蔡琪本作"大"。

[10]【顏注】梁基：王先謙《漢書補注》認爲，梁，梁父也。揚雄《羽獵賦》亦云"禪梁父之基"。

上猶謙讓而未俞也，[1]方將上獵三靈之流，下決醴泉之滋，[2]發黃龍之穴，窺鳳皇之巢，[3]臨麒麟之囿，幸神雀之林；奢雲夢，侈孟諸，[4]非章華，是靈臺，[5]罕徂離宮而輟觀游，[6]土事不飾，木功不彫，承民乎農桑，[7]勸之以弗迨，[8]儕男女使莫違；[9]恐貧窮者不徧被洋溢之饒，開禁苑，散公儲，創道德之囿，弘仁惠之虞，[10]馳弋乎神明之囿，覽觀乎群臣之有亡；[11]放雉菟，收置罦，麋鹿芻蕘與百姓共之，[12]蓋所以臻茲也。於是醇洪鬯之德，豐茂世之規，[13]加勞三皇，勛勤五帝，不亦至乎！乃祇莊雍穆之徒，[14]立君臣之節，崇賢聖之業，未皇苑囿之麗，游獵之靡也，[15]因回軫還衡，[16]背阿房，反未央。

［1］【顏注】張晏曰：俞，然也。師古曰：俞，音踰。

［2］【顏注】如淳曰：三靈，日月星垂象之應也。師古曰：流者，言其和液下流。

［3］【今注】案，皇，蔡琪本、殿本作“凰”。

［4］【顏注】師古曰：雲夢，楚藪澤名也。《春秋》昭公三年“楚靈王與鄭伯田于江南之夢”。孟諸，宋藪澤名。文公十年“楚穆王欲伐宋，昭公導之以田孟諸”。言今皆以二者爲奢侈而改也。

［5］【顏注】師古曰：言以楚靈王章華之臺爲非，而周文王靈臺之制爲是也。

［6］【顏注】師古曰：罕，希也。徂，往也。輟，止也。

［7］【顏注】師古曰：承，舉也。【今注】承：通“拯”。上舉，救助。朱一新《漢書管見》引《文選》李善注引《聲類》云，“丞”亦“拯”字。又引《説文》云：“拯，上舉也。”認爲作“丞”是。

［8］【今注】案，王先謙《漢書補注》曰：《文選》“迨”作“怠”。

[9]【顏注】師古曰：儕，耦也。違，謂失婚姻時也。儕，仕皆反（蔡琪本、大德本、殿本"仕"前有"音"字）。

[10]【顏注】師古曰："虞"與"娛"同。【今注】虞：虞人，古掌山澤苑囿之官。何焯《義門讀書記》卷四四曰，"虞"對"囿"，乃虞人之虞。顏師古、李善皆云通"娛"，非。

[11]【顏注】案，王先謙《漢書補注》引《文選》李善注，"觀其有無而加恩施"。

[12]【顏注】師古曰：芻所以飤牛馬。蕘，草薪。

[13]【顏注】師古曰：洪，大也。"邑"與"暢"同。暢，通也。

[14]【顏注】師古曰：祗莊，敬也。雍穆，和也。

[15]【顏注】師古曰：皇，暇也。

[16]【顏注】師古曰：軫，輿後橫木也。衡，轅前橫木也。

漢書　卷八七下

揚雄傳第五十七下

明年，[1]上將大誇胡人以多禽獸，[2]秋，命右扶風發民入南山，西自褒斜，東至弘農，南歐漢中，[3]張羅罔罝罘，[4]捕熊羆豪豬虎豹狖玃狐菟麋鹿，[5]載以檻車，輸長楊射熊館。[6]以罔爲周陹，[7]縱禽獸其中，令胡人手搏之，自取其獲，上親臨觀焉。是時，農民不得收斂。[8]雄從至射熊館，還，上《長楊賦》，[9]聊因筆墨之成文章，[10]故藉翰林以爲主人，子墨爲客卿以風。[11]其辭曰：

[1]【今注】明年：次年。一説爲漢成帝元延二年（前 11），一説爲成帝元延三年。

[2]【今注】上：漢成帝。　誇：炫耀。　胡人：對西北各民族的泛稱。

[3]【顔注】師古曰：褒斜、南山，二谷名也。漢中，今梁州也（蔡琪本句末無“也”字）。斜弋奢反（蔡琪本、大德本、殿本“斜”後有“音”字）。【今注】右扶風：政區名。亦爲官名。治長安縣（今陝西西安市西北）。據《三輔黃圖》，治所在長安城内夕陰街北。政區與郡同級，但地處畿輔，地位特殊，故不稱郡，而以其長官右扶風之名爲政區名。右扶風職掌大體如郡太守，

但其身份有中央官員的性質，地位也高於郡守。　　弘農：郡名。漢武帝元鼎四年（前113）置，轄今陝西柞水縣以東，河南内鄉縣、宜陽縣以西一帶，治弘農縣（今河南靈寶市北）。　　敺："驅"之異體字，驅趕。　　漢中：郡名。戰國時爲楚地，秦惠文王後十三年（前312）設郡，治南鄭縣（今陝西漢中市），後移至西城縣（今陝西安康市西北）。

［4］【今注】罝（jū）罘（fú）：均爲捕兔子的網，後泛指捕捉鳥獸的網。

［5］【顏注】師古曰：狖似獼猴，仰鼻而長尾。玃亦獼猴類也，長臂善搏。玃身長，金色。狖弋授反（蔡琪本、大德本、殿本"弋"前有"音"字）。玃音玃。【今注】羆：熊的一種，即馬熊，亦稱棕熊，毛棕褐色，能爬樹，會游泳。　　豪豬：又稱箭豬，全身生棘毛，禦敵時以毛爲防禦。王先謙《漢書補注》引宋祁説："李善云：'《山海經》曰：竹山有獸，其狀如豚，白毛，毛大如笄而黑端，以毛射物，名豪彘。'寶萃云：'狀如蝟，大如豚。'"狖玃：皆爲猿。狖，長尾猿。玃，大猴。

［6］【顏注】師古曰：長楊，宮名也，在盩厔縣，其中有射熊館。【今注】檻車：裝有欄檻的車，用來圈運野獸，也用來囚運犯罪。　　長楊：即長楊宮。爲行宮，因宮有長楊樹而名，故址在今陝西周至縣東南。

［7］【顏注】李奇曰：陆，遮禽獸圍陳也。師古曰：陆音袪。【今注】陆：圍獵野獸的圈。

［8］【今注】收斂：指收穫農作物。

［9］【今注】案，揚，蔡琪本、大德本、殿本作"楊"。

［10］【今注】聊：暫且。　　案，殿本無"之"字。

［11］【顏注】師古曰：藉，借也。風讀曰諷。【今注】翰林：文翰盛如林，這裏是作代稱。翰，羽毛、毛筆。　　子墨：子，男子的通稱。墨，指鞋子的顏料，這裏作代稱。　　風：通"諷"。委婉

勸諫。

　　子墨客卿問於翰林主人曰：[1]"蓋聞聖主之養
民也，仁霑而恩洽，[2]動不爲身。[3]今年獵長楊，
先命右扶風，左大華而右褒斜，[4]椓截嶭而爲弋，
紆南山以爲罝，[5]羅千乘於林莽，列萬騎於山
隅，[6]帥軍踤阹，錫戎獲胡。[7]搤熊羆，拕豪
豬，[8]木雍槍纍，以爲儲胥，[9]此天下之窮覽極觀
也。雖然，亦頗擾于農民。三旬有餘，其廑至
矣，[10]而功不圖，[11]恐不識者，外之則以爲娛樂
之遊，內之則不以爲乾豆之事，[12]豈爲民乎哉！
且人君以玄默爲神，澹泊爲德，[13]今樂遠出以露
威靈，[14]數搖動以罷車甲，[15]本非人主之急務也。
蒙竊或焉。"[16]

　　[1]【今注】客卿：原爲秦國官職，由別國人擔任，這裏指賓
客，與後文主人相對。

　　[2]【今注】霑：浸潤，潤澤。　　洽：沾濕，浸潤。

　　[3]【顏注】師古曰：言憂百姓也。【今注】身：自己。

　　[4]【顏注】師古曰：大華即西嶽華山（大，大德本、殿本
作"太"）。【今注】大華：山名。即太華山。今陝西境内華山。

　　[5]【顏注】師古曰：截嶭即所謂嵯峩山也，在京師之北。
凡言此者，示獵圍之寬廣也。截嶭音巀嶭，又才葛反，又五葛反
（蔡琪本、大德本、殿本"才""五"前有"音"）。【今注】椓
（zhuó）：敲、捶。　　截（jié）嶭（niè）：山名。又名嵯峩山、慈
峩山。在今陝西涇陽縣西北與三原、淳化二縣交界處。案，截，蔡
琪本、殿本作"巀"。　　弋：假"杙"。小木樁。　　紆（yū）：

繞彎。

[6]【顏注】師古曰：草平曰莽。【今注】林莽：草木茂盛之地。 山隅：山脚。

[7]【顏注】師古曰：踤，足蹵之也。錫戎獲胡，言以禽獸賦戎狄，令胡人獲取之。踤才恤反（蔡琪本、大德本、殿本"才"前有"音"字）。【今注】踤（zú）陜（qū）：聚合成圍陣。 錫戎：將所獲獵物賜給胡人。錫，賞賜。 獲胡：使胡人自己獲取野獸。

[8]【顏注】師古曰：搤，捉持之也。豪豬一名帚貐也，自爲牝牡者也。搤音戹（戹，殿本作"厄"）。扡音佗（蔡琪本作"扡音陀"，殿本作"陀音陀"）。貐音桓（桓，蔡琪本作"挏"，大德本作"完"）。【今注】搤（è）：通"扼"。提取。 扡：同"拖"。牽引。

[9]【顏注】蘇林曰：木擁柵其外，又以竹槍纍爲外儲也。服虔曰：儲胥猶言存餘也（存，蔡琪本、大德本、殿本作"有"）。師古曰：儲，峙也。胥，須也。以木擁槍及纍繩連結以爲儲胥，言有儲畜以待所須也。槍子羊反（蔡琪本、殿本"子"前有"音"字；子，大德本、蔡琪本、殿本作"千"）。纍力佳反（蔡琪本、殿本"力"前有"音"字）。【今注】案，王先謙《漢書補注》引沈欽韓：《六韜·軍用篇》"三軍拒守，木螳螂劍刃扶胥，廣二丈，一百二十具，一名行馬"，認爲"儲胥"當爲柵欄。

[10]【顏注】師古曰：廑，古勤字。

[11]【顏注】張晏曰：不可圖畫以示後人。師古曰：此説非也。圖，謀也，言百姓甚勤勞矣（甚，蔡琪本、殿本作"其"），而不見謀贍恤之事。

[12]【顏注】師古曰：乾豆，三驅之一也。乾豆者，言爲脯羞以充實豆，薦宗廟。【今注】豆：盛肉或其他食品的器皿，狀似高脚盤。 脯：肉乾。

[13]【顏注】師古曰：澹泊，安静也。澹徒濫反（蔡琪本、大德本、殿本"徒"前有"音"字）。泊步各反（蔡琪本、大德本、殿本"步"前有"音"字），又音魄。【今注】玄默：沉静無爲。　神：精神。　澹泊：恬淡寡欲。這裏指無爲而治，與民休息。

[14]【顏注】師古曰：露謂顯暴，不深固。

[15]【顏注】師古曰：罷讀曰疲。【今注】數（shuò）：屢次，頻頻。　摇動：謂興師動衆。　罷（pí）：同"疲"。疲累。車甲：指軍士。車，戰車。甲，戰士所著的護身衣服，用皮革、金石等製成。

[16]【顏注】師古曰：蒙，自謂蒙蔽也。【今注】蒙竊：謙辭，表示謙恭的語氣。蒙，蒙昧無知。竊，私自、暗中。　或：同"惑"。迷惑不解。

　　翰林主人曰："吁，謂之兹邪！[1]若客，所謂知其一未睹其二，見其外不識其内者也。僕嘗倦談，不能一二其詳，[2]請略舉凡，而客自覽其切焉。"[3]

[1]【顏注】師古曰：吁，疑怪之辭也。謂兹邪，猶云何爲如此也。吁音于。　【今注】吁：語氣詞，表示驚嘆。　邪：疑問詞。

[2]【顏注】師古曰：詳，悉也。【今注】僕：謙辭，用來自稱。　嘗：曾經。　倦談：倦於談説。

[3]【顏注】師古曰：凡，大指也。切，要也。【今注】凡：大概。　切：真實情況。

　　客曰："唯，唯。"

主人曰：“昔有彊秦，封豕其土，窫窳其民，鑿齒之徒相與摩牙而爭之，[1]豪俊麇沸雲擾，[2]群黎爲之不康。[3]於是上帝眷顧高祖，高祖奉命，[4]順斗極，[5]運天關，[6]橫鉅海，[7]票昆侖，[8]提劍而叱之，[9]所麾城撕邑，[10]下將降旗，[11]一日之戰，不可殫記。[12]當此之勤，頭蓬不暇疏，飢不及餐，[13]鞿鋻生蟣蝨，介胄被霑汗，[14]以爲萬姓請命虖皇天。廼展民之所詘，振民之所乏，[15]規億載，[16]恢帝業，[17]七年之閒而天下密如也。[18]

[1]【顏注】應劭曰：《淮南子》云，堯之時窫窳、封豨、鑿齒皆爲民害（之時窫窳封豨鑿，蔡琪本作“之時窫窳封豨鑿”，殿本作“時窫窳封豨鑿”）。窫窳類貙，虎爪食人。服虔曰：鑿齒長五尺（殿本“長”前復有一“齒”字），似鑿，亦食人。李奇曰：以喻秦貪婪，殘食其民也。師古曰：封，大也（大，蔡琪本誤作“人”）。窫於黠反（蔡琪本、大德本、殿本“窫”後有“音”字）。窳音愈。【今注】窫（yà）窳（yǔ）：傳說中的一種吃人怪獸。窫窳、封豨、鑿齒，比喻秦之殘暴。

[2]【今注】豪俊：即豪傑，秦末起義的領袖。　麇沸：如粥在鍋裏沸騰，比喻動亂紛擾。麇，王先謙《漢書補注》認爲當作“糜”，粥。

[3]【顏注】師古曰：黎，衆；康，安也。【今注】群黎：百姓。

[4]【今注】高祖：即漢高祖劉邦。　奉命：奉行天命。

[5]【今注】順斗極：順應斗極。王先謙《漢書補注》引《雒書》曰：“聖人受命，必順斗極。”斗，北斗星。極，北極星。

[6]【今注】運天關：運行如天關。天關，星名。王先謙《漢書補注》引《天官星占》曰：“北辰，一名天關。”

[7]【今注】横：横渡。　鉅海：大海。

[8]【顔注】師古曰：票猶言摇動也，音匹昭反。【今注】昆侖：山名。在今新疆、西藏之間，西起帕米爾高原，東延青海境内，勢極高峻。

[9]【今注】叱：大聲呵斥。

[10]【顔注】李奇曰：撋音車爐之爐。師古曰：撋，舉手擬之也（蔡琪本“舉手擬之也”後有“韋昭曰：并也音芟”）。【今注】麾（huī）：同“揮”。揮手。　撋（chàn）：芟除。

[11]【今注】下將降旗：使敵將投降降旗。下、降皆爲動詞。

[12]【顔注】師古曰：殫，盡也。不可盡記，言其多也。

[13]【顔注】師古曰：蓬謂髮亂如蓬也（殿本此注在“飢”前）。

[14]【顔注】師古曰：鞮鍪即鍪也（蔡琪本、大德本、殿本“即鍪”之間有“兜”字）。鞮丁奚反（蔡琪本、殿本“丁”前有“音”字）。鍪音牟。蟣居豈反（蔡琪本、大德本、殿本“居”前有“音”字）。【今注】鞮（dī）鍪（móu）：古時戰士的頭盔。蟣蝨：寄生在人、畜身上的一種小蟲，吸食血液。蟣，蝨的卵。介胄：甲衣和頭盔。這裏指高祖攻戰不休，十分艱苦。

[15]【顔注】師古曰：展，申也。振，起也。【今注】詘（qū）：屈曲，冤屈。

[16]【今注】規：規劃。

[17]【今注】恢：發揚。

[18]【顔注】師古曰：密，静也。

　　“逮至聖文，[1]隨風乘流，[2]方垂意於至寧，[3]躬服節儉，綈衣不敝，革鞜不穿，[4]大夏不居，木器無文。[5]於是後宫賤瑇瑁而疏珠璣，[6]却翡翠之飾，[7]除彫琢之巧，[8]惡麗靡而不近，[9]斥芬芳而不御,[10]抑止絲竹晏衍之樂,憎聞鄭衞幼眇之聲,[11]是以玉衡正而大階平也。[12]

[1]【今注】聖文:即漢文帝劉恒。

[2]【今注】隨風乘流:指繼承漢高祖的風格、傳統。風、流,指高祖的遺風流澤、傳統。

[3]【今注】垂意:關注,注意。

[4]【顏注】師古曰:言不穿敝而已,無取紛華也。鞜,革履,音踏。【今注】綈衣:厚繒製成之衣,質地較爲粗厚。

[5]【顏注】師古曰:大夏,夏屋也。【今注】大夏:大屋。

[6]【今注】瑇(dài)瑁(mào):熱帶和亞熱帶海洋裏的一種食肉性海龜,其背甲呈黃褐色,有黑斑,光潤美麗,可作裝飾品,較爲貴重。　珠璣:寶珠。璣,小珠。

[7]【今注】翡翠:美玉。

[8]【顏注】師古曰:璩,刻鏤也。璩音篆。

[9]【今注】麗靡:華麗,奢侈。

[10]【顏注】師古曰:斥,却也。

[11]【顏注】師古曰:衍弋戰反(蔡琪本、大德本、殿本"弋"前有"音"字)。幼一笑反(蔡琪本、大德本、殿本"一"前有"音"字)。眇音妙。【今注】晏衍:邪惡之聲,怪腔異調。鄭衞幼眇:本指春秋戰國時鄭國、衞國兩地的俗樂。幼眇,微妙。《禮記·樂記》:"魏文侯問于子夏曰:'吾端冕而聽古樂,則唯恐臥;聽鄭衞之音,則不知倦。'"《論語·衞靈公》有"鄭聲淫"之語,後儒家將"鄭衞之音"斥爲亂世之音。

[12]【顏注】師古曰:玉衡,天儀也。大階(大,蔡琪本、大德本、殿本作"太"),解在《東方朔傳》。【今注】玉衡:星名。北斗第五星。　大階:即太階,即三台,上台、中台、下台各二星,共六星,兩兩相比而斜上,如階梯,故名。

　　"其後熏鬻作虐，東夷橫畔，[1]羌戎睚眦，閩越相亂，[2]遐萌爲之不安，中國蒙被其難。[3]於是聖武勃怒，[4]爰整其旅，[5]廼命票、衞，[6]汾沄沸渭，雲合電發，[7]猋騰波流，機駭蠭軼，[8]疾如奔星，擊如震霆，[9]砰轒輼，破穹廬，[10]腦沙幕，余吾。[11]遂獵王廷。[12]敺橐它，燒熐蠡，[13]分梨單于，磔裂屬國，[14]夷阬谷，拔鹵莽，刊山石，[15]蹂屍輿厮，係累老弱，[16]兗鋋瘢耆、金鏃淫夷者數十萬人，[17]皆稽顙樹頷，扶服蛾伏，[18]二十餘年矣，尚不敢惕息。[19]夫天兵四臨，幽都先加，[20]迴戈邪指，南越相夷，[21]靡節西征，[22]羌僰東馳。[23]是以遐方疏俗殊鄰絕黨之域，[24]自上仁所不化，茂德所不綏，[25]莫不蹻足抗手，請獻厥珍，[26]使海內澹然，[27]永亡邊城之災，金革之患。

　　[1]【顔注】師古曰：鬻弋六反（蔡琪本、大德本、殿本"弋"前有"音"字）。橫胡孟反（蔡琪本、殿本"胡"前有"音"字）。【今注】其後：指漢武帝時。　熏（xūn）鬻（yù）：匈奴的別稱。　東夷：指東方的民族。

　　[2]【顔注】師古曰：睚眦，瞋目皃（皃，殿本作"貌"，下同不注）。睚五懈反（蔡琪本、大德本、殿本"五"前有"音"字）。眦仕解反（蔡琪本、大德本、殿本"仕"前有"音"字；解，蔡琪本、大德本、殿本作"懈"）。睚字或作瞳，瞳者怒其目（蔡琪本、大德本、殿本"其目"後有"眥也"），音工喚反。【今注】羌戎：指中國西北部的民族。　閩越：指中國東南方的民族。

　　[3]【顔注】師古曰：遐，遠也。【今注】遐萌：邊地民人。

萌，同"氓"。民。　中國：中原，與"遐萌"相對。

[4]【今注】聖武：指漢武帝劉徹。

[5]【今注】旅：軍隊。

[6]【顏注】應劭曰：票，票騎霍去病（以上二處"票"，蔡琪本、殿本作"驃"）。衞，衞青也。【今注】案，票，蔡琪本、殿本作"驃"。

[7]【顏注】師古曰：汾沄沸渭，奮擊皃。汾音紛，沄音雲。

[8]【顏注】師古曰：焱，疾風也。騰，舉也。蠡與鋒同。軼，過也。如機之駭，如蠡之過，言其疾也。軼與逸同。

[9]【顏注】師古曰：霆，雷之急者，音廷（蔡琪本、大德本、殿本"音"前有"霆"字）。【今注】奔星：流行。

[10]【顏注】應劭曰：轒輼，匈奴車也。師古曰：穹廬，氈帳也。轒扶云反（蔡琪本、大德本、殿本"扶"前有"音"字；云，大德本作"六"）。輼於云反（蔡琪本、大德本、殿本"於"前有"音"字）。【今注】轒（fén）輼（wēn）：一種戰車。

[11]【顏注】師古曰：腦塗沙幕地，髓入余吾水，言其大破死亡。髓，古髓字（古，蔡琪本作"右"）。【今注】沙幕：沙漠。幕，同"漠"。案，蔡琪本、大德本作"幕沙"。　余吾：水名。即今蒙古國境內的土拉河（參見《中國歷史地名辭典》，江西教育出版社 1986 年版）。

[12]【顏注】孟康曰：匈奴王廷也。【今注】案，蔡琪本、大德本、殿本"獵"後均有"乎"字。　王廷：西北民族君長設幕立朝的地方，為其統治中心。

[13]【顏注】張晏曰：爛蠡，乾酪也，以為酪母。燒之，壞其養生之具也。師古曰：爛音冪。蠡音黎，又音戈反。【今注】敺：同"驅"。驅趕。　橐它：駱駝。　爛（mì）蠡（lí）：張晏、顏師古等認為是乾酪，呂向《文選注》認為是匈奴聚落名。

[14]【顏注】師古曰：梨與劙同，謂剝析也。劙力私反（蔡

琪本、大德本、殿本"力"前有"音"字)。【今注】梨：分割、
分裂。　單（chán）于：匈奴君長的稱號。　磔（zhé）裂：
分裂。

[15]【顏注】師古曰：鹵莽，淺草之地也。阮口衡反（蔡琪
本、大德本、殿本"口"前有"音"字）。莽莫戶反（蔡琪本、
殿本"莫"前有"音"字；戶，蔡琪本誤作"尸"）。【今注】
夷：填平。　鹵莽：王先謙《漢書補注》引《文選六臣本注》"鹵
莽，鹵中生草莽也"；李善注："《說文》：'鹵，西方鹹地。'"指匈
奴的生產生活之地。

[16]【顏注】師古曰：言已死則蹂踐其屍，破傷者則輿之而
行也。厮，折也（大德本、殿本"折"前有"破"字），音斯。
累力追反（蔡琪本、大德本、殿本"力"前有"音"字）。【今
注】係累：用繩索綁在一起。

[17]【顏注】如淳曰：究，括也。孟康曰：瘢耆（耆，蔡琪
本作"者"），馬脊創瘢處也。蘇林曰：以耆字爲著字。著音慎
之著，鏃著其頭也。師古曰：鋋，鐵矜小矛也。淫夷，過傷也。
據如、孟康之說（康，蔡琪本、大德本、殿本作"氏"），則箭
括及鋋所中，皆有創瘢於耆，而被金鋋過傷者復衆也（鋋，蔡琪
本、大德本、殿本作"鏃"）。蘇氏以耆字爲著字（蔡琪本、大
德本、殿本"蘇"前有"如"字），依其所釋，則括及鋋所傷皆
有瘢，又著金鏃於頭上而過者亦多矣（蔡琪本、大德本、殿本
"過"後有"傷"字）。用字既別，分句不同。據今書本多作耆
字，宜從孟說。鋋音蟬（鋋，蔡琪本、大德本、殿本作"鋌"），
又音廷（廷，蔡琪本、大德本、殿本作"延"）。著竹略反（蔡
琪本、大德本、殿本"竹"前有"音"字）。矜巨巾反（蔡琪本、
大德本、殿本"巨"前有"音"字）。【今注】究鋋瘢耆：爲箭矢
和鐵矛所傷，傷口結成瘢瘡。　淫夷：重創。

[18]【顏注】如淳曰：叩頭時項下向，則領樹上向也。師古

曰：樹，豎也。頷胡感反（蔡琪本、大德本、殿本"胡"前有"音"字）。服蒲北反（蔡琪本、大德本、殿本"蒲"前有"音"字）。蛾與蟻同。蛾伏者，言其伏如蟲蟻也。【今注】稽（qǐ）顙（sǎng）樹頷：屈膝下拜，以額觸地。顙，額頭。　扶服：即"匍匐"。　蛾伏：如蟻伏行。蛾，通"蟻"。

［19］【顏注】師古曰：愓息，懼而小息也。息，出入氣也。

［20］【顏注】師古曰：幽都，北方，謂匈奴。【今注】天兵：指漢朝軍隊。　四臨：君臨四方。

［21］【顏注】師古曰：夷，傷也，一曰平殄也。【今注】回戈：調轉軍隊。　邪指：即"斜指"，謂轉向南方。　南越：國名。都番禺（今廣東廣州市番禺區）。秦南海郡龍川（今廣東龍川縣西）縣縣令趙佗，秦二世時代行南海郡尉之職。秦亡，中原混亂之際，併桂林、象郡等地爲南越國，稱南越王。漢高祖遣陸賈出使南越之後，南越王接受漢廷冊命，爲漢之邊藩。呂后執政時期，雙方交惡，趙佗自號南越武帝。文帝時復遣陸賈出使，南越去帝號而稱臣，重新接受漢廷冊命。高帝十一年（前196），封趙佗爲南越王。武帝元鼎五年（前112），南越國相呂嘉殺國王和漢使，武帝派兵征討平定。武帝建元四年（前137）卒。　相夷：自相殘殺。漢武帝建元六年，閩越攻南越，南越王趙眜請漢討東越，漢武帝發兵，命王恢從西邊、韓安國從北邊攻打閩越，閩粵王弟餘善殺王郢以降。

［22］【今注】靡節：終止外交活動。節，符節，使臣出使所賷信物。

［23］【今注】羌：中國西部民族。　僰（bó）：西南地區的民族。　東馳：指在漢朝的征討下，西部的民族皆東來朝貢。

［24］【顏注】師古曰：疏亦遠也。鄰，邑也。【今注】殊：遠。　黨：親近，同類。

［25］【今注】不化：不接受教化，不臣服。　不綏：不接受

安撫。綏，安撫。

［26］【顏注】師古曰：蹻，舉也，音矯。【今注】蹻足抗手：抬足舉首，形容心悅誠服的樣子。蹻，腳向上抬。 厥珍：其珍寶。

［27］【顏注】師古曰：澹，安也，音徒濫反。【今注】澹然：安然。

　　"今朝廷純仁，[1]遵道顯義，并包書林，[2]聖風雲靡；[3]英華沈浮，洋溢八區，普天所覆，莫不沾濡；[4]士有不談王道者則樵夫咲之。[5]故意者以爲事罔隆而不殺，物靡盛而不虧，[6]故平不肆險，安不忘危。[7]迺時以有年出兵，整輿竦戎，[8]振師五柞，習馬長揚，[9]簡力狡獸，[10]校武票禽。[11]迺萃然登南山，瞰烏弋，[12]西厭月蹻，東震日域。[13]又恐後世迷於一時之事，[14]常以此取國家之大務，淫荒田獵，[15]陵夷而不禦也，[16]是以車不安軔，日未靡旃，從者仿佛，骪屬而還；[17]亦所以奉大宗之烈，[18]遵文武之度，[19]復三王之田，[20]反五帝之虞；[21]使農不輟犂，工不下機，[22]婚姻以時，男女莫違；[23]出愷弟，[24]行簡易，矜劬勞，休力役；[25]見百年，[26]存孤弱，帥與之同苦樂。然後陳鍾鼓之樂，鳴韶磬之和，建碣磍之虡，[27]桔隔鳴球，掉八列之舞；[28]酌允鑠，肴樂胥，[29]聽廟中之雍雍，受神人之福祐；[30]歌投頌，[31]吹合雅。[32]其勤若此，故真神之所勞也。[33]方將俟元符，[34]以禪梁甫之基，[35]增泰山之高，[36]延光于將來，^[37]比榮乎往號，^[38]豈徒欲淫覽浮觀，馳騁稉稻之地，周流梨栗之林，蹂踐芻蕘，誇詡衆庶，盛狄獲之收，多麋鹿之獲哉！且盲不見咫尺，而離婁燭千里之隅；^[39]客徒愛胡人之獲我禽獸，曾不知我亦已獲其王侯。”

［1］【今注】今：指漢成帝時。

［2］【今注】并包：兼容並包。 書林：指文人學者。

［3］【顏注】師古曰：靡，合韻音武義反。【今注】雲靡：像雲一樣籠罩天下。靡，分散、彌漫。

［4］【今注】濡（rú）：沾濕，潤澤。

［5］【顏注】師古曰：樵夫，采樵之人（采，蔡琪本作“採”）。【今注】王道：指以仁義治天下，與“霸道”相對。案，咲，殿本作“笑”。

［6］【顏注】師古曰：罔、靡，皆無也。殺，衰也。音所例反。【今注】意者：表示揣想。 隆而不殺：興隆而不衰退。 盛而不虧：興盛而不虧損。

［7］【顏注】服虔曰：肆，棄也。師古曰：肆，放也，不放心於險而言常思念也。

［8］【顏注】師古曰：有年，有豐年也。因豐年而時出兵也。竦，勸也。【今注】整輿：整頓車輿。 竦戎：勸勉軍士。竦，勸勉。戎，軍隊。

［9］【顏注】師古曰：振亦整也。莋與柞同。【今注】五莋：即“五柞”，宮名。因宮中有五柞樹，故名。故址在今陝西周至縣。習馬：訓練兵馬。 案，揚，蔡琪本、大德本、殿本作“楊”。

［10］【今注】簡力狡獸：簡力於狡獸，通過與狡壯野獸搏鬪選拔勇武之士。簡，選拔。狡，健壯。

［11］【顏注】師古曰：校，計量也。票禽，輕疾之禽也。票

頻妙反（蔡琪本、大德本、殿本"頻"前有"音"字），又匹妙反（蔡琪本、大德本、殿本"匹"前有"音"字）。【今注】校武票禽：校武於票禽。案，票，蔡琪本作"驃"。

[12]【顏注】晉灼曰：萃，集也。服虔曰：三十六國，烏弋寇在其西（寇，蔡琪本、大德本、殿本作"最"）。師古曰：瞰，遠視也。音口濫反。【今注】萃然：匯集在一起的樣子。　南山：即終南山，在今陝西西安市南，爲秦嶺山脈主峰之一。

[13]【顏注】服虔曰：蝟音窟穴（蔡琪本、殿本"穴"後有"之窟"）。月蝟，月所生也。師古曰：日域，日初出之處也。厭一涉反（蔡琪本、大德本、殿本"一"前有"音"字）。【今注】厭：壓服。　震：震懾。

[14]【今注】一時之事：指田獵。

[15]【今注】淫荒：即荒淫，放棄正事，耽於享樂。

[16]【顏注】師古曰：禦，止也。【今注】陵夷：由盛到衰，衰頹，衰落。

[17]【顏注】張晏曰：從者見仿佛，委釋迴旋。師古曰：車不安軔（軔，蔡琪本、殿本作"軌"），未及止也。日未麾旃，不移景也。仿佛讀曰髣髴。骫，古委字也。屬之欲反（蔡琪本、大德本、殿本"之"前有"音"字）。還讀曰旋。【今注】軔：阻止車輪轉動的木頭。軔，蔡琪本、殿本作"軌"。　日未麾旃（zhān）：太陽還未移動到旌旗之影。麾，倒下，移動。旃，一種赤色曲柄的旗，這裏指旗在日下的影子。　仿佛：人影錯雜。　骫（wěi）屬而還：委棄其事，連續而歸。屬，連續。

[18]【今注】大宗：指漢高祖。案，大宗，蔡琪本、大德本、殿本作"太宗"。案，王先謙《漢書補注》引齊召南曰："案，'太宗'，《文選》作'太尊'，謂高祖也。下句'文武之度'，指文帝、武帝。於理甚順。若此文作'太宗'，則下句爲重出矣。"

[19]【今注】文武：指漢文帝、漢武帝。

[20]【今注】復三王之田：恢復夏禹、商湯、周文武的三田制度。三田，指以祭祀、賓客、庖廚爲目的的打獵。田，田獵。

[21]【顏注】師古曰：虞與娛同，合韻音牛具反。【今注】反五帝之虞：像五帝那樣樸素而不沉溺於游獵。五帝，説法不一，一般指黄帝、顓頊、嚳、堯、舜。

[22]【顏注】師古（蔡琪本、大德本、殿本“師古”後有“曰”字）：耰，摩田之器也。音憂。

[23]【顏注】師古曰：已解於上也。【今注】莫違：不違反婚期。

[24]【今注】出愷弟：以愷弟出之。愷弟，同“愷悌”。和樂平易。

[25]【顏注】師古曰：易，合韻音弋赤反（殿本此注位於“易”之後）。【今注】行簡易：行動平易近人。　矜劬勞：同情辛勞的人。矜，憐憫，同情。劬勞，辛勞。　休力役：停止徵發力役。

[26]【今注】見百年：接見百歲老人。

[27]【顏注】孟康曰：碣磍，刻猛獸爲之，故其形碣磍而盛怒也。師古曰：鞉，古鼗字。鞉，小鼓也。碣一轄反（蔡琪本、大德本、殿本“一”前有“音”字）。磍音轄。【今注】鍾：大德本、殿本作“鐘”。　鞉（táo）：樂器。有柄的小鼓。　磬（qìng）：樂器。形狀像曲尺，用玉、石製成，打擊鳴奏。　和：和諧。　碣（jié）磍（xiá）：雕刻於鐘架上的猛獸盛怒的樣子。　虡（jù）：懸鐘的架子。

[28]【顏注】師古曰：桔隔（桔，蔡琪本、殿本作“拮”，本注下同），擊考也。鳴球，玉磬也。掉，搖也，搖身而舞也。一曰：桔隔，彈鼓也。鳴球，以玉飾琴瑟也。桔居黠反（蔡琪本、大德本、殿本“居”前有“音”字）。球音求，又音蚪。掉徒釣反（蔡琪本、殿本“徒”前有“音”字）。【今注】案，桔，蔡琪

本、殿本作“拮”。 八列之舞：即八佾之舞，天子之舞，舞者每列八人，共八列。

[29]【顏注】張晏曰：允，信也。鑠，美也。言酌信義以當酒，帥禮樂以爲肴也。師古曰：小雅車攻之詩曰：“允矣君子，展也大成”，《周頌·酌》之詩曰（詩，蔡琪本作“時”）：“於鑠王師”，小雅桑扈之詩曰：“君子樂胥”，故引之爲言也。胥先呂反（蔡琪本、大德本、殿本“先”前有“音”字）。【今注】酌：飲酒。 允鑠：誠信而美譽。 肴：佳肴。 樂胥：快樂。

[30]【顏注】師古曰：《大雅·思齊》之詩曰：“雍雍在宮，肅肅在廟”，《小雅·桑扈》之詩曰：“受天之祐。”祐，福也，音户。【今注】雍雍：和諧的聲音。

[31]【今注】歌投頌：歌聲與頌相投和。頌，廟堂祭祀之樂。

[32]【今注】吹合雅：吹奏之聲與雅相合。雅，宮廷之樂。

[33]【顏注】師古曰：《大雅·旱麓》之詩曰：“愷弟君子，神所勞矣。”勞謂勞來之，猶言勸勉也，故雄引之云。勞郎到反（蔡琪本、大德本、殿本“郎”前有“音”字）。【今注】神之所勞：神靈的慰勞。

[34]【顏注】師古曰：元，善也。符，瑞也。【今注】俟：等待。

[35]【今注】禪：祭祀地神。 梁甫：即梁父，山名。泰山之下的一座小山，在今山東泰安市。

[36]【今注】增泰山之高：謂在泰山築壇祭天，即泰山封祀。

[37]【今注】延光：將光輝延續下去。

[38]【今注】案，榮乎，蔡琪本誤作“勞乎”。 往號：往昔的尊號，指三皇五帝。

[39]【顏注】師古曰：離婁，古明目者。一號離朱。燭，照也。【今注】案，蹂，殿本作“跌”。 燭：清晰地看到，洞悉。

言未卒，墨客降席再拜稽首曰：[1] "大哉體乎！允非小子之所能及也。[2] 迺今日發矇，廓然已昭矣！"[3]

[1]【今注】降席：離開座位。

[2]【顏注】師古曰：允，信也。

[3]【今注】發矇：啓蒙。　廓然：廣闊清晰的樣子。

哀帝時丁、傅、董賢用事，[1] 諸附離之者或起家至二千石。[2] 時雄方草創《大玄》，有以自守，泊如也。[3] 或嘲雄以玄尚白，[4] 而雄解之，號曰《解嘲》。其辭曰：

[1]【今注】哀帝：劉欣。漢元帝孫，定陶恭王子，公元前7年即位。　丁：漢哀帝的生母丁氏。　傅：漢哀帝的祖母及皇后傅氏。　董賢：哀帝寵臣，事見本書卷九三《佞幸傳》。

[2]【顏注】師古曰：離，著也，音麗。【今注】二千石：漢代官吏的俸禄等級，中央的九卿郎將、地方上的郡守、尉都是二千石，分比二千石、二千石與中二千石。

[3]【顏注】師古曰：泊，安靜也，音步各反。【今注】案，大，蔡琪本、大德本、殿本作"太"。

[4]【顏注】師古曰：玄，黑色也。言雄作之不成，其色猶白，故無禄位也。

客嘲揚子曰："吾聞上世之士，人綱人紀，[1] 不生則已，生則上尊人君，下榮父母，析人之圭，儋人之爵，[2] 懷人之符，分人之禄，紆青拕紫，朱丹其轂。[3]今子幸得遭明盛之世，處不諱之朝，[4]與群賢同行，[5]歷金門上玉堂有日矣，[6]曾不能畫一奇，出一策，上說人主，下談公卿。目如曜星，[7]舌如電光，壹從壹衡，論者莫當，[8]顧而作《大玄》五千文，[9]支葉扶疎，獨說十餘萬言，[10]深者入黃泉，高者出蒼天，大者含元氣，纖者入無倫，[11]然而位不過侍郎，[12]擢纔給事黃門。[13]意者玄得母尚白乎？何爲官之拓落也？"[14]

[1]【顏注】師古曰：爲眾人之綱紀也。【今注】案，綱、紀，即準則。

[2]【顏注】師古曰：析亦分也。儋，荷負也。【今注】人：指人君。　圭：古代以圭封諸侯，諸侯執以朝天子。　儋：同"擔"。接受。　爵：官爵。

[3]【顏注】師古曰：青紫謂綬色（綬色，蔡琪本、大德本、殿本作"綬之色也"）。紆，縈也。挖，曳也。挖吐賀反（蔡琪本、大德本、殿本"吐"前有"音"字），又徒可反（蔡琪本、大德本、殿本"徒"前有"音"字）。【今注】紆青挖紫：指身佩青色、紫色的印綬。紆，纏繞。青、紫，借指高官顯爵。漢制，公侯紫綬，九卿青綬。　朱丹其轂：擁有朱輪的車子。轂，車輪中心的圓木。

[4]【今注】不諱：不忌諱，說話無所禁忌。

[5]【顏注】師古曰：同行謂同行列。

[6]【顏注】應劭曰：金門，金馬門也。晉灼曰：黃圖有大玉堂、小玉堂殿也（玉，蔡琪本、大德本、殿本作"玉"）。【今注】金門：即金馬門，宮門名。被徵召之士都在公車待詔，其中優異者在金馬門待詔。　玉堂：天子宮殿。

[7]【今注】案，曜，蔡琪本、大德本作“燿”。

[8]【顏注】師古曰：從子容反（蔡琪本、大德本、殿本“子”前有“音”字）。【今注】壹從壹衡：指辯説縱橫馳騁。

[9]【顏注】師古曰：顧，反也。【今注】案，大玄，蔡琪本、大德本、殿本作“太玄”。

[10]【顏注】師古曰：扶踈，分布也。

[11]【顏注】師古曰：纖微之甚，無等倫。

[12]【今注】侍郎：官名。漢代郎官的一種，爲宮廷的近侍。

[13]【顏注】師古曰：纔，淺也，言僅得之也。纔音才。【今注】給事黃門：官名。秦置，西漢沿置，與黃門侍郎同在黃門（宮門色黃）之内供職，故名。

[14]【顏注】師古曰：拓落，不耦也。拓音託。【今注】拓落：失意的樣子。

　　揚子咲而應之曰：“客徒欲朱丹吾轂，不知一跌將赤吾之族也！[1]往者周罔解結，群鹿爭逸，[2]離爲十二，合爲六七，[3]四分五剖，並爲戰國。[4]士無常君，國亡定臣，得士者富，失士者貧，矯翼厲翮，恣意所存，[5]故士或自盛以橐，或鑿坏以遁。[6]是故騶衍以頡亢而取世資，[7]孟軻雖連蹇，猶爲萬乘師。[8]

　　[1]【顏注】師古曰：跌，足失厝也。見誅殺者必流血，故云赤族。跌徒結反（蔡琪本、大德本、殿本“徒”前有“音”字）。【今注】案，咲，殿本作“笑”。　跌：失足。　赤吾之族：誅滅全族。

　　[2]【顏注】師古曰：謂戰國時諸侯也。【今注】周罔解結：

指周王朝瓦解。

[3]【顏注】師古曰：十二，謂魯、衞、齊、楚、宋、鄭、燕、秦、韓、趙、魏、中山也。六七者，齊、趙、韓、魏、燕、楚六國及秦爲七也。

[4]【顏注】晉灼曰：道其分離之意，四分則交五而裂如田字。

[5]【顏注】師古曰：言來去如鳥之飛，各任所息也。【今注】矯：舉。 厲：振奮。 翮：鳥羽的莖狀部分，中空透明。

[6]【顏注】應劭曰：自盛以橐，謂范雎也。鑿坏，謂顏闔也。魯君聞顏闔賢，欲以爲相，使者往聘，因鑿後垣而亡。坏，壁也。蘇林曰：坏音陪。師古曰：又音普回反。【今注】自盛以橐：指范雎入秦時藏於橐中。指忍辱求仕。 鑿坏以遁：指堅決不仕。

[7]【顏注】應劭曰：衍，齊人也。著書所言皆大事，故齊人曰："談天衍。"遊諸侯，所言則以爲迂闊遠於事情，然終不屈。嘗仕於齊，位至卿。師古曰：頡亢，上下不定也。頡下結反（蔡琪本、大德本、殿本"下"前有"音"字）。亢胡浪反（蔡琪本、大德本、殿本"胡"前有"音"字）。

[8]【顏注】張晏曰：連蹇，難也，言值世之屯難也。師古曰：連音輦。【今注】萬乘：周制，天子地千里，兵車萬乘，因代指天子。

"今大漢左東海，[1]右渠搜，[2]前番禺，[3]後陶塗。[4]東南一尉，[5]西北一候。[6]徽以糾墨，製以質鈇，[7]散以禮樂，風以《詩》《書》，[8]曠以歲月，結以倚廬。[9]天下之士，雷動雲合，魚鱗雜襲，咸營于八區，[10]家家自以爲稷契，人人自以爲咎繇，[11]戴縰垂纓而談者皆擬於阿衡，[12]五尺童子羞比晏嬰與夷吾；[13]當塗者入青雲，失路者委溝渠，[14]旦握權則爲卿相，夕失執則爲匹夫；譬若江湖之雀，勃解之鳥，乘鴈集不爲之多，雙鳧飛不爲之少。[15]昔三仁去而殷虛，[16]二老歸而周熾，[17]子胥死而吳亡，[18]種、蠡存而粤伯，[19]五羖入而秦喜，樂毅出而燕懼，[20]范睢以折摺而危穰侯，[21]蔡澤雖嗫吟而笑唐舉。[22]故當其有事也，非蕭、曹、子房、平、勃、樊、霍則不能安；[23]當其亡事也，章句之徒相與坐而守之，亦亡所患。[24]故世亂，則聖哲馳騖而不足；世治，則庸夫高枕而有餘。[25]

[1]【今注】左：指東方。案，殿本此處有注：“應劭曰：會稽，東海也。”

[2]【今注】右：指西方。案，殿本此處有注：“服虔曰：西戎國也。應劭曰：《禹貢》析支渠搜，屬雍州，在金城、河間之西。”

[3]【今注】案，殿本此處有注：“應劭曰：番禺，南海郡。張晏曰：南越王都也。”

[4]【顏注】如淳曰：小國也。師古曰：駒騠馬出北海上（駒騠，殿本作“騠駒”）。今此云後陶塗，則是此方國名也（此，蔡琪本、大德本、殿本作“北”）。本國出馬，因以爲名。今書本陶字有作椒者，流俗所改。

[5]【顏注】孟康曰：會稽東部都尉也。

[6]【顏注】孟康曰：燉煌玉門關候也。

[7]【顏注】師古曰：言有罪者則係於徽墨，尤惡者則斬以鈇質也。徽、糾、墨，皆繩也（糾，蔡琪本、殿本作“斜”）。質，鑕也。鈇，莝刃也，音膚。鑕竹林反（鑕竹，蔡琪本、大德

本、殿本作“錎音竹”）。【今注】徽以糾墨製以質鈇：指用繩索捆綁輕罪者，用死刑制裁重罪者。案，糾，蔡琪本、殿本作“糾”。

[8]【顏注】師古曰：風，化也。【今注】散以禮樂風以詩書：謂用詩書禮樂來教化人民。

[9]【顏注】孟康曰：在倚廬行服三年也。應劭曰：漢律以不爲親行三年服不得選舉。師古曰：倚廬，倚牆至地而爲之，無楣柱。倚於綺反（蔡琪本、大德本、殿本“於”前有“音”字）。【今注】倚廬：孝子爲父母守喪時居住的簡陋棚屋，謂居喪守孝（從孟康、應劭等説）。一説謂房屋，建造房屋，王先謙《漢書補注》認爲“不作喪居解也”。

[10]【顏注】師古曰：八區，八方也。【今注】雜襲：衆多而重疊的樣子。 咸：全，都。

[11]【今注】稷：相傳爲周人始祖。本名棄，長於種植穀物。舜時封於邰，號曰后稷，別姓姬氏。 契：相傳爲商人始祖。舜時爲司徒，掌管教化。 咎繇：即皋陶，相傳爲舜時賢臣。這裏謂人人都以聖賢自比，以爲稷、契、皋陶没有什麼了不起。

[12]【顏注】師古曰：縰，韜髮者也，音山爾反。【今注】縰：束髮的布帛。 垂纓：垂下冠帶，古代大臣朝見君王時的裝束，後常借指出任官職者。 阿衡：商代官名。師保之官，後引申爲任國家之輔弼，宰相之職。這裏謂都以宰衡自比。

[13]【顏注】師古曰：夷吾，管仲也。羞比之也（殿本無“也”字），以其不爲王者之佐。【今注】夷吾：即管仲。春秋齊潁上（今安徽潁上縣）人。齊桓公時爲相，稱“仲父”，輔助齊桓公成就霸業。

[14]【今注】當塗：執掌大權，身居要職。 青雲：本義是高空的雲，這裏比喻顯要的地位。 失路：迷失道路，比喻不得志。

[15]【顏注】應劭曰：乘鴈，四鴈也。師古曰：雀字或作

厓。鳥字或作島。島，海中山（山，蔡琪本、大德本、殿本作"山也"），其義兩通。乘食證反（蔡琪本、大德本、殿本"食"前有"音"字）。【今注】勃解：又作"勃澥"，即渤海。　乘：古代物數以四計之稱。　鳧：野鴨。這裏比喻朝廷人才濟濟，加幾個不顯其多，減幾個不顯其少。

[16]【顏注】師古曰：《論語》稱："微子去之，箕子爲之奴，比干諫而死。"孔子曰："殷有三仁焉。"虛，空也。一曰虛讀曰墟，言其亡國爲丘墟。【今注】三仁：指微子、箕子、比干，商紂王時的三位賢臣。微子，商朝貴族，名啓，商紂王庶兄。封於微，故稱微子。紂王荒淫暴虐，他多次進諫，紂不聽，遂出走。周武王滅商，微子降周。周公旦誅滅武庚後，被封於宋，爲宋國始祖。箕子，商朝貴族，名胥餘。紂之叔父，一說爲紂庶兄。封子爵，國於箕（今山西太谷縣東）。紂王淫亂不止，箕子懼，乃佯狂爲奴。後因勸諫紂王被囚禁。武王滅商後被釋放。比干，商朝貴族。紂王的叔父。官少師。因勸諫紂王，被剖心而死。

[17]【顏注】應劭曰：二老，伯夷、太公也。

[18]【今注】子胥：即伍員。春秋時期吳國大夫。本爲楚人，後因父兄爲楚平王所殺，逃至吳國，助闔閭奪取王位，又佐闔閭率吳軍攻入楚都郢，以功封於申，故又稱申胥。吳王夫差時，因力諫停止攻齊，拒絕越國求和，被夫差賜劍命自殺。傳見《史記》卷六六。　吳：國名。西周封國，姬姓。始祖是周太王之子太伯、仲雍。初都蕃離（一作"梅里"，今江蘇無錫市東南），後都於吳（今江蘇蘇州市）。春秋後期，破楚勝越，國力強盛。公元前473年爲越國所滅。

[19]【顏注】師古曰：伯讀曰霸。【今注】種：即文種，字子禽。春秋楚國人。越王句踐任爲大夫。興越滅吳，使句踐稱霸諸侯。　蠡：范蠡。春秋楚人。事越王句踐二十餘年，苦身戮力，卒以滅吳。後浮海適齊，變姓名爲鴟夷子皮。至陶，操計然之術以治

產，因成巨富，自號陶朱公。　粵：即越，國名。周時諸侯國。活動於以會稽爲中心的江浙一帶。春秋末常與吴相戰，公元前494年被吴王夫差所敗。越王句踐卧薪嘗膽，努力圖强，在文種和范蠡的輔佐下，於公元前473年攻滅吴國。並向北擴展，稱爲霸主。

［20］【顔注】師古曰：五羖謂百里奚也。買以羖羊之皮五，故稱五羖也。【今注】五羖：指百里奚。初爲虞國（今山西平陸縣北）大夫。被晉國俘虜，作爲陪嫁之臣送入秦國。後逃到楚國，被秦繆公以五張黑公羊皮贖回，助秦完成霸業。　樂毅：戰國時燕國名將，昭王時拜爲上將軍，率領燕、趙等五國兵伐齊，下齊七十餘城。後燕惠王即位，中田單反間計，改用騎劫爲將，樂毅出奔趙國，後死於趙國。

［21］【顔注】晉灼曰：摺，古拉字也。【今注】范雎：戰國時魏國人。字叔。范雎隨魏中大夫須賈出使齊國，齊襄王賜范雎金十斤及牛酒。須賈認爲范雎將魏國的密事告訴齊國，向魏公子魏齊告發。魏齊令人將范雎打斷肋骨和牙齒。後范雎藏於橐中逃入秦國。秦昭王四十一年（前266），范雎爲秦相，封於應（今河南魯山縣東），稱應侯。　穰侯：即魏冉。戰國時秦國大臣，秦昭王母宣太后異父弟，封爲穰侯，任秦相。後秦昭王在范雎的建議下罷其相。

［22］【顔注】師古曰：噤吟，頷頤之皃（皃，蔡琪本、殿本作“貌”）。澤從唐舉相，謂之曰：“聖人不相，殆先生乎!”澤曰：“吾自知富貴。”噤鉅錦反（蔡琪本、大德本、殿本“鉅”前有“音”字）。吟魚錦反（蔡琪本、大德本、殿本“魚”前有“音”字）。舉，合韻音居御反。【今注】蔡澤：戰國時燕國人。被范雎荐於秦昭王而任相。　噤吟：下巴上曲貌。　案，咲，殿本作“笑”。　唐舉：戰國時梁人。以善相術著名。曾爲蔡澤相面。

［23］【今注】蕭曹子房平勃樊霍：蕭何、曹參、張良、陳平、周勃、樊噲、霍去病，皆漢朝名臣良將。

[24]【顏注】師古曰：章句小儒也。患，合韻胡關反（蔡琪本、大德本、殿本"胡"前有"音"字）。【今注】章句之徒：祇能誦讀章句的庸陋小儒。

[25]【今注】高枕而有餘：高枕無憂，綽綽有餘。

"夫上世之士，或解縛而相，[1]或釋褐而傅；[2]或倚夷門而咲，[3]或橫江潭而漁；[4]或七十說而不遇，[5]或立談間而封侯；[6]或杖千乘於陋巷，[7]或擁帚彗而先驅。[8]是以士頗得信其舌而奮其筆，[9]窒隙蹈瑕而無所詘也。[10]當今縣令不請士，郡守不迎師，群卿不揖客，將相不俛眉；[11]言奇者見疑，行殊者得辟，[12]是以欲談者宛舌而固聲，欲行者擬足而投迹。[13]鄉使上世之士處虖今，[14]策非甲科，行非孝廉，舉非方正，獨可抗疏，時道是非，[15]高得待詔，下觸聞罷，[16]又安得青紫？

[1]【顏注】孟康曰：管仲也。【今注】解縛而相：指管仲相齊桓公事。《左傳》莊公九年載，公子小白與公子糾爭位，管仲輔佐公子糾，射中小白帶鉤。公子糾死後，被俘。後小白即位爲齊桓公，管仲被囚歸齊，鮑叔牙親解其縛，並推薦他做齊桓公的相。

[2]【顏注】孟康曰：甯戚也。【今注】釋褐而傅：釋褐，脫去粗布衣服，指登仕。褐，粗布衣服，借指平民。傅，即太傅，三公之一。王先謙《漢書補注》引宋祁曰："李善云：'《墨子》曰：傅說被褐帶索，庸築傅巖。武丁得之，舉以爲三公。'"又引沈欽韓曰："案，《管子·小問》《吕覽·舉難》，皆無甯戚爲傅事"，認爲此處孟康"甯戚"誤，當指傅說。

[3]【顏注】應劭曰：侯嬴也。爲夷門卒，秦伐趙，趙求救，無忌將十餘人往辭嬴，嬴無所。更還，嬴咲之（咲，殿本作"笑"），以謀告無忌也。【今注】倚夷門而咲：指侯嬴佐信陵君救趙事，詳見《史記》卷七七《魏公子列傳》。案，咲，殿本作"笑"。

[4]【顏注】師古曰（師古，蔡琪本、大德本、殿本作"服虔"）：漁父也。師古曰：江潭而漁，潭音尋，漁，合韻音牛助反。【今注】横江潭而漁：指呂尚隱居垂釣而遇周文王。

[5]【顏注】應劭曰：孔丘也。

[6]【顏注】服虔曰：薛公也。【今注】立談間而封侯：指戰國時虞卿説趙孝成王，一見受重賞，二見成上卿。案，此處服虔注爲薛公事，當誤。

[7]【顏注】應劭曰：齊有小臣稷，桓公一日三至而不得見，從者曰："可以止矣！"桓公曰："士之傲爵禄者，固輕其主，主傲霸王者亦輕其士，縱彼傲爵禄者，吾庸敢傲霸王乎！"遂見之。【今注】千乘：車千乘，代指大國，這裏指大國之君。乘，古代稱兵車，四馬一車爲一乘。

[8]【顏注】應劭曰：鄒衍之燕，昭王郊迎，擁彗爲之先驅也。師古曰：彗亦以埽者也，音似歲反。

[9]【顏注】師古曰：信讀曰申。【今注】信：同"伸"。

[10]【顏注】李奇曰：君臣上下，有釁嫌瑕隙乖離之漸，則可抵而取也。師古曰：窒，塞也（蔡琪本、大德本、殿本"塞也"前有"窒"）。嫌呼駕反（蔡琪本、大德本、殿本"呼"前有"音"字）。【今注】窒隙蹈瑕：塞入縫隙，踩住缺處。比喻利用對方的弱點或乘着對方的間隙而行動。

[11]【顏注】師古曰：自高抗也。俛，低也。【今注】俛（fǔ）眉：指謙躬下士。俛，同"俯"。

[12]【顏注】師古曰：辟，罪法。

[13]【顏注】師古曰：宛，屈也。固，閉也。擬，疑也。

[14]【顏注】師古曰：鄉讀曰嚮。【今注】鄉使：如果，假如。

[15]【顏注】師古曰：抗，舉也，謂上之也。疏者，疏條其事而言之。疏所據反（蔡琪本、大德本、殿本"所"前有"音"字）。【今注】策：策問，就政事、經義等設問，由應試者對答。甲科：漢代考試科目名。漢以明經被推舉入仕者，須通過射策以確定等第得官，西漢時射策分甲、乙、丙三科。東漢時祇分甲、乙兩科。 孝廉：漢朝選拔舉薦人才的科目之一。孝指孝悌，廉指廉潔。漢制規定，每年郡國從所屬吏民中推舉孝、廉各一人。 方正：漢代選拔官吏的科目之一。文帝二年（前178），詔舉賢良方正能直言極諫者。賢良，指德才兼備。方正，指處事正直。 抗疏：上疏勸諫。

[16]【顏注】師古曰：報聞而罷之。

　　"且吾聞之也，[1]炎炎者滅，隆隆者絕；觀雷觀火，爲盈爲實，天收其聲，地藏其熱。[2]高明之家，鬼瞰其室。[3]攫挐者亡，默默者存；[4]位極者宗危，自守者身全。是故知玄知默，守道之極；爰清爰静，游神之廷；[5]惟寂惟寞，守德之宅。世異事變，人道不殊，彼我易時，未知何如。[6]今子迺以鴟梟而咲鳳皇，執螻蜓而嘲龜龍，[7]不亦病乎！子徒咲我玄之尚白吾亦咲子之病甚，不遭臾跗、扁鵲，[8]悲夫！"

[1]【今注】案，大德本、殿本無"也"字。

[2]【顏注】師古曰：炎炎，火光也。隆隆，雷聲也。人之觀火聽雷，謂其盈實，終以天收雷聲，地藏火熱，則爲虛無。言

極盛者亦滅亡也。

[3]【顏注】李奇曰：鬼神害盈而福謙也。師古曰：瞰，視也。音口濫反。【今注】高明之家鬼瞰其室：謂顯貴人家有鬼神窺伺。

[4]【顏注】師古曰：攫挐，妄有搏執牽引也。挐女居反（蔡琪本、大德本、殿本"女"前有"音"字）。【今注】攫挐：執持牽引。　默默：澹泊自守，不爭名利。

[5]【顏注】師古曰：静，合韻音才性反。【今注】爰：於是，乃。

[6]【顏注】李奇曰：或能勝之。

[7]【顏注】師古曰：蝭蟧，蚗蜥也（蚗，殿本作"蜥"）。蝭鳥典反（蔡琪本、大德本、殿本"鳥"前有"音"字）。蟧音珍。【今注】鴟鵂：一類包括貓頭鷹在内的益鳥，以有害昆蟲、老鼠等爲食。　案，咲，殿本作"笑"。皇，蔡琪本作"凰"。　蝭蟧：蚗蜥。

[8]【顏注】師古曰：二人皆古之良醫也。跗甫無反（蔡琪本、大德本、殿本"甫"前有"音"字）。【今注】案，咲，殿本作"笑"。　俞跗：傳説爲黃帝時良醫。　扁鵲：戰國時良醫。案，殿本無"之"。

客曰："然則靡《玄》無所成名乎？[1]范、蔡以下何必《玄》哉？"

[1]【顏注】師古曰：靡亦無（殿本句末有"也"字）。

揚子曰："范睢，魏之亡命也，折脅拉髂，免於徽索，[1]翕肩蹈背，扶服入橐，[2]激卬萬乘之主，[3]界涇陽抵穰侯而代之，[4]當也。[5]蔡澤，山東之匹夫也，頷頤折頞，涕湃流沫，[6]西揖彊秦之相，搤其咽，炕其氣，拊其背而奪其位，[7]時也。[8]天下已定，金革已平，都於雒陽，婁敬委輅脱輓，掉三寸之舌，[9]建不拔之策，舉中國徙之長安，[10]適也。[11]五帝垂典，三王傳禮，百世不易，叔孫通起於枹鼓之閒，[12]解甲投戈，遂作君臣之儀，得也。[13]甫刑靡敝，秦法酷烈，[14]聖漢權制，而蕭何造律，宜也。[15]故有造蕭何律於唐虞之世，則誖矣；[16]有作叔孫通儀於夏殷之時，則惑矣；有建婁敬之策於成周之世，則繆矣；有談范、蔡之説於金、張、許、史之閒，則狂矣。[17]夫蕭規曹隨，[18]留侯畫策，陳平出奇，功若泰山，嚮若阺隤，[19]唯其人之贍知哉，亦會其時之可爲也。[20]故爲可爲於可爲之時，則從；爲不可爲於不可爲之時，則凶。夫藺先生收功於章臺，[21]四皓采榮於南山，[22]公孫創業於金馬，[23]票騎發迹於祁連，[24]司馬長卿竊訾於卓氏，[25]東方朔割名於細君。[26]僕誠不能與此數公者並，故默然獨守吾《大玄》。"[27]

[1]【顔注】師古曰：觡，骨也。徽，繩也。觡音格。

[2]【顔注】師古曰：翕，斂也。服蒲北反（蔡琪本、大德本、殿本"蒲"前有"音"字）。

[3]【顔注】如淳曰：卬，怒也。言秦安得王，獨大后穰侯耳（大，蔡琪本、大德本、殿本作"太"）。師古曰：卬讀曰仰。【今注】激卬：激勵。卬，通"昂"。

[4]【顏注】蘇林曰：扺音紙。界，間其兄弟使疏也。應劭曰：涇陽，秦昭王弟，貴用事也。【今注】界：離間。 涇陽：即嬴巿。秦昭襄王弟，封涇陽（今陝西涇陽縣），時任將軍。 扺：打擊。

[5]【顏注】師古曰：言當其際。

[6]【顏注】師古曰：頷，曲頤也，音欽。【今注】頷頤：下巴上翹。 折頞（è）：皺眉。

[7]【顏注】張晏曰：蔡澤說范睢以功成而退（而，蔡琪本、大德本、殿本作“身”），禍福之機。適值睢有間於主（主，大德本作“王”），因薦以代（蔡琪本、大德本、殿本“薦以”後有“自”字）。師古曰：搤謂急持之。咽，頸也。炕，絕也。咽一千反（蔡琪本、大德本、殿本“一”前有“音”字）。炕音抗。

[8]【顏注】師古曰：過其時。

[9]【顏注】師古曰：輅胡格反（蔡琪本、大德本、殿本“胡”前有“音”字）。輓音晚。掉徒釣反（蔡琪本、大德本、殿本“徒”前有“音”字）。解在《劉敬傳》。【今注】婁敬：漢初大臣。傳見本書卷四三。 委輅脫輓：停下車子。輅，車前橫木。輓，此指輓車用的繩索。

[10]【顏注】師古曰：不拔，謂其堅固不拔也。中國謂京師。【今注】舉中國徙之長安：謂婁敬勸說劉邦改都長安。

[11]【顏注】師古曰：中其適。

[12]【顏注】師古曰：枹音孚。【今注】叔孫通：漢初大臣，傳見本書卷四三。

[13]【顏注】師古曰：得其所。

[14]【顏注】師古曰：靡，散也，音糜。【今注】甫刑：又稱《呂刑》，周穆王時頒布的刑法。

[15]【顏注】師古曰：合其宜。【今注】權制：臨時的制度。 蕭何造律：謂漢初蕭何參考秦律制定《九章律》。

[16]【顏注】師古曰：詩，乖也，音布内反。

[17]【今注】金：金日磾。傳見本書卷六八　張：張安世。傳見本書卷五九。　許：漢宣帝皇后許氏之父許廣漢。　史：漢宣帝祖母史良娣之兄史恭及其長子史高。是當時的外戚。

[18]【顏注】師古曰：隨，從也。言蕭何始作規摸（摸，蔡琪本、大德本、殿本作“模”），曹參因而從之。

[19]【顏注】師古曰：阺音氐。巴蜀人名山旁堆欲墮落曰阺。應劭以爲天水隴氐，失之矣。氐音丁禮反。【今注】響：通“響”。指聲響。　阺隤：山石崩倒。此以山崩巨響喻聲譽廣遠。

[20]【顏注】師古曰：非唯其人贍知，乃會時之可爲也。【今注】贍知：智識豐富。贍，豐富，富足。

[21]【顏注】孟康曰：秦昭王、趙成王飲於此臺，藺相如前折昭王也。晉灼曰：相如獻璧於此臺。師古曰：晉説是也，謂齎璧入秦，秦不與趙地，相如詭取其璧，使人間以歸趙也。《史記·始皇本紀》云章臺在渭南，而秦、趙會飲迺在黽池，非章臺也，孟説失之。【今注】藺先生收功於章臺：謂藺相如完璧歸趙之事。

[22]【顏注】師古曰：榮者，謂聲名也。一曰，榮謂草木之英，采取以充食。【今注】四皓：秦朝末年四位信奉黄老之學的博士，東園公唐秉、夏黄公崔广、綺里季吳實、角（lù）里先生周術，隱居商山（今陝西商洛市境内），享有盛名。

[23]【顏注】孟康曰：公孫弘對策金馬門。

[24]【今注】案，票，蔡琪本、殿本作“驃”。蔡琪本、大德本、殿本此處有注：“師古曰：霍去病也。祁音止夷反。”　祁連：山名。位於中國青海東北部與甘肅西部。霍去病於此擊匈奴。

[25]【今注】司馬長卿竊訾於卓氏：謂司馬相如娶富商卓氏女爲妻，獲得資財。

[26]【顏注】師古曰：割，損也。言以肉歸遺細君，是損割其名。【今注】名：通“炙”。烤肉。　細君：一説指東方朔妻，

一説爲小君，東方朔自比於諸侯，訪諸侯妻爲小君而稱其妻爲
細君。

　　[27]【今注】案，大，蔡琪本、大德本、殿本作"太"。

　　雄以爲賦者，將以風之，[1]必推類而言，極麗靡之
辭，閎侈鉅衍，[2]競於使人不能加也，[3]既廼歸之於
正，然覽者已過矣。[4]往時武帝好神仙，相如上《大
人賦》，欲以風，[5]帝反縹縹有陵雲之志。[6]繇是言之，
賦勸而不止，明矣。[7]又頗似俳優淳于髡、優孟之
徒，[8]非法度所存，賢人君子詩賦之正也，於是輟不復
爲。[9]而大潭思渾天，[10]參摹而四分之，[11]極於八十
一。旁則三摹九据，[12]極之七百二十九贊，[13]亦自然
之道也。故觀易者，見其卦而名之；觀《玄》者，數
其畫而定之。《玄》首四重者，非卦也，數也。其用
自天元推一畫一夜陰陽數度律歷之紀，[14]九九大運，
與天終始。故玄三方、九州、二十七部、八十一家、
二百四十三表、七百二十九贊，分爲三卷，曰一二三，
與《泰初歷》相應，[15]亦有顓頊之歷焉。[16]之以三
策，[17]關之以休咎，[18]絣之以象類，[19]播之以人事，[20]
文之以五行，[21]擬之以道德仁義禮知。[22]無主知名，[23]
要合《五經》，苟非其事，文不虛生。爲其泰曼漶而
不可知，[24]故有《首》《衝》《錯》《測》《攡》《瑩》
《數》《文》《挽》《圖》《告》十一篇，[25]皆以解剝
《玄》體，離散其文，章句尚不存焉。[26]《玄》文多，
故不著；觀之者難知之，[27]學之者難成。客有難《玄》
大深，衆人之不好也，雄解之，號曰《解難》。其

辭曰:

[1]【顏注】師古曰:風讀曰諷,下以諷刺上也(諷刺,蔡琪本作"風刺")。

[2]【今注】閎侈鉅衍:文辭繁富廣博。

[3]【顏注】師古曰:言專爲廣大之言。

[4]【顏注】師古曰:言其末篇反從之正道,故觀覽之者但得浮華,而無益於諷諫也。

[5]【顏注】師古曰:風讀曰諷。

[6]【顏注】師古曰:縹匹昭反(蔡琪本、大德本、殿本"匹"前有"音"字)。【今注】縹縹:通"飄飄"。得意的樣子。陵雲:直上雲霄。

[7]【顏注】師古曰:繇讀與由同。

[8]【顏注】師古曰:髡、孟皆滑稽(滑,蔡琪本誤作"骨")。【今注】俳優:表演樂舞諧戲的藝人。 淳于髡:戰國時齊國學者、大夫,博學多辯,善於以滑稽的方式進諫。 優孟:春秋時期楚國宮廷藝人。以優伶爲業,名孟,故得名。善辯論、表演,常談笑諷諫時事。

[9]【顏注】師古曰:輟,止也。

[10]【顏注】師古曰:潭,深也。渾天,天象也。渾胡昆反(蔡琪本、大德本、殿本"胡"前有"音"字)。【今注】渾天:古代的一種天文學說。認爲天地的形狀渾圓如鳥卵,天包地外,形體渾圓,故名。

[11]【顏注】蘇林曰:三析而四分,天之宿度甲乙也。【今注】參摹:指"玄"首一、二、三,即天、地、人。參,通"三"。 四分:指"玄"首四重,即方、州、部、家。

[12]【顏注】晉灼曰:据,今據字也。據猶位也,處也。【今注】三摹九据:王先謙《漢書補注》引沈欽韓曰:"《玄告》

云：'玄一摹而得乎天，故謂之有天；再摹而得乎地，故謂之有地；三摹而得乎人，故謂之有人。天三據而乃成，故謂之始中終。地三據而乃形，故謂之下中上。人三據而乃著，故謂之思禍福。'"

[13]【今注】極之七百二十九贊："玄"有八十一首，每首九贊，共七百二十九贊。

[14]【今注】天元：以冬至爲歲首。

[15]【今注】泰初歷：即太初曆，漢武帝太初元年（前104）鄧平、落下閎等人所造。把一日分作八十一分，故又稱"八十一分律曆"。《太初曆》第一次把二十四節氣訂入曆法，以沒有中氣的月份爲閏月；推算出135個月有23次交食的周期。從漢武帝太初元年起到東漢章帝元和二年（85）止，共施行188年。原著已佚。

[16]【今注】顓頊之歷：即顓頊曆。秦及漢初采用顓頊曆，以十月爲歲首。

[17]【顏注】蘇林曰：三三而分之。師古曰：撎食列反（蔡琪本、大德本、殿本"食"前有"音"字）。

[18]【今注】案，闚，蔡琪本、殿本作"開"。 休咎：吉凶。王先謙《漢書補注》引沈欽韓曰："《玄數》云：'逢有上、中、下。下，思也。中，福也。上，禍也。思、福、禍各有下、中、上，以晝夜別其休咎焉。一從，二從，三從，是謂大休。一從，二從，三違，始、中休，終咎。一從，二違，三違，始休，中、終咎。一違，二從，三從，始咎，中、終休。一違，二從，三違，始、中咎，終休。一違，二違，三違，是謂大咎。'"

[19]【顏注】晉灼曰：絣，雜也。師古曰：絣，併也。音并。【今注】絣：通"併"。錯雜。 象類：形象，用來預示吉凶。

[20]【顏注】師古曰：播，布也。

[21]【今注】文：紋飾。 五行：本指金、木、水、火、土五種物質形態，陰陽家將其與吉凶禍福聯繫起來。

[22]【今注】擬：揣測。

[23]【今注】主：形態。　案，知，蔡琪本、大德本、殿本作“無”。　名：概念。

[24]【顔注】張晏曰：曼音滿（滿，蔡琪本作“蒲”）。瀸音緩。師古曰：曼瀸，不分別皃（皃，蔡琪本作“貌”），猶言蒙鴻也（蒙，蔡琪本、殿本作“濛”）。曼莫幹反（蔡琪本、大德本、殿本“莫”前有“音”字）。瀸音奐。【今注】泰：通“太”。　曼瀸：模糊。

[25]【顔注】晉灼曰：攡音離。服虔曰：挩音晚（晚，殿本作“睌”）。師古曰：攡音摛。

[26]【顔注】師古曰：《玄》中之文雖有章句，其旨深妙，尚不能盡存，故解剥而離散也。

[27]【今注】案，蔡琪本、大德本、殿本無“之”字。

　　客難楊子曰：[1]“凡著書者，爲眾人之所好也，美味期乎合口，工聲調於比耳。[2]今吾子迺抗辭幽説，閎意眇指，[3]獨馳騁於有亡之際，而陶冶大鑪，旁薄群生，[4]歷覽者兹年矣，而殊不寤。[5]宣費精神於此，而煩學者於彼，[6]譬畫者畫於無形，弦者放於無聲，殆不可乎？”[7]

[1]【今注】案，楊，蔡琪本、大德本、殿本作“揚”。

[2]【顔注】師古曰：比，和也，音頻二反。

[3]【顔注】師古曰：眇讀曰妙（眇，殿本作“耖”）。

[4]【顔注】師古曰：旁薄猶言蕩薄也。

[5]【顔注】師古曰：兹，益也。兹年，言其久也。不寤，不曉其意。

[6]【顔注】師古曰：宣讀曰但。

[7]【顏注】師古曰：放，依也。殆，近也。放甫往反（蔡
琪本作"故音甫往反"；大德本、殿本"甫"前有"音"字）。

揚子曰："俞。[1]若夫閎言崇議，幽微之塗，
蓋難與覽者同也。昔人有觀象於天，視度於地，
察法於人者，天麗且彌，地普而深，[2]昔人之辭，
廼玉廼金。[3]彼豈好爲艱難哉？執不得已也。[4]獨
不見夫翠虯絳螭之將登虖天，[5]必聳身於倉梧之
淵；[6]不階浮雲，翼疾風，虛舉而上升，則不能撠
膠葛，騰九閎。[7]日月之經不千里，則不能燭六
合，燿八絃；[8]泰山之高不嶕嶢，則不能浡滃雲而
散歊烝。[9]是以宓犧氏之作易也，[10]緜絡天地，經
以八卦，文王附六爻，[11]孔子錯其象而彖其
辭，[12]然後發天地之臧，[13]定萬物之基。《典》
《謨》之篇，《雅》《頌》之聲，不溫純深潤，則
不足揚鴻烈而章緝熙。[14]蓋胥靡爲宰，[15]寂寞爲
尸；[16]大味必淡，大音必希；[17]大語叫叫，大道
低回。[18]是以聲之眇者不可同於衆人之耳，[19]形
之美者不可棍於世俗之目，[20]辭之衍者不可齊於
庸人之聽。[21]今夫弦者，高張急徽，追趨逐耆，
則坐者不期而附；[22]試爲之施《咸池》，揄《六
莖》，發《蕭韶》，詠《九成》，則莫有和也。[23]
是故鍾期死，百牙絶弦破琴而不肯與衆鼓；[24]矍
人亡，則匠石輟斤而不敢妄斲。[25]師曠之調鍾，
竢知音者之在後也；[26]孔子作《春秋》，幾君子之
前睹也。[27]老聃有遺言，貴知我者希，[28]此非其

操與！”[29]

[1]【顏注】師古曰：俞，然也。音踰。

[2]【顏注】師古曰：麗，著也，日月星辰之所著也。彌，廣也。普，遍也。

[3]【顏注】師古曰：貞實美麗如金玉也。

[4]【顏注】師古曰：已，止也。

[5]【顏注】師古曰：虯（虯，蔡琪本作“蚪”）、螭，解並在前。【今注】案，虯，蔡琪本作“蚪”。

[6]【今注】案，倉，蔡琪本、殿本作“蒼”。

[7]【顏注】師古曰：摕，搹也。膠葛，上清之氣也。騰，升也。九閽，九天之門。摕音戟。搹居足反（蔡琪本、大德本、殿本“居”前有“音”字）。【今注】摕：接觸。　膠葛：深遠廣大的樣子，指天空。　九閽：九天上的門。

[8]【顏注】師古曰：爥，照也。六合，謂天地四方。八紘，八方之綱維也。紘音厷。【今注】案，爥，蔡琪本作“耀”。紘，蔡琪本、殿本作“宏”。

[9]【顏注】師古曰：嶕嶢，高皃也（皃，蔡琪本作“貌”，本注下同）。浡潏，盛也。潏，雲氣皃。歊炁（炁，蔡琪本、大德本、殿本作“烝”），氣上出也。嶕嶢音樵堯。浡音勃。潏一孔反（蔡琪本、大德本、殿本“一”前有“音”字）。歊許昭反（蔡琪本、大德本、殿本“許”前有“音”字；昭，蔡琪本作“照”）。【今注】嶕（jiāo）嶢（yáo）：高聳。　歊炁：熱氣。

[10]【顏注】師古曰：宓音伏。【今注】宓犧氏：即“伏羲氏”，傳說爲上古東夷族首領，教民結網漁獵，演化八卦。

[11]【顏注】師古曰：因而重之。【今注】案，緜，蔡琪本作“綿”。　文王附六爻：周文王在八卦基礎上推演出六十四卦，每卦有六爻。

［12］【今注】孔子錯其象而彖其辭：孔子作象、彖來解釋《易》。

［13］【今注】臧：通“藏”。包含。

［14］【顏注】師古曰：造化鴻大也。烈，業也。緝熙，光明也。【今注】案，蔡琪本、殿本“足”後有“以”。

［15］【顏注】李奇曰：造化之神，宰割舊物也（舊，大德本、殿本作“萬”）。張晏曰：胥，相也。靡，無也。言相師以無爲作宰者也。

［16］【顏注】李奇曰：萬化以寂寞爲主（萬，蔡琪本、大德本、殿本作“道”）。【今注】尸：祭祀時，代表死者受祭的人。

［17］【顏注】師古曰：淡謂無主味也（主，蔡琪本、殿本作“至”），音徒濫反。【今注】希：寂靜無聲。

［18］【顏注】師古曰：叫叫（殿本作“呌呌”），遠聲也。低回，紆衍也。【今注】案，叫叫，殿本作“呌呌”。

［19］【顏注】眇讀曰妙（眇，殿本作“䀴”；蔡琪本“妙”後有“也”字）。

［20］【顏注】師古曰：棍亦同也，音胡本反。

［21］【顏注】師古曰：衍，旁廣也。

［22］【顏注】師古曰：徽，琴徽也，所以表發撫抑之處也。追趨逐者，隨所趨嚮愛嗜而追逐之也。趨讀曰趣。耆讀曰嗜（曰耆，蔡琪本、大德本、殿本作“曰嗜”）。【今注】高張急徽：把琴弦設得很高，拉得很緊。徽，繫琴弦的繩。 附：附和。殿本“附”後有“矣”字。

［23］【顏注】師古曰：揄，引也。和，應也。揄音踰。和胡卧反（大德本、殿本“胡”前有“音”字）。【今注】六莖：相傳爲顓頊時的樂曲。

［24］【顏注】師古曰：解在《司馬遷傳》。【今注】案，百，殿本作“伯”。弦，蔡琪本、殿本作“絃”。

[25]【顔注】服虔曰：獿，古之善塗墍者也。施廣領大袖以仰塗，而領袖不汙（汙，蔡琪本作“汗”）。有小飛泥誤著鼻（鼻，大德本、殿本作“其鼻”），因令匠石揮斤而斲，知石之善斲（大德本、殿本“知”後有“匠”字），故敢使之也。師古曰：墍即今之仰泥也。獿，扰拭也，故謂塗者爲獿人。獿音乃高反，又乃回反（大德本、殿本“乃”前有“音”字）。今書本獿字有作郻者，流俗改之。墍許既反（蔡琪本、大德本、殿本“許”前有“音”字）。

[26]【顔注】應劭曰：晉乎公鍾（乎，蔡琪本、大德本、殿本作“平”），工者以爲調矣，師曠曰：“臣竊聽之，知其不調也。”至於師涓，而果知鍾之不調。是師曠欲善調之鍾，爲後世之有知音。

[27]【顔注】師古曰：幾讀曰冀。

[28]【顔注】師古曰：老子《德經》云：“知我者希，則我貴矣（我，底本漫漶，據蔡琪本、殿本補）。”

[29]【顔注】師古曰：與讀曰歟。【今注】與（yú）：即“歟”，語氣助詞，表疑問、感嘆等。

雄見諸子各以其知舛馳，[1]大氐詆訾聖人，即爲怪迂，析辯詭辭，以撓世事，[2]雖小辯，終破大道而或衆，使溺於所聞而不自知其非也。及大史公記六國，[3]歷楚漢，訖麟止，[4]不與聖人同，是非頗謬於經。[5]故人時有問雄者，常用法應之，譔以爲十三卷，[6]象《論語》，號曰《法言》。《法言》文多不著，獨著其目：[7]

[1]【顔注】師古曰：舛，相背。【今注】知：通“智”。

舛馳：背道而馳。

　　[2]【顏注】師古曰：大氐，大歸也。詭訾（詭，蔡琪本、大德本、殿本作"詆"），毀也。迂，遠也。析，分也。詭，異也。言諸子之書，大歸皆非毀周孔之教，爲巧辯異辭以攪亂時政也（辯，蔡琪本作"辨"）。訾音紫。迂音于。撓火高反（大德本、殿本"火"前有"音"字），其字從手也。【今注】撓：攪動，擾亂。

　　[3]【今注】案，大史，蔡琪本、大德本、殿本作"太史"。

　　[4]【今注】訖麟止：謂司馬遷《史記》紀事到漢武帝元狩元年（前122）武帝狩獵獲得白麟爲止。

　　[5]【顏注】師古曰：頗普我反。【今注】謬：差錯，不同於。

　　[6]【顏注】師古曰：譔與撰同。

　　[7]【顏注】師古曰：雄有序，著篇之意。

　　天降生民，倥侗顓蒙，[1]恣于情性，聰明不開，訓諸理。[2]譔《學行》第一。

　　[1]【顏注】鄭氏曰：童蒙無所知也。師古曰：倥音空。侗音同。顓與專同。

　　[2]【顏注】師古曰：訓，告也。【今注】恣：放縱。

　　降周迄孔，成于王道，[1]終後誕章乖離，諸子圖微。[2]譔《吾子》第二。

　　[1]【顏注】師古曰：周，周公旦也。迄，至也。孔，孔子（大德本、殿本"孔子"後有"也"字）。言自周公以降至於孔子，設教垂法，皆帝王之道。

　　[2]【顏注】師古曰：言其後澆末（末，大德本作"未"），

虛誕益章，乖於七十弟子所謀微妙之言。【今注】案，終，蔡琪本、殿本作"然"。 諸子：此謂孔子的弟子。

事有本真，陳施於億，[1]動不克咸，[2]本諸身。撰《修身》第三。

[1]【顏注】李奇曰：布陳於億萬事也。【今注】本真：本質，本源。

[2]【顏注】李奇曰：不能皆善也。【今注】克：能够。咸：同。

芒芒天道，在昔聖考，[1]過則失中，不及則不至，不可姦罔。[2]撰《問道》第四。

[1]【顏注】師古曰（蔡琪本、大德本、殿本作"李奇曰"）：聖人能成天道。【今注】芒芒：同"茫茫"。

[2]【顏注】蘇林曰：罔，誣也。言不可作姦誣於聖道。

神心召悅，經緯萬方，[1]事繫諸道德仁誼禮。撰《問神》第五。

[1]【顏注】師古曰：召讀與忽同。【今注】召（hū）悅（huǎng）：即"惚恍"，神志不清。

明哲煌煌，旁燭亡疆，[1]遜于不虞，以保天命。[2]撰《問明》第六。

[1]【顏注】師古曰：煌煌，盛皃也（皃，蔡琪本、殿本作"貌"）。燭，照也。無疆猶無極也。【今注】案，亡，殿本作"無"。

[2]【顏注】李奇曰：常行遜順，備不虞。【今注】不虞：意料不到的事。

假言周于天地，贊于神明，[1]幽弘橫廣，絕于邇言。[2]譔《寡見》第七。

[1]【顏注】師古曰：假，至也。【今注】假：王先謙《漢書補注》引宋祁、劉敞、沈欽韓等人之説，認爲此處顏師古的解釋誤，"假"當作"遐"，與之後的"邇"相對。

[2]【顏注】李奇曰：理過近世人之言也。【今注】橫：充實。

聖人聰明淵懿，繼天測靈，[1]冠于群倫，經諸范。[2]譔《五百》[3]第八。

[1]【今注】測：體察。

[2]【顏注】師古曰：經，常也。范，法也。

[3]【顏注】鄧展曰：五百歲聖人一出（殿本注位於"第八"之後）。

立政鼓衆，動化天下，莫上於中和，[1]中和之發，在於哲民情。[2]譔《光智》第九。[3]

[1]【顏注】鄧展曰：鼓亦動也。

［2］【顏注】師古曰：哲，知也。

［3］【今注】案，光智，蔡琪本、大德本、殿本作“先知”。

　　仲尼以來，國君將相卿士名臣參差不齊，[1]壹
槩諸聖。[2]撰《重黎》第十。

　　［1］【顏注】師古曰：言志業不同也。參初林反（蔡琪本、
大德本、殿本“初”前有“音”字）。

　　［2］【顏注】師古曰：一以聖人大道槩平（蔡琪本、大德本、
殿本“以聖”前無“一”字）。槩工代反（蔡琪本、大德本、殿
本“工”前有“音”字）。

　　仲尼之後，訖于漢道，德行顏、閔，[1]股肱
蕭、曹，爰及名將尊卑之條，稱述品藻。[2]撰《淵
騫》第十一。

　　［1］【今注】德行顏閔：以德行著稱的孔子弟子顏回、閔損。
案，底本“行”字漫漶，據蔡琪本、大德本、殿本補。

　　［2］【顏注】師古曰：品藻者，定其差品及文質。

　　君子純終領聞，[1]蠢迪檢押，[2]旁開聖則。撰
《君子》第十二。

　　［1］【顏注】李奇曰：領理所聞也。師古曰：純，善也。領，
令也。聞，名也。言君子之道能善於終而不失令名。【今注】純
終：善終。　領聞：良好的聲譽。

　　［2］【顏注】師古曰：蠢，動也。迪，道也，由也。檢押猶

隱括也（撿，蔡琪本、殿本作"檢"，本注下同）。言動由撿押
也。音狎。【今注】檢押：規矩、法度。

孝莫大於寧親，寧親莫大於寧神，寧神莫大
於四表之驩心。[1]撰《孝至》第十三。

[1]【顏注】師古曰：寧，安也。言大孝之在於尊嚴祖考，
安其神靈。所以得然者，以得四方之外驩心。

　　贊曰：雄之自序云爾。[1]初，雄年四十餘，自蜀來
至游京師，大司馬車騎將軍王音奇其文雅，[2]召以爲門
下史，[3]薦雄待詔，[4]歲餘，奏《羽獵賦》，除爲郎，
給事黃門，與王莽、劉歆並。[5]哀帝之初，又與董賢同
官。當成、哀、平閒，[6]莽、賢皆爲三公，[7]權傾人
主，所薦莫不拔擢，而雄三世不徙官。及莽篡位，談
說之士用符命稱功德獲封爵者甚衆，[8]雄復不侯，以耆
老久次轉爲大夫，恬於埶利迺如是。[9]實好古而樂道，
其意欲求文章成名於後世，以爲經莫大於《易》，故
作《大玄》；[10]傳莫大於《論語》，作《法言》；史篇
莫善於《倉頡》，[11]作《訓纂》；[12]箴莫善於《虞
箴》，[13]作《州箴》；[14]賦莫深於《離騷》，[15]反而廣
之；辭莫麗於相如，作四賦：[16]皆斟酌其本，相與放
依而馳騁云。[17]用心於內，不求於外，於時人皆曶
之；[18]唯劉歆及范逡敬焉，[19]而桓譚以爲絕倫。[20]

[1]【顏注】師古曰：自《法言》目之前，皆是雄本自序之

文也。

　　[2]【今注】大司馬：官名。漢初承秦制，置太尉掌軍事。武帝元狩四年（前 119）改置大司馬，以冠將軍之號。　王音：西漢東平陵人。元帝皇后王政君從弟。親附兄王鳳。鳳死代爲大司馬車騎將軍輔政，封安陽侯。輔政八年死。

　　[3]【今注】史：佐官的通稱。

　　[4]【今注】待詔：指應皇帝徵召隨時待命，以備諮詢顧問。漢朝皇帝徵召才術之士至京，都待詔公車，其中特別優秀的待詔金馬門，備顧問應對，或奉詔而行某事。後遂演變爲官名，凡具一技之長而備諮詢顧問者，如太史、治曆、音律、本草、相工等皆置。

　　[5]【今注】王莽：傳見本書卷九九。　劉歆：事迹見本書卷三六《楚元王傳》

　　[6]【今注】平：即漢平帝，公元前 1 年至 5 年在位。紀見本書卷一二。

　　[7]【今注】三公：漢初以丞相、太尉、御史大夫爲三公。成帝綏和元年（前 8），改御史大夫爲大司空，增加大司馬、大司空，設立三公官。

　　[8]【今注】符命：上天預示帝王受命的符兆。

　　[9]【顏注】師古曰：恬，安也。

　　[10]【今注】案，大玄，蔡琪本、大德本、殿本作“太玄”。

　　[11]【今注】倉頡：字書。也作《倉頡篇》，秦丞相李斯著。因開篇有“倉頡”字樣，故名。許慎《説文解字·叙》云：“秦始皇初兼天下，丞相李斯乃秦蠲之，罷不合秦文者。斯作《倉頡篇》……取《史籀》大篆，或頗省改，所謂小篆者。”四字一句，兩句一韻，便於誦讀，是當時學童的識字課本。漢初有人將《倉頡篇》與秦趙高所著《爰曆篇》、胡毋敬所著《博學篇》合爲一書，統稱爲《倉頡篇》，又稱《三倉》。已亡佚。

　　[12]【今注】訓纂：揚雄所作字書，已亡佚。

［13］【今注】虞箴：相傳周武王的太史辛甲命百官各寫箴辭，虞人以田獵爲箴，後稱爲《虞箴》。

［14］【顏注】晉灼曰：九州之箴也。

［15］【今注】離騷：《楚辭》篇名。抒情長詩，戰國時楚國屈原的代表作。

［16］【今注】四賦：即揚雄代表作《河東賦》《甘泉賦》《羽獵賦》《長楊賦》。

［17］【顏注】師古曰：放甫往反（蔡琪本、大德本、殿本"甫"前有"音"字）。【今注】放依：仿照，模仿。放，通"仿"。

［18］【顏注】師古曰：曶與忽同，謂輕也。

［19］【顏注】師古曰：逡于旬反（于，蔡琪本、大德本、殿本作"千"；蔡琪本、大德本、殿本"于"前有"音"字）。【今注】范逡：王莽時大臣。

［20］【顏注】師古曰：無比類。【今注】桓譚：兩漢之際著名學者。傳見《後漢書》卷二八上。

　　王莽時，劉歆、甄豐皆爲上公，[1]莽既以符命自立，即位之後欲絶其原以神前事，而豐子尋、歆子棻復獻之。[2]莽誅豐父子，投棻四裔，[3]辭所連及，便收不請。[4]時雄校書天禄閣上，[5]治獄使者來，[6]欲收雄，雄恐不能自免，廼從閣上自投下，幾死。[7]莽聞之曰：雄素不與事，何故在此？[8]間請問其故，[9]廼劉棻嘗從雄學作奇字，[10]雄不知情。[11]有詔勿問。然京師爲之語曰："惟寂寞，自投閣；爰清静，作符命。"[12]

　　[1]【今注】甄豐：漢哀帝末爲左將軍光禄勳。平帝立，封廣陽侯，爲少傅。乃王莽心腹。莽居攝，爲太阿右拂大司空。因畏漢

宗室反對，不欲莽稱帝，被貶爲更始將軍、廣新公。王莽始建國二年（10）其子尋作符命遭莽追捕，乃自殺。

[2]【顏注】師古曰：棻亦棻字也（棻，蔡琪本、殿本作"分"），扶云反（蔡琪本、大德本、殿本"扶"前有"音"字）。

[3]【今注】投棻四裔：劉棻被王莽處死之後，王莽欲仿行虞舜故事，將三人尸首載入驛車，劉棻被置幽州（今河北、遼寧一帶）。四裔，指幽州、崇山、三危、羽山四個邊遠地區。因在四方邊裔，故稱。《尚書·舜典》："流共工于幽洲，放驩兜于崇山，竄三苗于三危，殛鯀于羽山。"後指四方邊遠之地。

[4]【顏注】師古曰：不須奏請。

[5]【今注】天祿閣：漢未央宮內閣名。收藏各地所獻秘籍。故址在今陝西西安市未央區。

[6]【今注】案，治獄，蔡琪本、殿本作"治獄事"。

[7]【顏注】師古曰：幾鉅依反（蔡琪本、大德本、殿本"鉅"前有"音"字）。

[8]【顏注】師古曰：與讀曰豫。

[9]【顏注】師古曰：使人密問之。

[10]【顏注】師古曰：古文之異者。

[11]【顏注】師古曰：不知獻符命之事也（殿本"之事"後無"也"字）。

[12]【顏注】師古曰：以雄《解嘲》之言譏之也。今流俗本云："惟寂惟寞，自投於閣；爰清爰静，作符命。"妄增之。

　　雄以病免，復召爲大夫。家素貧，耆酒，[1]人希至其門。時有好事者載酒肴從游學，而鉅鹿侯芭常從雄居，[2]受其《大玄》《法言》焉。[3]劉歆亦嘗觀之，謂雄曰："空自苦！今學者有禄利，然尚不能明《易》，又如《玄》何？[4]吾恐後人用覆醬瓿也。"[5]雄笑而不應。年七十一，天鳳五年卒，[6]侯芭爲起墳，喪之三年。

[1]【顏注】師古曰：耆讀曰嗜。

[2]【顏注】服虔曰：芭音葩。【今注】鉅鹿：縣名。治所在今河北平鄉縣西南。　侯芭：人名。

[3]【今注】案，大玄，蔡琪本、大德本、殿本作"太玄"。

[4]【顏注】師古曰：言無奈之何。

[5]【顏注】師古曰：瓿音部（部，蔡琪本、殿本作"蔀"）。小甖也。

[6]【今注】天鳳五年：公元18年。

　　時大司空王邑、納言嚴尤聞雄死，[1]謂桓譚曰："子常稱揚雄書，豈能傳於後世乎？"譚曰："必傳。顧君與譚不及見也。[2]凡人賤近而貴遠，親見揚子雲祿位容兒不能動人，故輕其書。昔老聃著虛無之言兩篇，[3]薄仁義，非禮學，然後好之者尚以爲過於《五經》，[4]自漢文景之君及司馬遷皆有是言。今揚子之書文義至深，而論不詭於聖人，[5]則必度越諸子矣。"[6]諸儒或譏以爲雄非聖人而作經，猶春秋吳楚之君僭號稱王，蓋誅絕之罪也。[7]自雄之没至今四十餘年，其《法言》大行，而玄終不顯，然篇籍具存。

[1]【今注】大司空：漢成帝綏和元年（前8）改御史大夫爲大司空，内領侍御史十五人，受公卿奏事，舉劾按章，並掌圖籍秘書；外督部刺史。金印紫綬，祿比丞相。　王邑：王莽從弟。字公子。王莽即位，任大司空，封隆新公，位列三公，貴重特甚。王莽地皇四年（23）十月，綠林軍破長安，王邑負隅晝夜頑抗，所部士

兵死傷略盡，敗退至王莽棲身之漸臺，並阻其子王睦逃竄，父子共守在王莽身邊，被緑林軍殺死。　納言：官名。王莽更名大司農稱納言，爲九卿之一。　嚴尤：王莽時大臣，曾任大司馬。

　　[2]【顏注】師古曰：顧，見也（見，蔡琪本、大德本、殿本作“念”）。

　　[3]【顏注】師古曰：謂道德經也。【今注】案，兒，蔡琪本作“貌”。老耼，蔡琪本誤作“老明”。

　　[4]【今注】案，大德本、殿本“後”字後有“世”字。

　　[5]【顏注】師古曰：詭，違也。聖人謂周公、孔子。【今注】案，蔡琪本、大德本、殿本“聖人”之後有“若使遭遇時君，更閱賢知，爲所稱善”，及本句顏注“師古曰：更音工衡反”。

　　[6]【顏注】師古曰：度，過也。

　　[7]【顏注】師古曰：絶謂無胤嗣也。